Situationistische Revolutionstheorie II

Biene Baumeister Zwi Negator

Situationistische Revolutionstheorie

Eine Aneignung

Volume II: Kleines Organon

Reihe
Theorie.org

Schmetterling Verlag

Bibliografische Informationen *Der Deutschen Bibliothek*
Die Deutsche Bibliothek verzeichnet diese Publikation in der Deutschen Nationalbibliografie; detaillierte Daten sind im Internet über
http://dnb.ddb.de abrufbar.

Schmetterling Verlag GmbH
Lindenspürstr. 38b
70176 Stuttgart
www.Schmetterling-Verlag.de
Der Schmetterling Verlag ist Mitglied von aLiVe,
der assoziation Linker Verlage

ISBN 3-89657-589-6
1. Auflage 2005
Printed in Germany

Satz und Reproduktionen: Schmetterling Verlag
Druck: GuS-Druck GmbH, Stuttgart
Binden: IDUPA, Owen

Inhalt

1 Vorwort

«In diesem Moment ereignet sich zum Beispiel ein beachtliches Phänomen, das den spezialisierten Beobachtern und fast allen Aktivisten [hier im Sinne von Polit-Managern, Anm. BBZN] noch entgeht und das ihnen schlechte Tage verspricht: wie im vergangenen Jahrhundert beginnen die Arbeiter wieder zu lesen, und sie werden selbst begreifen, was sie tun.» [DwS:132].

Aneignung und Kritik bilden für die revolutionäre *Praxis der Theorie* eine Einheit. Die Theorien der Vergangenheit können nicht kritiklos angeeignet werden, ebenso wenig, wie eine aktuelle Kritik ohne die geschichtlichen Einschätzungen, «ohne die dialektische Wendung des geschichtlichen Eingedenkens» [Benjamin1982, Bd.1:490f] möglich ist.

Der vorliegende Materialband «Situationistische Revolutionstheorie – Vol. II: Kleines Organon»[1] bietet zusätzliches Hintergrundwissen, ergänzende Details und nützliche «Werkzeuge», die eine kritische Aneignung des – in dem in der Reihe theorie.org bereits erschienenen Band «Vol. I: Enchiridion»[2] – skizzierten Theorie- und Kritikansatzes weiterführen können und sollen. In einer *Chronologie* sind die Eckdaten, die wichtigsten Ereignisse der Historie rund um die SI und wesentliche welthistorische Kontexte stichwortartig, knapp und übersichtlich aufgeführt. Um die SI zum Thema «revolutionäre proletarische Selbstorganisierung» selbst zu Wort kommen zu lassen, wird den LeserInnen das Dokument «Minimale Definition der revolutionären Organisationen» aus der SI-Revue von 1967 in einer erneut mit dem französischen Original verglichenen Übersetzung bereitgestellt. Die in den Fußnoten des Textes von Vol.I: Enchiridion

---

1 Ein Organon (órganon, griech. Werkzeug) galt der griechischen Philosophie als ein Instrument zum «richtigen Denken» und Forschen, auch als Orientierungspunkt und Koordinatensystem: «Die Sterne heißen die Organe, die Werkzeuge der Zeit.» [Mauthner,Bd.II,510].

2 Enchiridion: altgriechische Bezeichnung («encheirídion») für: «Handbuch» (übrigens auch «Waffe») als Kompendium oder «Manual» für eilige LeserInnen; [vgl. Epiktet1991:9]. Für die LeserInnen gilt es das Gebrauchswertversprechen zu prüfen («Kritik»: altgriech. «Beurteilung, Überprüfung»; von «krinein»: scheiden, sichten – nicht: «richten» –, sich ein Urteil bilden und es fällen, nicht als Richter, «dikastes», an Dogmen gebunden, sondern als Kenner, «krites», möglichst voraussetzungslos (d.h. vorurteilslos) den Sachverhalt zu überprüfen, auch die Logik der Gesetze selbst zu beurteilen, das «ungeschriebene Gesetz» über «das geschriebene» zu stellen usw. [Vgl. Mauthner,Bd.II:257]).

als «Anm» durchnummerierten und angekündigten Anmerkungen zu Thesen, Hintergründen, Personen etc. – die dort keinen Platz fanden und ohnehin den Lesefluss gestört hätten – werden hier im Kleinen Organon nachgetragen. Sie sind zusätzlich mit Überschriften versehen, die mit einem knappen Hinweis den Kontext vermitteln und dadurch zugleich neu herantretenden LeserInnen den Vorteil bieten, dass die Anmerkungen auch eigenständig gelesen werden können – sozusagen als eine Art Thesensammlung. Außer diesem *Anmerkungsapparat* als sein Kernstück enthält das Kleine Organon ein ausführliches und von uns mit Bewertungen hinsichtlich der Erschließung oder Verstellung der SI versehenes *Literaturverzeichnis*. Das daran anschließende *Glossar* kann auch als ein Auftakt für ein revolutionsbegriffliches Wörterbuch betrachtet werden. Denn außer den üblichen Fremd- und Fachwörtererklärungen enthält es zusätzlich Begriffsbestimmungen, die wichtige Termini der SI und der dialektischen Kritik (wie z.B. Dialektik, Totalität) aus ihren historisch bedingten Verschüttungen und Verstellungen herausholen. Allerdings muss zugleich betont werden, dass diese nur als allererste Zugänge gelten können, die allenfalls ein Vorverständnis dieser Begriffe ermöglichen. Zu guter Letzt findet sich im vorliegenden Band ein *Personenregister.*

Alle diese Elemente zusammen genommen, erscheint das Kleine Organon in einer doppelten Funktion: einerseits kann es die Lektüre des Enchiridion vereinfachen, indem es Hintergründe zu Personen und Ereignissen sowie Kurzerklärungen zu bestimmten Begriffen bereitstellt. Andererseits eröffnet es einen Möglichkeitsraum für eine tiefere und grundlegendere Beschäftigung mit revolutionärer Kritik, indem es Pfade und Spuren aufzeigt, deren Verfolgung im weiteren den LeserInnen überlassen bleibt. In diesem Sinne bildet das Kleine Organon eine Art Werkzeugkasten für eine fortlaufende «detektivische», kritische Praxis der Theorie.

In einem weiteren Sinne kann es auch als Scharnier für einen kollektiven kritischen Aneignungs- und Bildungsprozess revolutionärer Theorie betrachtet werden. Als *work in progress* soll diese kritische Theoriebildung auf der Website www.lareprise.org stattfinden, deren vorläufige Zwischenergebnisse unter www.theorie.org bereitgestellt werden und als pdf-Dateien heruntergeladen werden können. Auf beiden Websites lassen sich nach und nach all jene Exkurse finden, die sowohl im Enchiridion als auch im Kleinen Organon angekündigt sind (bezeichnet als Ex.: «Titel des Exkurses»). Die LeserInnen sind damit also aufgefordert und können die Möglichkeit nutzen, sich aktiv an diesem Diskussions-, Aneignungs- und Kritikprozess zu beteiligen.

Enchiridion, Kleines Organon und die beiden Websites zusammengenommen bilden ein organisches Ganzes für den Versuch eines neuartigen Projektes, das prozesshaft auf mehreren Ebenen stattfinden wird, falls es gelingen sollte: ausgehend vom Enchiridion, dessen zweites Kapitel an die Geschichte der situationistischen Kritik erinnert, stellt das dritte Kapitel den Versuch einer *Kritik der Proletarität* dar. Es mündet mit dem vierten Kapitel in den Versuch einer *Kritik der Geschichte*, als Geschichte der Klassenkämpfe im Sinne revolutionärer Selbstkritik. Das fünfte Kapitel stellt eine *Kritik der SI* vor, die in eine *Kritik unseres Versuches* als kollektiver Prozess auf den Websites weitergeführt werden soll. In dieser Reihung bietet das Kleine Organon eine öffnende Kritik oder kritische Öffnung der – als «Kompendium» relativ systematischen, geschlossenen – Darstellung des ersten Bandes (Enchiridion) hin zu der angestrebten öffentlichen Kritik beider Bände auf den Websites.[3]

Somit wendet sich die Publikation insgesamt an Leute, die ihrer Lohnabhängigkeit, dem Elend und der Entfremdung der existenziellen Situation, sich als Ware Arbeitskraft immer neu verkaufen zu müssen mit allem was damit verbunden ist, illusionslos ins Auge sehen. Leute, welche deshalb die «Existenzbestimmungen, Daseinsformen» (Marx) der heutigen gesellschaftlichen Arbeit radikal und aktiv in Frage stellen, sich selbst als Atome der global-gesellschaftlichen GesamtarbeiterIn begreifen. Leute, die von dem Begehren umgetrieben werden, schnellstens die bestehenden kannibalischen, langweiligen und geschmacklosen Produktionsverhältnisse zusammen aufzuheben und in diesem Leben endlich weltweit mit dem Abenteuer der *menschlichen* Geschichte zu beginnen.

---

3 In unserer klassischen Zuordnung des Hauptbuches als «Enchiridion» und des Anmerkungsbändchens als «Organon» könnten diese Websites nun als «Diatriben» bezeichnet werden, d.h. als vollkommen offene *dialogische* Weiterentwicklung der Darstellung und Forschung – soweit diese Form glückt [vgl. Epkitet1991:12].

2 Zeitgeschichtliches rund um die Situationistische Internationale

2.1 Chronologie 1944-1972

Die ausführliche Fassung der hier kaum erläuternden Aufstellung findet sich unter www.theorie.org: 💻Ex.: Chronologie mit Erläuterungen.

- Weltgeschichtliche, kunst- und ideengeschichtliche Ereignisse
- Stichpunkte zur Vorgeschichte und Geschichte der Situationistischen Internationale sind grau unterlegt.

1944

- Landung der Alliierten in der Normandie.
- Frankreich: Einzug de Gaulles in Paris. Résistance-KämpferInnen und Bevölkerung ziehen hier und da NS-KollaborateurInnen zur Verantwortung. Bildung einer provisorischen Regierung im Einklang mit den Alliierten, Bündnisvertrag mit der SU; Mitverwaltung der Besetzung Deutschlands; Frankreich ist Hauptankläger im Nürnberger Prozess.

1945

- 27.1.: Die Rote Armee befreit u.a. Auschwitz.
- Mai: Sieg der Alliierten über die deutschen Streitkräfte. In den 5 Jahren seit seinem Einmarsch in Polen hatte Deutschland über 11 Mio Zivilisten ermordet, darunter mit äußerster staatlicher Systematik 6 Mio jüdische Menschen.
- Der 20jährige Isidore Isou (Jean Isidore Goldstein) emigriert aus Bukarest nach Paris, wo er die lettristische Bewegung gründet.
- 6.8.: Abwurf der US-Atombomben über Hiroshima sowie drei Tage später über Nagasaki. Kapitulation des Tennô-faschistischen Japan.
- 2.9.: Offizielles Ende des Zweiten Weltkriegs.
- Wiederbesetzung von Indochina durch Frankreich, nachdem dort bereits die «Demokratische Republik Vietnam» mit Ho Chi Minh (KP) an der Spitze gegründet worden ist.

1946

- 1946-1954 Indochina-Krieg Frankreichs gegen die KP-geführte nationalrevolutionäre Vietminh-Bewegung («Erster Indochinakrieg»).
- Wahlen zur französischen Nationalversammlung, Verfassung entsprechend der Deklaration der Menschenrechte 1789.

- J.-P. Sartres Reflexionen zum Thema Antisemitismus erscheinen.
- Die Lettristen Isou und Pommerand stören eine Veranstaltung von Tzaras dadaistischer Aufführung «La Fuite».

1947

- Walter Benjamins Thesen «Über den Begriff der Geschichte» werden von Pierre Missac in der Zeitschrift «Les Temps Modernes» erstmals in Europa in einer Übersetzung aus dem von Benjamin 1940 Missac noch selbst erläuterten und übergebenen Manuskript bekannt gemacht.
- Jackson Pollock experimentiert mit seinen ersten «Drip-Paintings», indem er die Farbe durch Sprengen, Schütten, Gießen und Spachteln auf die Leinwand bringt.
- Henri Lefèbvres «Kritik des Alltagslebens» erscheint.
- SU gründet das KomInform (Kommunistisches Informationsbüro), nachdem 1943 während der Anti-Hitler-Koalition die KomIntern (3. Kommunistische Internationale) aufgelöst worden war.
- Unabhängigkeit Indiens und Pakistans, Ausschreitungen zwischen Moslems und Hindus, Unabhängigkeitsführer Gandhi ermordet.
- 29.11.: Dem UN-Teilungsvorschlag für Palästina, nach dem 55% des Territoriums an die Begründerinnen eines «Judenstaats» (Theodor Herzl) gegeben werden sollten, stimmt auch die SU zu. Das arabische Bündnis lehnt diesen Plan ab und beginnt mit permanentem Kriegszustand zwecks Vernichtung «des zionistischen Gebildes».

1948

- Gründung der Gruppe COBRA (1948-1951) durch Asger Jorn und andere links-avantgardistische KünstlerInnen.
- Gründung des Staates Israel (mit Zustimmung der SU). Waffenstillstand mit den arabischen Regimes erst 1949.
- 1948 bis zum Tod Stalins im März 1953: antisemitische Kampagnen («gegen Zionismus und Kosmopolitismus») in Osteuropa, vor allem in Polen und der SU sowie in Rumänien, Bulgarien, Ungarn, der Tschechoslowakei (Slansky-Schauprozess 1952) und der 1949 gegründeten DDR (Paul-Merker-Ausschaltung).
- «Kampf gegen den Titoismus»: Ausschluss Jugoslawiens aus dem KomInform. Stalinistische Verdammung der Unabhängigkeit des «jugoslawischen Weges zum Sozialismus» mit seinem Modell der «Arbeiterselbstverwaltung».
- In Frankreich unter der Regierung Robert Schuman «Dauerkrise»: auf Preissteigerungen antworten die Arbeiterorganisationen mit Lohnforderungen, die Regierung hält den Betrieb in den Bergwerken durch Militäreinsatz aufrecht.

1949

- KPF-Generalsekretär Maurice Thorez erklärt: bei einem Krieg von Westeuropa aus gegen die SU würden die «Kommunisten»

Frankreichs die einmarschierende Rote Armee unterstützen.

- Gründung der rätekommunistischen Gruppe «Socialisme ou Barbarie» (Paris 1949-1965).
- Unabhängigkeit Indonesiens, Unabhängigkeit Burmas.
- Proklamation der Volksrepublik China.
- Simone de Beauvoir «Le deuxième sexe» (deutscher Titel: «Das andere Geschlecht») analysiert die «Situation» der Frau als Resultat von identitätsprägenden historischen Prozessen, die eine individuelle radikale Selbstermächtigung unmöglich machten, deren Folgen jedoch korrigierbar seien. Diese Begründung eines feministischen Existenzialismus gilt als die feministische Stimme des 20. Jahrhunderts.

1950

- 9.4.: Lettristischer «Gott ist tot!»-Skandal in der Kirche Notre Dame de Paris (siehe Anm18).
- Koreakrieg (bis 1953): ab Juni Einsatz von US-Bodentruppen gegen den Vormarsch Nordkoreas in Südkorea, nach Aufforderung des UNO-Sicherheitsrats Beteiligung von 15 Staatenkontingenten an dieser Intervention. November: 200.000 chinesische «Freiwillige» werfen die UN-Truppen zurück; Erstarren der Fronten (1951) und Waffenstillstand (ab 1953).
- Ein halbes Jahr nach Beginn des Krieges malt Pablo Picasso: «Massaker in Korea».
- Asger Jorn malt zwischen 1950 und 1970 «Stalingrad».
- Ratifizierung des Beitritts der BRD (wie schon anderer westeuropäischer Staaten) zum US-amerikanischen «Marshall-Plan».

1951

- Die westlichen Besatzungsmächte erklären den Kriegszustand mit Deutschland für beendet (seitens der SU erst 1955, nach Abschluss der «Pariser Verträge»). Stationierung und Schutz der alliierten Truppen, Regelung des Berlin-Status und Wiedervereinigungsfrage bleiben alliierter Entscheidung vorbehalten. Ab 1950 bereits Einleitung der deutschen Wiederbewaffnung in der BRD (1956 offizieller Beginn des Aufbaus der «Bundeswehr»).
- In der DDR verkündet die SED den «Aufbau des Sozialismus» (1956 Aufbau einer «Nationalen Volksarmee»).
- SED-Kulturkampagne «gegen den Formalismus» und «gegen den Kosmopolitismus». Revolutionär-communistische Werke von Brecht, Dessau und Eisler werden ver- und behindert, weil sie dem Deutschlandkult des SED-Kampfes «um die Nation» (Albert Norden) entgegenstehen.
- Störung des Filmfestivals in Cannes durch LettristInnen.

1952

- 30.6.: Uraufführung von Debords Film «Hurlement en faveur de Sade» («Geheul für de Sade»), was einen Skandal hervorruft; der Film besteht nur aus Sequenzen von weißer Leinwand, in de-

nen etwas gesprochen wird, und schwarzer Leinwand (bis zu 24 Min.), in denen nichts zu hören ist.

- Großbritannien verhängt den Ausnahmezustand über seine Kolonie Kenia, um mit der Guerilla der «Mau-Mau»-Bewegung fertig zu werden.
- Antikoloniale Erhebung in Ägypten bringt das Militärregime von Gamal Abd´ el Nasser an die Macht. Palästinenser werden von den arabischen Regimes in Flüchtlingslagern gehalten, um die revanchistischen Heimatvertriebenenverbände als Brutherd und Speerspitze permanenter Kriegsbereitschaft der arabischen Massen für «die Rückkehr» zu benutzen.
- Im Zuge der von der Atommacht SU als ihr Beitrag zum Kalten Krieg inszenierten «Weltfriedensbewegung» spricht auch Sartre auf dem «Völkerkongress für den Weltfrieden» in Wien; Bruch zwischen Camus und Sartre.
- Spaltung der lettristischen Bewegung und Gründung der Lettristischen Internationalen (LI).

1953

- USA: Senator McCarthy Vorsitzender des Kongressausschusses «zur Untersuchung unamerikanischer Aktivitäten» (bis 1955).
- Tod Stalins; allmählicher Beginn eines «Tauwetters» im Machtbereich der SU.
- BRD-Vertrag über eine «Europäische Verteidigungsgemeinschaft» (1954 ratifiziert; Frankreich ist dagegen).
- Juni: Spontaner ArbeiterInnenaufstand in der DDR, nach wenigen Tagen durch SU-Panzer niedergeschlagen.
- Gründung der Organisation «Mouvement pour un Bauhaus Imaginiste» (MIBI).

1954

- Der Künstler Yves Klein, Mitbegründer und führender Vertreter des «Nouveau Réalisme», bringt die Broschüre «Yves: Peintures» heraus, die zehn monochrome Farbtafeln enthält.
- 1954-1962, Algerien: Unabhängigkeitskrieg der algerischen «Nationalen Befreiungsfront» (FLN) und «Algerischen Nationalbewegung» (MNA) gegen die Kolonialherrschaft Frankreichs; militärische und soziale Eskalation (Bombardements, Generalstreiks) in den folgenden Jahren.
- 22.6.: Erste Nummer der LI-Zeitschrift «Potlatch» (1954-1957) erscheint.
- Vietnam: Nach dem Sieg der Vietminh in Dien Bien Phu: Rückzug Frankreichs aus (dem nun provisorisch geteilten) Vietnam und Ausweitung des US-Einflusses in Südvietnam (unpopuläres Regime Diem ab 1955).
- Sartre und Simone de Beauvoir besuchen 1954 die SU, 1955 die VRChina.

1955

- Debords «Einführung in die Kritik der städtischen Geographie» wird in der belgischen surrealistischen Zeitschrift «Les lèvres nues» veröffentlicht.
- «Warschauer Pakt» in Konfrontation zur NATO gegründet.
- «Bandung-Konferenz» 29 «blockfreier Staaten» (Schlüsselrolle Jugoslawiens und Chinas).
- Argentinien: Aufstand vertreibt Perón.
- Zypern: Aufstand gegen Großbritannien (nach weiterem Aufstand 1959 Unabhängigkeit).
- 1955-1959 Revolutionsguerilla auf Kuba.

1956

- Debords «Theorie des Umherschweifens» und «Gebrauchsanleitung zur Zweckentfremdung» von Debord/Wolman veröffentlicht in «Les lèvres nues».
- «Suez-Krise»: Ägypten proklamiert Verstaatlichung der «Suez-Kanal-Gesellschaft» (Juli).
- Israel protestiert beim UN-Sicherheitsrat gegen Behinderung der freien Schifffahrt im Suezkanal und marschiert auf ägyptisches Territorium, um Suezkanal und Gaza-Streifen zu besetzen. Militärische Intervention von Frankreich und Großbritannien, ab November Waffenstillstand, UNO-Truppen.
- SU: 20. Parteitag der KPdSU: «Geheimrede» Chrushtshovs gibt die Exzesse der Stalin-Ära vor aller Welt zu. Das KomInform wird aufgelöst.
- Polen: Im Juni ArbeiterInnenaufruhr (Kohlenbergswerksgebiete in Posen) militärisch niedergeschlagen; «nationalkommunistischer» Ruck unter Gomulka (Intensivierung antisemitischer Demagogie), der den Posener Aufstand als berechtigt für Reformen («Arbeiterräte», «Volksräte») anerkennt; 10.000 TransportarbeiterInnen streiken in Lodz, lehnen die Lohnerhöhungsangebote der polnischen Regierung ab, schwere Zusammenstöße mit der Miliz, die den Streik niederschlägt.
- Die «Schwarze Literatur» (um 1956) und junge Literatenzeitschriften in Polen drücken radikal das Begehren nach einem «menschlichen Sozialismus» aus.
- Ungarn: ArbeiterInnenaufstand mit Bildung von Räten und «Volksaufstand» mit eigener Regierung (Imre Nagy) gegen den Warschauer Pakt, wird von sowjetischen Truppen blutig niedergeschlagen. Besetzung des Landes durch Warschauer-Pakt-Truppen. Bewaffneter Widerstand, dann passiver Widerstand und Generalstreik sowie weiter aufflammende Arbeiterunruhen (bis 1957).
- Unruhen von StudentInnen in allen osteuropäischen Ländern.
- In China inszeniert die KP unter dem Schock des ungarischen Aufstands eine Kampagne unter der Weisung von Mao Zedong: «Lasst hundert Blumen blühen, lasst hundert Schulen miteinan-

der wetteifern!» Die sich daraufhin ausbreitende naive Kritik am Parteiregime wird durch eine «Anti-Rechtsabweichler-Kampagne» unterdrückt.

- BRD: Verbot der KPD «und aller Ersatzorganisationen».
- Dez.: Konferenz in Alba von Mitgliedern verschiedener europäischer radikaler links-avantgardistischer (anti-)künstlerischer Zusammenhänge, u.a. mit Jorn, Debord, Bernstein.

1957

- Debords «Rapport zur Konstruktion von Situationen» erscheint.
- Jorns Buch «Plädoyer für die Form» erscheint.
- 27.-28.7.: Gründungskonferenz der Situationistischen Internationale in Cosio d'Arroscia; anwesend waren Mitglieder des London Psychogeographic Committee, der Lettristischen Internationale und der Bewegung für ein Imaginistisches Bauhaus.
- «Mau-Mau»-Aufstand in Kenia und Aufstand in Oman gegen die britische Kolonialmacht.
- Ghana unabhängig.
- Tunesien wird Republik.
- VR China: Vorbereitung der maoistischen Kampagne der «3 Roten Banner»: Einrichtung gigantischer «Volkskommunen» und «Großer Sprung nach vorn» enden in einem ökonomisch-sozialen Fiasko. Diese «Große Katastrophe» («Da Huo») führt in den folgenden Jahren zum (Hunger-)Tod von 20 - 30 Mio Menschen.
- Gründung der Gruppe SPUR (1958-1965) in München.

1958

- 25.-26.1.: Zweite SI-Konferenz in Paris.
- Unabhängigkeit für Guinea und Senegal.
- Irak: Revolution beseitigt die Monarchie.
- Nach dem «Sputnik-Schock» (erster künstlicher Erdsatellit 1957, technologisches Vorsprungssignal der SU) wird von den USA die NASA gegründet; damit beginnt der Wettlauf ins All zwischen den USA und der Sowjetunion.
- «Verständigung» von SU- und US-Regierungschefs in Camp David. Chrushtshov: «Wir beiden Atomsupermächte sollten überall zusammen jeden Funken eines [revolutionären, BBZN] Weltbrandes austreten!»
- Paris: Eine leere Galerie wird von Yves Klein «ausgestellt». Vorläufer der späteren «Concept Art» (Mitte der 1960er).
- 1.5.: Debords «Mémoires» mit Gestaltungen von Asger Jorn erscheinen.
- Algerien/Frankreich: Einen Militärputschversuch der Spitzen der französischen Kolonialisten in Algerien nutzt de Gaulle zur Errichtung seiner Art von Präsidialdiktatur in Frankreich, während die KP und die CGT-Gewerkschaft einen wirksamen Generalstreik verhindern, obwohl Hunderttausende Ende Mai in Paris mit dieser Zielrichtung demonstrieren.

- Die SI-Revue N°1 erscheint Mitte Juni;
sie enthält u.a. den «Beitrag zu einer situationistischen Definition des Spiels», «Vorbereitende Probleme zur Konstruktion von Situationen», «Definitionen» und das «Formular für einen neuen Urbanismus»;
ebenfalls enthalten ist das SI-Flugblatt zu den algerisch-französischen Ereignissen «Ein Bürgerkrieg in Frankreich»: «In diesem stark industrialisierten Land hat es also keine entscheidende Aktion der Arbeiterklasse gegeben. Man ist bis zu einem Punkt politischer ‹Abwesenheit› der Bourgeoisie und des Proletariats heruntergekommen, bei dem dann Putsche über die Macht entscheiden.» (8.Juni 1958)
- Während seiner Ausstellung in München kommt Asger Jorn in Kontakt mit der Gruppe SPUR und ermuntert sie anschließend, der SI beizutreten;
- SI-Revue N°2 erscheint im Dezember;
sie enthält u.a. den «Versuch einer psychogeographischen Beschreibung der Pariser Hallen», die «Theorie des Umherschweifens» und «Über unsere Mittel und unsere Perspektiven».

1959

- Anfang 1959 löst die Gruppe SPUR in der Kultur- und akademischen Öffentlichkeit der BRD einen Skandal aus durch ihre Angriffe auf den mathematisch-kybernetisch orientierten Kunst-Technokraten Max Bense.
- Eröffnung des «Büro für einen unitären Urbanismus» in Amsterdam.
- Constant stellt in Amsterdam seine Modelle und Skizzen utopischer Stadtentwürfe aus, die er ab 1960 «New Babylon» nennt.
- Debord und Jorn formulieren die «Amsterdamer Erklärung» als Vorschlag für «eine minimale Definition der situationistischen Aktion» als Vorbereitung für die nächste Konferenz der SI in München.
- Kuba: Machtübernahme des populären «Partisanenadels» um Fidel Castro nach über zweijährigem Guerillakampf gegen die Armee des von den USA unterstützten Batista-Regimes der Großgrundbesitzer etc.
- U.a. auch Hemingway begrüßt die kubanische Revolution; Graham Greene, Sartre, Beauvoir, Sagan usw. besuchen Kuba.
- 17.-20.4.: Dritte SI-Konferenz in München.
- Debords Film «Über den Durchgang einiger Personen durch eine ziemlich kurze Zeiteinheit».
- SI-Revue N°3 erscheint im Dezember;
sie enthält u.a. «Der Sinn im Absterben der Kunst», «Die Zweckentfremdung als Negation und als Vorspiel», «Situationistische Positionen zum Verkehr» und «Eine andere Stadt für ein anderes Leben».

1960

- Jorn stellt sein Gemälde «Stalingrad» vor, das als Durchkreuzung bzw. Aufmischung der spektakulären Blockkonfrontation durch Anknüpfung an den antifaschistischen Ausgangspunkt der Klassenkämpfe in Europa gedeutet werden kann.
- Michèle Bernsteins Roman «Tous les chevaux du roi» erscheint: eine Zweckentfremdung des Libertinage-Romans aus dem 18. Jhd. und ein Plagiat seiner Verwurstungen in der zeitgenössischen Kulturindustrie.
- Guy Debord betätigt sich bei «Socialisme ou Barbarie».
- Guy Debord und Michèle Bernstein unterzeichnen die «Déclaration des 121» gegen den Krieg und die Folterungen der französischen Armee in Algerien.
- «Unabhängigkeit» für 16 afrikanische Staaten.
- Durch unterschiedliche als «neodadaistisch» bezeichnete Strömungen, wie «Minimal Art», «Concept Art» und «Nouveau Réalisme», erfährt das Prinzip «Ready-made» (Marcel Duchamp) eine Renaissance; als Credo steht die Formel von der «Aneignung» der Realität im Vordergrund: der Alltagsgegenstand wird zum Objekt der Kunst.
- SI-Revue N°4 erscheint im Juni;
  sie enthält u.a. «Das Ende der Ökonomie und die Verwirklichung der Kunst», «Signal für den Beginn einer revolutionären Kultur in Israel», «Die Anwendung der freien Zeit», einen Artikel über den Terror gegen algerische Emigranten in Belgien, «Programmatische Skizzen», «Über einige Interpretationsfehler», «Gangland und Philosophie».
- Revolution und Konterrevolution in der DR Kongo (ehemals Zaire): der Führer der kongolesischen Unabhängigkeitsbewegung, Patrice Lumumba, wird der erste Ministerpräsident und 18 Monate später von seinem früheren Assistenten Mobutu, unterstützt von den USA und Belgien, weggeputscht; Sezession der mineral- und uranreichen Provinz Katanga und Ermordung von Lumumba; von USA instrumentalisierte UN-Intervention.
- Pierre Canjuers (Blanchard; «Socialisme ou Barbarie») und Guy Debord (SI) veröffentlichen ihre gemeinsamen «Vorverhandlungen für ein revolutionäres Einheitsprogramm».
- 24.-28.9.: Vierte SI-Konferenz, in London Beschlüsse u.a.: Ersetzung des föderativen Konzepts (nationaler Sektionen) durch einen Zentralrat (als ein Delegiertenrat);
- 4.-6.11.: Erste Sitzung des SI-Zentralrates in Brüssel.
- Generalstreik in Belgien.
- SI-Revue N°5 erscheint;
  sie enthält u.a. den Bericht von der Londoner Konferenz.

1961

- 6.-8.1.: Zweite Sitzung des SI-Zentralrates in Paris;
- 11.-13.4.: Dritte Sitzung des SI-Zentralrates in München;

- Michèle Bernsteins zweiter Plagiat-Roman «La Nuit» parodiert den «Nouveau Roman», der damals «avantgardistische» Mode war.
- Guy Debord kündigt die Zusammenarbeit mit «Socialisme ou Barbarie» auf.
- Der neue US-Präsident J. F. Kennedy befiehlt die «Invasion in der Schweinebucht» an der Südküste Kubas, die jedoch fehlschlägt.
- Intensivierung der US-Intervention in Südvietnam gegen die dort sich breit entfaltende sozial-revolutionäre Bauernguerilla und ihren «Vietcong»-Kader (FNL, unterstützt von Nordvietnam).
- Erster Weltraumflug eines Menschen: Jurij Gagarin (SU) entdeckt die Erde als «der blaue Planet». Daraufhin wählt z.B. Yves Klein für seine Malerei fortan die Grundfarbe Blau. Die 1960er Jahre sind von einer Science-Fiction-Ästhetik erfasst, mit deren Motiven die Pop-art (z.B. 1967 der Film «Barbarella») ebenso ausgiebig spielt wie die SI-Revue in ihren Comix: Figur des «Cosmonauten».
- Debords Film «Kritik der Trennung»;
- Debords Tonbandaufnahme über «Perspektiven einer bewussten Änderung des alltäglichen Lebens» wird auf einem Soziologiekongress in Paris, den Henri Lefèbvre veranstaltet, abgespielt.
- Die DDR baut die Berliner Mauer.
- Entstehung der KünstlerInnenbewegung «Fluxus» aus dem Zirkel der musikalischen und literarischen Avantgardeszene sowie der Happening- und Aktionskunstszene New Yorks (George Macunias, John Cage, Yoko Ono e.a.).
- Intensivierung der «Pop-art» (Andy Warhol, Roy Lichtenstein, Richard Hamilton) als «Offenbarung des Trivialen» banaler Alltagsgegenstände, etwa Konsumgüter, Nahrungsmittel, Comics. Das Pastiche als Stilmittel für die nicht-ironische Wiedergabe von «Warenästhetik» («All is beautyful»), von Stars und Politstars (Monroe, Lenin, Mao etc. in Andy Warhols Siebdruck-Serien).
- SI-Revue N°6 erscheint im August;
  sie enthält u.a. «Instruktionen für eine Parade» (in BE: «Anleitung für den Kampf»), das «Elementarprogramm des Büros für einen Unitären Urbanismus», «Perspektiven einer bewußten Änderung des alltäglichen Lebens», «Anmerkungen gegen den Urbanismus».
- 28.-30.8.: Fünfte SI-Konferenz in Göteborg.
- 17.10. in Paris: 30.000 Algerier versammeln sich in den Straßen zu einem Schweigemarsch gegen den Algerienkrieg und gegen die vom Pariser Präfekten Papon verhängte Ausgangssperre für die Algerierfranzosen. Tausende Polizisten machen regelrecht Jagd auf die DemonstrantInnen. Mindestens 200 von ihnen werden erschossen und in die Seine geworfen.
- Beschlagnahmung aller sechs erschienenen Ausgaben der SPUR-Zeitschrift, Hausdurchsuchungen und Prozeß und Ge-

fängnisstrafen gegen die SPUR-Mitglieder wegen «Gotteslästerung, Beleidigung und Pornographie» in der BRD.

- Frantz Fanon, ethnopsychoanalytischer Arzt, antikolonialistischer Befreiungskämpfer und Theoretiker, stirbt. Sein Vermächtnis «Die Verdammten dieser Erde» erscheint mit einem aufwühlenden Vorwort von J.-P. Sartre.

1962

- Beginn der situationistischen Kampagne gegen Atombunker.
- 10.-11.2.: vierte Sitzung des Zentralrats in Paris: Ausschluss der Gruppe SPUR und anderer «Nur-KünstlerInnen» aus der SI.
- Eine «Zweite Situationistische Internationale» auf der Achse «Drachenhügel» (Schweden) und Schwabing (BRD) hat sich herausgebildet; ihr «Bauhaus Situationiste» bringt einige Nummern heraus und geht alsbald im Kunstbetrieb auf.
- Der «Pop-art»-Künstler Andy Warhol stellt sein monumentales Bild einer «Campbell's-Suppendose» fertig, das noch im selben Jahr in Los Angeles ausgestellt wird und beim Publikum auf Kritik und Unverständnis stößt.
- Unabhängigkeit für Algerien, Uganda, Jamaika, Trinidad.
- Vietnamkrieg («Zweiter Indochinakrieg») tritt in seine Hochphase als erster «Fernsehkrieg» ein (1962-1975).
- SI-Revue N°7 erscheint im April;
sie enthält u.a. «Geopolitik und Schlaftherapie», «Es werden bessere Tage kommen», «Die Rolle der S.I.», «Der Vorrang der Kommunikation», «Basisbanalitäten I» und den Bericht von der Konferenz in Göteborg.
- Beginn der Kuba-Krise; Blamage der SU gegenüber den USA, die nun eindeutig als Überlegene in der Blockkonfrontation dastehen.
- Die scharfe maoistische Kritik von seiten der KP Chinas am «Chrushtschov-Revisionismus» bei dieser Gelegenheit macht die Spaltung des post-stalinistischen «Sozialistischen Lagers» und der «Bruderparteien»-KPs im Weltmaßstab irreparabel.
- Entstehen einer maoistischen «ML-Bewegung», welche leninistisch-stalinistische Orthodoxie und antiimperialistische Militanz «für den Sieg im Volkskrieg» weltweit beansprucht.
- 1.-23.9. Wiesbaden: «Fluxus Internationale Festspiele neuester Musik». Der Komponist John Cage führt die Stille und das Schweigen sowie Elemente seines Zen-Buddhismus in die Neue Musik ein. In der BRD und über diese hinaus macht sich in den nächsten Jahren der christlich-germanische Schamanist Joseph Beuys einen Namen, der die Fluxus-Bewegung als noch «zu neo-dadaistisch» hinter sich lässt und eine «soziale Plastik» propagiert: Jeder Mensch sei ein Künstler! und «Lieber ein überzeugter Straßenkehrer als ein nicht überzeugter Künstler.»
- 12.-16.11.: Sechste SI-Konferenz in Antwerpen: Abschaffung des föderativen Charakters, d.h. Auflösung des Zentralrats und

der nationalen Sektionen, Zentralisierung der Arbeit und Etablierung «einer Art Anti-Nato»: Korrespondenten des Zentrums verteilen sich jeweils auf größere Regionen.

1963

- «Unabhängigkeit» für Kenia und für Sansibar. Aufstand in Guatemala, Aufstand in Syrien.
- Beginn eines jahrelangen Bergarbeiterstreiks in Asturien (Spanien), der in einem Aufstand 1965 gipfeln wird.
- Kennedy-Mord.
- Samuel Beckett «Endspiel».
- Mit der Fotoserie «Eye Body» inszeniert Carolee Schneemann eine Parodie auf das in der Gesellschaft dominierende Rollenbild vom Sexualobjekt Frau; Schneemann gilt seither als Pionierin feministisch geprägter Performance-Kunst.
- SI-Revue N°8 erscheint im Januar;
  sie enthält u.a. «Herrschaft über die Natur, Ideologien und Klassen», die Sprachkritik «All the King's Men», den Bericht «Die kontersituationistische Operation in verschiedenen Ländern», den Essay «Basisbanalitäten II», «Technik des Weltcoups», «Wiederholung und Neuigkeit in der konstruierten Situation».
- 28.8.: Die u.a. vom NAACP organisierte Schwarze Bürgerrechtsbewegung der USA marschiert auf Washington, wo Pastor Martin Luther King seine Rede hält: «I have a dream».
- Treffen der SI mit zwei Mitgliedern der ZenGakuRen (militante, communistische Studierendenorganisation in Japan);
- «Der deutsche Gedanke», hg. von Uwe Lausen, erscheint als erste und letzte deutschsprachige SI-Zeitschrift.
- Reliefplastiken von Bernstein/Martin «Der Sieg der Pariser Commune», «Die Rückkehr der Bande Bonnot» und «Thermonukleare Kartographien», als «Zweckentfremdungen der Pop-art» u.a. in politischen und sozialen Kämpfen eingesetzt;
- Debords Bildübermalung «abolition du travail aliéné» («Aufhebung der entfremdeten Arbeit») als Beispiel für sekundär-naiv kommunizierende Experimente mit zweckentfremdender «Verhöhnung und Umkehrung» jener totgelaufenen Avantgardemalerei, «die sich zur Zeit mit ihren unkommunizierbaren reinen Zeichen in der Malerei etablieren möchte».
- 20.12. BRD: Beginn des Auschwitzprozesses in Frankfurt am Main (1963-1965).
- Erfindung der «Anti-Baby-Pille»: soll «der Frau» historisch endgültig «die Angst vor ungewollter Schwangerschaft» nehmen.
- «Erste Frau im All.»

1964

- Unabhängigkeit für Malawi und Sambia.
- Gründung der «Organisation of Afro-American Unity» durch Malcolm X in den USA.

- Offizielles Eingreifen der US-Armee in Südvietnam.
- Beginn der Breshnev-Ära in der SU.
- USA-Tournee der Liverpooler Band «The Beatles»; Beatles-Film «A hard Day's Night» erscheint; Höhepunkt der «Beatlemania» weltweit.
- Yoko Onos «Cut Piece»: KünstlerInnenkörper wird zum zu bearbeitenden Material durch das Publikum (kollektives Zerschneiden des Cocktailkleides von Yoko Ono); wie Schneemanns «Eye Body» ist «Cut Piece» ein Beispiel einer im Entstehen begriffenen Performance-Kunst und «Body Art».
- Film der communistischen Avantgardefilmer Jean-Marie Straub und Danièle Huillet (Frankreich, Italien, BRD): «Nicht versöhnt – oder: Es hilft nur Gewalt wo Gewalt herrscht» (nach dem Roman «Billard um halb zehn» von Heinrich Böll).
- SI-Revue N°9 erscheint im August; sie enthält u.a. «Die S.I. jetzt», «Die Worte und ihre Arbeitgeber», «Die Freizeit arbeitet», «Betrachtungen über die Gewalt», «Die Wahl zwischen den zur Verfügung stehenden Revolutionsmodellen», «Die zertrümmerte Kritik» und «Briefe aus der Ferne».

1965
- «Unabhängigkeit» für Gambia.
- Malcolm-X-Ermordung durch Angehörige der «Black Muslims».
- ArbeiterInnenaufstand in Asturien (Spanien).
- Anklage in Dänemark gegen das SI-Mitglied J. V. Martin wegen Veröffentlichung von «subversiven Comics».
- März: «Zwischenfälle in Randers» (Dänemark): Widerstand und Demonstrationen dänischer Linker und ehemaliger Partisanen gegen die Beteiligung deutscher Truppen an NATO-Manövern in Dänemark.
- SI-Unterstützung der «Zwischenfälle in Randers» durch Plakate, Wandparolen etc.; die Polizei nimmt J. V. Martin fest, seine Wohnung war in der Öffentlichkeit als «Hauptquartier des Aufstandes» bezeichnet worden;
- 17.5.: Intervention von SituationistInnen in Straßburg: Unterbrechung einer Konferenz des Kybernetikers und Kunst-Technokraten A. Moles und des Bildhauers Schöffer.
- Algerien verkündet den «Sozialismus».
- Der von Mustapha Khayati verfasste SI-Aufruf «Adresse an die Revolutionäre Algeriens und aller Länder» erscheint in Algier, u.a. mit der Parole: «Hoch leben die Genossen, die 1959 in den Straßen Bagdads den Koran verbrannt haben!».
- Aug.: Aufstand der afroamerikanischen Bevölkerung von Watts (Los Angeles) löst in den USA über 300 «insurrections» von Black Communities bzw. Gettos in den darauffolgenden Jahren aus.
- Englischsprachige Broschüre «Niedergang und Fall der spektakulären Warenökonomie» zu dem Aufstand in Watts in USA verbreitet.

- Vaneigems «Basisbanalitäten» werden in den USA als Broschüre unter dem Namen «The Totality for Kids» veröffentlicht.
- Nov.: Neuherausgabe der «Adresse an die Revolutionäre» als Broschüre auf französisch, deutsch, spanisch, englisch und arabisch.

1966

- BRD: Entstehung der «Außerparlamentarischen Opposition» (APO).
- Die Neuausgabe als Raubdruck des Buches von Wilhelm Reich (1930) «Geschlechtsreife, Enthaltsamkeit, Ehemoral» (später im Exil unter dem Titel «Die Sexualität im Kulturkampf») wird nun (mehr als 10 Jahre nach Reichs Tod) betitelt: «Die sexuelle Revolution» und führt damit den Hype von der «Sexwelle» (Oswald Kolle, Beate Uhse um 1963) als «antiautoritäre» Mode fort.
- Frankreich tritt aus NATO-Gremien aus.
- USA: Gründung der «Black Panther Party» als militante «marxistisch-leninistische» Befreiungsorganisation der Afroamerikaner in den USA mit Orientierung auf autonome Macht mit eigenem Territorium (wird in kurzer Zeit vom FBI systematisch zerschlagen); Ansätze zu Metropolenguerilla in USA.
- Niederlande: mehrtägiger Amsterdamer Aufstand von ArbeiterInnen (von dem sich die «Provos» (s. Anm26) distanzieren).
- SI-Revue N°10 erscheint im März; sie enthält u.a. «Niedergang und Fall der spektakulären Warenökonomie», «Der Klassenkampf in Algerien», «Beitrag zum Programm der Arbeiterräte in Spanien», «Die elementaren Strukturen der Verdinglichung», «Über die Entfremdung» und «Die gefesselten Worte».
- Juli, China: Beginn der maoistischen «Großen Proletarischen Kulturrevolution» (1966-1969), die vorübergehend zum Bürgerkrieg, Chaos auf dem Land und zunächst unkontrollierbaren proletarischen Autonomiebestrebungen führt.
- In Westeuropa bricht «Maoismus»-Fieber unter Linken aus (Welle von KP/ML-Gründungen setzt in den folgenden Jahren ein). Godard-Film «La Chinoise».
- 5.-11.7.: Siebte SI-Konferenz in Paris.
- Indonesien: Das chinafreundliche Sukarno-Regime wird von der US-hörigen Suharto-Kamarilla gestürzt: Millionenmassaker an indonesischen KP-Mitgliedern.
- Nov.-Dez.: Skandal von Straßburg;
  «Die Rückkehr der Kolonne Durruti» und «Über das Elend im Studentenmilieu» erscheinen.

1967

- Südjemen wird «Volksrepublik».
- Raoul Vaneigems «Handbuch der Lebenskunst für die jungen Generationen» erscheint nach langer Verzögerung durch Verlagspolitik.
- Frankreich: Besetzung des Universitäts-Rektorats und des Justizpalastes von Nantes durch StudentInnen.

- 2.6. Westberlin: Demonstrationen gegen den Besuch des Schah von Persien; dabei wird der Student Benno Ohnesorg durch eine Kugel aus einer Polizeiwaffe getötet (später erfolgt Freispruch des Polizisten).
- 5.-10. 6.: Zweiter Israelkrieg («Sechstagekrieg»), bei dem Israel dem gemeinsam von Ägypten, Syrien und Jordanien vorbereiteten Angriff («Die Juden ins Meer werfen!») durch einen Präventivschlag zuvorkommt und durch seinen militärischen Sieg das von ihm kontrollierte Territorium verdreifacht.
- SI-Revue N°11 erscheint im Okt.;
  sie enthält u.a. «Der Explosionspunkt der Ideologie in China», «Zwei lokale Kriege» (Analyse des Vietnam- und des Nahostkrieges), «Unsere Ziele und Methoden im Straßburger Skandal», «Die Situationisten und die neuen Aktionsformen gegen Politik und Kunst», «Beiträge zur Berichtigung der öffentlichen Meinung über die Revolution in den unterentwickelten Ländern», «Minimale Definition der revolutionären Organisationen».
- Debords «Die Gesellschaft des Spektakels» erscheint.
- Paris: Erste Interventionen der Gruppe «Enragés» (Die Wütenden) und studentische Unruhen an der Hochschule Sorbonne.

1968

- Jan.: Die Gruppe «Enragés» («Wütende») bildet sich auch an der Universität Nanterre und beginnt Vorlesungen zu unterbrechen mit Angriffen auf autoritative «linke» Professoren.
- CSSR: «Prager Frühling»; die Gruppe um den slowakischen Parteichef Dubcek setzt ein Reformprogramm in der CSSR-Ökonomie und Bürokratie durch, das eine Euphorie für «Sozialismus mit menschlichem Antlitz» in der Bevölkerung des ganzen «realsozialistischen» Lagers sowie Sympathien weltweit auslöst und die proletarische Subversion ebenso wie «demokratisch-sozialistische» Reformillusionen überall ermutigt;
- Aug.: Einmarsch der Truppen des Warschauer Paktes in die CSSR; Machtspruch der SU (Breshnev-Doktrin der «begrenzten Souveränität sozialistischer Staaten»).Eindrucksvoller gewaltfreier Widerstand und langanhaltende Subversion gegen das Regime der Okkupanten.
- Südvietnam: Die überraschende «Têt-Offensive» der FNL zu Jahresbeginn hat vor aller Welt die Aussichten der USA zunichte gemacht, den Vietnamkrieg militärisch gewinnen zu können.
- BRD: Die «APO» inszeniert mit dem «Vietnam-Kongress» in der TU Berlin eine spektakuläre Wende der «antiautoritären» Jugendbewegung in eine diffuse internationalistische Revolutionsbegeisterung: «Die Pflicht jedes Revolutionärs ist es, die Revolution zu machen.» «Revolutionär sein» wird Mode.
- 4.4. USA: Pastor Martin Luther King wird in Memphis ermordet. Die gewaltlose Bürgerrechtsbewegung verliert rapide an Masseneinfluss.

- BRD 11.4. («Gründonnerstag»): Ein Attentat auf Rudi Dutschke wird zum Auslöser für die «Osterunruhen» (straßenkampfartige Massenblockaden gegen die Auslieferung der BILD-Zeitung: «Enteignet Springer!»).

Mai '68 in Frankreich

- 3.-10.5.: Frankreich: Straßenschlachten im Quartier Latin (Paris);
- 13.5.: Besetzung der Sorbonne und Öffnung für die ArbeiterInnen; Aufruf zum Generalstreik, der stark befolgt wird;
- 14.5.: Besetzung der Fabrikwerke in Nantes durch ArbeiterInnen.
- 14.5.: Gründung des Komitees «Wütende und Situationisten».
- 15.5.: Besetzung der Renault-Werke in Cléon.
- 15.5.: Verschickung des Rundschreibens «An die S.I.-Mitglieder und an die Genossen, die sich mit unseren Thesen einverstanden erklärt haben» durch die in Paris anwesenden SI-Mitglieder in die Provinzen und ins Ausland.
- 16.5.: Besetzung von Boulogne-Billancourt, der größten Fabrik Frankreichs;
- öffentlicher Aufruf vom gewählten Besetzungskomitee der Sorbonne zur unverzüglichen Besetzung aller Fabriken und zur Bildung von Arbeiterräten.
- 16.5.: «Wütende und Situationisten» übernehmen die Verantwortung für das Besetzungskomitee der Sorbonne;
- ab 17.5.: über 10 Millionen Franzosen treten in den Streik und legen ganz Frankreich durch Fabrikbesetzungen lahm.
- 17.5.: Das Komitee «Wütende und Situationisten» verlässt die Sorbonne und sucht die Verbindung zu den revolutionären ArbeiterInnen in und außerhalb Frankreichs. Der «Rat für die Aufrechterhaltung der Besetzungen» (CMdO) bildet sich aus ca. 40 Aktiven-in-Permanenz, davon ca. 10 SituationistInnen und Enragés («Wütende»);
- ab 20.5.: Die Bewegung der Besetzungen bemächtigt sich der Schlüsselzonen der französischen Ökonomie (außer dem Bankwesen).
- 29.5.: Präsident de Gaulle setzt sich zu den in Baden-Baden stationierten französischen Streitkräften ab;
- 30.5.: de Gaulle wendet sich in einer Rundfunkansprache an das französische Volk. Er erklärt die Nationalversammlung für aufgelöst und kündigt ultimativ Neuwahlen für den 23. Juni an, droht mit offenem Militäreinsatz für den Fall einer weitergehenden Bewegung des Besetzungsstreiks; KPF und Gewerkschaften schwenken sofort auf dieses Ultimatum ein und werfen alle ihre Kräfte zur Beendigung des Generalstreiks in die Betriebe und die politische Arena. Dem Aufruf de Gaulles zum Aufgebot der «bürgerlichen Aktion» folgen am 30. Mai rund 400 000 Gaullisten, Faschisten und Spießbürger mit einer einschüchternden Großdemonstration auf den Champs-Elysées.

- Juni: Die weiterhin anhaltenden Streiks und Proteste werden beendet, als Fallschirmjäger die Stadt besetzen;
- durch kalkulierte ökonomische Zugeständnisse, Spaltungsmanöver sowie Einsätze von Polizei, Sondertruppen und entscheidend gestützt auf die Gewerkschaften kann der Mai-Aufstand und Generalstreik Betrieb für Betrieb allmählich abgewürgt werden;
- Wiederaufnahme der Lohnarbeit in den letzten Bereichen.
- 7.7.: Fernsehansprache von de Gaulle (u.a. die SI betreffend, siehe Anm31).

68er-Bewegung international

- StudentInnen- und SchülerInnen-Revolten in Tokio, Columbia und Berkeley in USA, in Rom, Madrid, London, Kopenhagen, Istanbul und Ankara, im Kongo und in Dakar, Buenos Aires sowie in Peru und Uruguay (dort übergehend in einen Generalstreik), aber auch in Belgrad und in Warschau. Sie alle verstehen sich als irgendwie internationalistisch-revolutionär und beziehen sich in ihren Statements auf die proletarische Bewegung der Besetzungen des französischen Mai;
- die SI spricht von einer «Vulkankette der neuen Geographie der Revolutionen».
- Juli: Großbritannien: Streikwelle (1968-1971) bis zu politischen Streiks der Postler- und LehrerInnen.

1969

- Großbritannien: erneutes Aufflackern der Streikbewegung, auch «wilder» Streiks, der verbitterten Bergarbeiter u.a.; «Neue Militanz» der sprunghaften Streikbewegung in den neuen Industrien; Betriebsbesetzungen;
- International: unterstützende StudentInnendemonstrationen, «sit-ins» an vielen Unis;
- Aufblühen der feministischen Bewegung;
- lokale Kämpfe gegen Wohnungsmisere, Umweltbelastungen;
- Kämpfe gegen Rassismus.
- Proletarische Revolte in Nordirland (Belfast) bricht aus unter konfessionell-nationalistischer Bornierung (Sinn Féin / IRA e.a.) und stürzt Großbritannien in eine politische Krise.
- Frankreich, April: Rücktritt von Charles de Gaulle.
- BRD: «Septemberstreiks» signalisieren erstmals wieder eigenständige, «wilde» Kampfpräsenz innerhalb der Arbeiterklasse in den deutschen Zuständen.
- USA: Woodstock Open Air Festival.
- Luigi Nono (Komponist): «Musik und Revolution» erscheint als kommunistischer Beitrag zur Theorie der Neuen Musik.
- 10.3., 19 Uhr, während eines gewerkschaftlichen «Warngeneralstreiks» in Paris stellen ca. 20 SituationistInnen auf dem sehr belebten Clichy-Platz ein gefaketes «Bronze»-Denkmal für Charles Fourier wieder auf seinen Sockel, der leer geblieben war,

seit die Nazis die erste Fassung beseitigt hatten. Auf einer Tafel ist als Bezug auf den Maiaufstand des Vorjahres eingraviert: «Charles Fourier zur Ehre – die Barrikadenkämpfer der Rue Gay-Lussac». (Erst zwei Tage später lässt es die Stadtverwaltung wieder beseitigen.) «Noch nie zuvor war die Technik der Zweckentfremdung auf ein solches Gebiet angewandt worden.»

- SI-Revue N°12 erscheint im September; sie enthält u.a. «Der Beginn einer Epoche», «Vorbemerkungen über die Räte und die Räteorganisation», «Ratschläge für die Zivilisierten, die generalisierte Selbstverwaltung betreffend» und «Die Frage der Organisation für die S.I.»; Kritische SI-Analyse zu den Kämpfen in der CSSR (1968): «Reform und Gegenreform in der bürokratischen Macht» (1969). Auf die erstmalige Mondlandung von 2 US-Astronauten im August geht die Revue mit den 12 Thesen von Eduardo Rothe ein: «Die Eroberung des Raumes in der Zeit der Macht», einer Kritik der kapitalistischen Formbestimmung von Wissenschaft und Technologie.
- Italien: «Der Heiße Herbst» der Klassenkämpfe in Italien (in den FIAT-Werken hatte er allerdings schon im März '69 begonnen): zahlreiche ArbeiterInnenstreiks, «wilde» und Massenstreiks, Hausbesetzungen und militante Demonstrationen Jugendlicher, «die Offensive der Subalternen» greift um sich.
- 25.9.-1.10.: Die Achte SI-Konferenz, in Venedig.
- Italien, Dez.: Blutbad des «Sprengstoffanschlags an der Piazza Fontana» (auf eine Mailänder Bank) eröffnet die staats-terroristische Konterrevolutionstaktik der italienischen «strage di stato», mit der die proletarischen Kämpfe in Italien dann während der ganzen 1970er Jahre zurückgedrängt und in das spektakuläre Feindbild des «Terrorismus» verkehrt werden können.
- Laut Einschätzung von Debord und Sanguinetti (1971/72) «befindet sich Italien in einer vorrevolutionären Situation.»
- Die SI-Sektion in Italien taucht sofort in den Untergrund ab und verbreitet von da aus, noch bevor die verwirrte italienische Linke aus ihrer Betäubung erwacht, das Flugblatt «Brennt der Reichstag?» («Il Reichstag bruscia?»)

1970

- Anfang 1970 beginnt die SI mit einer «Orientierungsdebatte, die entscheiden sollte, was die S.I. künftig zu tun hatte, und vor allem prüfen sollte, wie sie vorgegangen war, und warum einige dahin gekommen waren, überhaupt nichts zu tun». Sie dauert fast ein Jahr, in dessen Verlauf die abstrakt bleibenden «kontemplativen Situationisten» sukzessive in den Austritt bzw. Ausschluss getrieben werden.
- Polen: Streiks und Revolten der Arbeiter (in Gdansk); erneut verstärkte antisemitische Demagogie in den polnischen Medien.
- BRD, Mai: Gründung der «Rote Armee Fraktion» (RAF).

- April-Juni: Einmarsch von US-Truppen ins neutrale Kambodscha, um den «Ho-Chi-minh-Pfad» zu vernichten.
- USA: heftigster Höhepunkt der Antikriegsbewegung: 6 Studierende werden bei Protestdemonstrationen von Nationalgarde erschossen.
- Vietnam/USA: der autokratische Präsident Nixon versucht durch Eskalation der Bombardements (auch auf zivile Einrichtungen, und durch Minenblockaden) Nordvietnam und die FNL doch noch in die Knie zu zwingen. Gleichzeitig «Vietnamisierung» des Krieges durch allmähliche Reduzierung der US-Bodentruppen. Auflösungserscheinungen («Drogenarmee»).
- 11.9.1970: «Erklärung» der aktiven «Richtung», die sich in der SI gebildet hat, nunmehr «vollständig mit der Ideologie der S.I. zu brechen», und zwar öffentlich; «und so bald wie möglich zu einer Spaltung zu gelangen, ‹deren Grenzen die bevorstehende Diskussion festlegen wird› .»
- Austrittserklärung von Raoul Vaneigem erfolgt; Debord und Viénet verfassen daraufhin ein «Kommuniqué zu Vaneigem».
- Jordanien, Sept.: Aufstandsvorbereitungen palästinensischer revanchistischer Heimatvertriebenenverbände, die in Jordanien eine Doppelherrschaft ausüben, werden vom Massaker des jordanischen König-Hussein-Regimes gegen die Palästinenserlager durchkreuzt («Schwarzer September»).
- Auf den 1.8. datiert sind die kritischen Thesen von Mustapha Khayati und Lafif Lakhdar «En attendant le massacre» (In Erwartung des Massakers), die aus dem fast einjährigen Aufenthalt bei einer der palästinensischen «Befreiungs»-Organisationen (FPDLP) heraus verfasst sind, nachdem Khayati 1969 aus der SI ausgetreten war, um seine ernüchternden Erfahrungen in der Führung der pseudorevolutionären palästinensischen Strukturen zu machen. Es gelang Khayati gerade noch, «stark enttäuscht nach Europa zurückzukehren, vor der unvermeidlichen Repression.» (Debord 1972, der kritisierte, dass Khayati die Palästinenser in Jordanien nicht hinreichend vor den Folgen ihrer Politik gewarnt habe.)
- Chile: Der «Sozialist» Salvador Allende wird Präsident Chiles: als «friedlicher Übergang zum Sozialismus» gepriesene Reformen werden auf den Weg gebracht. (1973 wird dieses letzte «Volksfront»-Abenteuer des 20. Jahrhunderts durch CIA-Putsch der USA und die Massaker der von ihnen eingesetzten Pinochet-Junta abgewürgt.)
- In Lateinamerika hebt Leonardo Boff «die Theologie der Befreiung» aus der Taufe.
- Erfindung der «Pampers», markiert das Ende des «harten» Sauberkeitstrainings in den entwickelten kapitalistischen Gesellschaften und damit die Entwicklung einer «weichen» libidinösen Besetzung des Körper-Ichs (vom «autoritären Charakter»

über den «anti-autoritären» Charakter zum «narzisstischen Oralflipper» etc; von der repressiven «Sublimierung» zur «repressiven Entsublimierung» etc.)

- Guy Debord verfaßt den Aufsatz «La planète malade» (Der kranke Planet) für die geplante SI-Revue N°13, die jedoch nicht mehr erscheint.

1971

- Hoff baut ersten Microprozessor (Chip).
- Die USA heben die Golddeckung des Dollar auf.
- «Greenpeace» wird gegründet.
- Meadows «Grenzen des Wachstums» und Lorenz´ «Ökologisches Manifest» erscheinen.

1972

- Die Kunstmoderne hat sich um die Wende von den 1960er zu den 1970er Jahren ungefähr in folgende Strömungen aufgelöst, die sich als spektakuläres Warenproduktions-Recycling seitdem in unüberschaubarer Langweiligkeit regressiv wiederholen und wechselseitig konkurrierend auffressen (hier werden nur Kennmarken für die bildenden Künste angegeben, wie sie sich damals abzeichnen):
  1.) der «Neo-Dadaismus»
  2.) Concept-art (zurückgehend auf Marcel Duchamp, die «Ready-mades» und «objets trouvés», bis zum «Künstler als Konzept», so 1972 die Wandbeschriftung von Keith Arnett, Tate Gallery London: KEITH ARNETT IS AN ARTIST; oder die «living sculptures» Gilbert and George sowie Ansätze zur «body-art»; andererseits «land-art» oder die Verpackungsunternehmen von Christo ...; Beginn von Video-art.)
  3.) Happening-Events bis Performance-art (vorbereitet durch Yves Klein, über «Fluxus», weitergeführt zum «Künstler als Kunstwerk» und zur «Politik der Selbstregulierung» durch Joseph Beuys; Gordon Matta-Clark (Ende 1960er / Anfang 1970er) Happening-Events als Filme ...)
  4.) Minimal-art (z.B. die französische Gruppe um Daniel Buren fühlte sich entscheidend vom Mai 1968 geprägt)
  5.) Hyper- oder Photo-Realismus
  6.) Pop-art
- Auflösung der SI durch Debord und Sanguinetti;
- «Die wahre Spaltung in der Internationalen. Öffentliches Zirkular der SI» (Debord/Sanguinetti) erscheint. Die erste These lautet: «Die Situationistische Internationale hat sich in einem Moment der Weltgeschichte als das Denken des Zusammenbruchs einer Welt durchgesetzt; ein Zusammenbruch, der jetzt unter unseren Augen begonnen hat.»

2.2 SI-Dokument: «Minimale Definition der revolutionären Organisationen» (1967)

Minimale Definition der revolutionären Organisationen

(Diese Definition wurde von der 7. Konferenz der S.I. angenommen.)

*I*n Erwägung, dass das einzige Ziel einer revolutionären Organisation die Abschaffung der vorhandenen Klassen auf einem Weg ist, der keine neue Teilung der Gesellschaft mit sich bringt, nennen wir jede Organisation revolutionär, die *konsequent* auf die internationale Verwirklichung der absoluten Macht der Arbeiterräte hinarbeitet, so wie sie durch die Erfahrung der proletarischen Revolutionen dieses Jahrhunderts skizziert worden ist.

Eine solche Organisation bietet eine einheitliche Kritik der Welt, oder sie ist nichts. Unter einheitlicher Kritik verstehen wir eine Kritik, die sich sowohl global gegen alle [Verhältnisse in den – Einfüg. BBZN] geographischen Zonen richtet, in denen sich verschiedene Formen der sozio-ökonomischen getrennten Mächte etabliert haben, als auch global gegen alle Aspekte des [gegenwärtigen] Lebens.

Eine solche Organisation erkennt Beginn und Ende ihres Programms in der totalen Entkolonisierung des Alltagslebens; sie zielt also nicht ab auf die Selbstverwaltung der *bestehenden Welt* durch die Massen, sondern auf ihre ununterbrochene Umwandlung. Sie enthält die radikale Kritik der *politischen Ökonomie* sowie die Aufhebung[4] der Ware und der Lohnarbeit.

Eine solche Organisation lehnt jede Wiederherstellung der hierarchischen Verhältnisse der herrschenden Welt innerhalb ihrer selbst ab. Die einzige Grenzbedingung der Beteiligung an ihrer totalen Demokratie ist die Anerkennung und die Selbstaneignung der *Kohärenz ihrer Kritik* durch alle Mitglieder: diese Kohärenz muss einerseits in der kritischen Theorie im engeren Sinne und andererseits im Zusammenhang zwischen dieser Theorie und der praktischen Aktivität bestehen. Sie kritisiert ra-

4 Anm. BBZN: «le dépassement» heißt wörtlich übersetzt «Überwindung», «Überholen» i.S. von «Hintersichlassen». Wir übersetzen es hier mit «Aufhebung», da es im Französischen keine direkte Entsprechung für diesen Begriff gibt. Wir glauben jedoch gezeigt zu haben, dass die SI die Aufhebung von Ware und Lohnsystem im Marxschen Sinne begreift.

dikal jede *Ideologie* als eine von den Ideen *getrennte Macht* und als *Ideen der getrennten Macht*. Sie ist also zugleich die Negation jedes Fortlebens der Religion sowie des gegenwärtigen gesellschaftlichen *Spektakels*, welches von der Masseninformation zur Massenkultur jede Kommunikation zwischen den Menschen monopolisiert – und zwar über die einseitige und bloß passive Wahrnehmung der Bilder ihrer entfremdeten Tätigkeit. Sie löst jede «revolutionäre Ideologie» auf, indem sie sie als die Signatur des Scheiterns des revolutionären Projekts aufdeckt, als das Privateigentum neuer Spezialisten der Macht und als den Betrug einer neuen *Repräsentation*, die sich über das proletarisierte wirkliche Leben erhebt.

Da die Kategorie der Totalität für die moderne revolutionäre Organisation *der letzte Maßstab* ist, ist diese schlussendlich eine Kritik der Politik. Schon in ihrem Sieg muss sie es ausdrücklich auf ihr eigenes Ende als getrennte Organisation absehen.

[Vgl.: Der Beginn einer Epoche. Texte der Situationisten. Hamburg 1995, S. 251; siehe auch: Situationistische Internationale N°11 – Oktober 1967. In: Situationistische Internationale 1958-1969. Gesammelte Ausgaben des Organs der Situationistischen Internationale, Band 2. Hamburg 1977, S. 304ff. Beide Übersetzungen sind unbefriedigend und wurden von uns hier anhand des frz. Originaltextes überarbeitet. Vgl.: internationale situationniste 1997: 550f.].

3 Anmerkungsapparat

Anm1: La Reprise

Als der erste revolutionäre Aufstand und Wilde Generalstreik – der Pariser Mai 1968 –, den ein hochindustrialisiertes Land nach dem Zweiten Weltkrieg erlebte, von den alten Mächten Frankreichs gestoppt wurde, filmten am 10. Juni 1968 anonyme Pariser Filmstudenten eine Szene vor der «Wonder»-Batteriefabrik in Paris, bei der das Ende des großen Streiks verkündet wurde. Dieses zwölfminütige Rohmaterial bildet den Ausgangspunkt und das Zentrum des 1996 gedrehten Dokumentarfilms «La reprise du travail aux usines Wonder». In einer dramatischen Detektivarbeit begab sich der Regisseur Hervé Le Roux auf die Suche nach allen damals Beteiligten vor und hinter der Kamera. In seinem Film lässt er sie nicht nur über das damalige Ereignis erzählen, sondern konfrontiert sie auch mit dem historischen Filmdokument. (Frz. la reprise: Wiederaufnahme [des Verfahrens], Wiederaufleben.)

Anm2: Zu den deutschen Übersetzungen situationistischer Originaltexte

Bei den Zitaten aus den Zeitschriftenbänden der SI halten wir uns in der Regel an die – gegenüber der kompletten Veröffentlichung der Zeitschriften in den zwei Bänden «Situationistische Internationale 1958-1969» – aktuellere Übersetzung in Gestalt der Textkompilation «Der Beginn einer Epoche», da diese für geneigte LeserInnen einfacher zu bekommen ist. In den Zitatnachweisen werden aber beide Quellen angegeben, wobei die verwendete Übersetzung zuerst genannt wird. Eingriffe in Übersetzungen, wenn wir dies anhand des französischen Originals für angebracht erachten, behalten wir uns allerdings vor.

Für oft zitierte Texte und Werke benutzen wir Abkürzungen, die im Abkürzungsverzeichnis der Literaturangaben aufgelistet sind. Ansonsten wird AutorIn plus Jahreszahl der Veröffentlichung angegeben.

Anm3: Situation und Psychoanalyse

Der aus einer Traumatisierung und bestimmten Art der Verdrängung hervorgehende krankmachende Teufelskreis kann laut Sigmund Freud (1856-1939) durchbrochen werden, indem wir die traumatisierende «Situation reproduzieren, um sie zu einem Ablauf durch bewusste Tätigkeit zu leiten», die unbewusste Fixierung, «die Einstellung auf die Situationen der Symptombildung» aufzulösen, «die vergessenen Situationen und Zusammenhänge» aus der Verdrängung zu befreien, «sich in eine frühere Situation zu versetzen« und sogar «komplizierte Situationen in der analytischen Therapie selbst zu schaffen und durchsichtig zu erhalten». [FGW10:126f.]

Anm4: SituationistInnen – Teil der Linken?

«Die Linke» (ursprünglich Sammelbezeichnung für die links Sitzenden im Parlament der Französischen Revolution, die im wesentlichen Jakobiner waren) war nie mehr als der linke politische Flügel der bürgerlichen Gesellschaft: universal und radikal für «Freiheit und Gleichheit», «Solidarität», «soziale Gerechtigkeit», Durchsetzung von Demokratie und Menschenrechten für alle – keines dieser Ziele und Anliegen überschreitet den Horizont der bürgerlichen Gesellschaft. «Die Linke» kämpfte von jeher dafür, die «Schattenseite» (SI) dieser Gesellschaft zu beseitigen und die «Sonne von Freiheit und Glück» für alle scheinen zu lassen: «Das Tauschwertsystem und mehr das Geldsystem sind in der Tat das System der Freiheit und Gleichheit [...]. Was diese Sozialisten von den bürgerlichen Apologeten unterscheidet, ist auf der einen Seite das Gefühl der Widersprüche des Systems, andrerseits der Utopismus, den notwendigen Unterschied zwischen der realen und idealen Gestalt der bürgerlichen Gesellschaft nicht zu begreifen und daher das überflüssige Geschäft zu übernehmen, den idealen Ausdruck, das verklärte und von der Wirklichkeit selbst als solches aus sich geworfne reflektierte Lichtbild selbst wieder verwirklichen zu wollen.» [Marx1953:916]. Wer den utopisch-idealistischen Horizont dieses bürgerlichen, in der Regel kleinbürgerlichen Radikalismus überschritt durch das Bestreben, den Umsturz der kapitalistischen Produktionsverhältnisse herbeizuführen, hörte damit schon auf, bloß links zu sein (ohne damit etwa rechts zu werden), und wurde revolutionär (z.B. hätte Marx sich schwerlich einfach als «Linker» kennzeichnen lassen). Die Bezugsgröße für «Linke» wie «Revolutionäre» ist das Proletariat: Linke vertreten es als (bürgerliche) Repräsentation oder nehmen a priori ihren Abschied davon, Revolutionäre organisieren darin seine Konstitution als mögliches Subjekt des möglichen Communismus. Linke sind positiv oder negativ auf den Staat fixiert, sie nehmen ihn als das einzig denkbare Subjekt übergreifender Gesellschaftlichkeit. Der vielbeklagte historische «Niedergang der Linken» entsprach der sukzessiven Verwirklichung der bürgerlichen Werte durch den Kapitalismus selbst, der zu ihrer Durchsetzung nun kaum noch seines radikalen idealistisch-utopischen Flügels bedarf. Dafür ist «die Linke» – die sich als Restlinke selbst unermüdlich zur Wiederauferstehung animiert – seit dem Ausgang des 20. Jahrhunderts endgültiges Sammelbecken für die «strömungsübergreifende» politische «Bündnispolitik» erstarrter Zerfallsprodukte der alten sozialistischen Bewegung geworden. (Benennungen wie «rätistisch», «anarchistisch», «stalinistisch», «trotzkistisch» etc. wurden in dieser allgemeinen Auflösung deshalb zunehmend irrelevant.) Derzeit wird der «Abschied vom Proletariat» widerrufen und erneut «die soziale Frage» entdeckt... Aber all dies geschieht nur durch Regression auf den frühsozialistischen Wertekosmos – Gefühlssozialismus, Rückgriff auf kleine, warme, direkte Gemeinschaft und vor allem auf die große Gemeinschaft der «antiimperialistischen Völker» sowie auf der Basis kurzatmig-antikapitalististischen Ressentiments gegen Geldmenschentum und Bankenmacht... Die Linke ist gemeinsam mit dem Kapitalismus, dessen spiegelverkehrte Negativ-Utopie sie bildet, zur Reaktion auf der ganzen Linie übergegangen.

Anm5: Communismus: Begriff und Gestaltungen

Die Schreibweise des Terminus «Communismus» mit «C» im vorliegenden Buch hat folgende Relevanz: Sie soll erstens in einem erneuten Anlauf an die ursprünglichen Ansprüche des so genannten «wissenschaftlichen Communismus» zunächst theoretisch zu Beginn der Ära Marx und dann praktisch mit der Pariser Commune (1871) anknüpfen. (Hierbei soll nicht verhehlt werden, dass Marx selbst so gut wie nie von einem wissenschaftlichen Communismus oder Sozialismus zu sprechen pflegte, weil sich die Wissenschaftlichkeit für ihn als theoretischer Ausdruck der wirklichen Bewegung von selbst verstand). Sie grenzt sich damit zweitens von den inzwischen allgegenwärtigen und missbräuchlichen Wortbedeutungen in bürgerlicher Wissenschaft, Ideologie und Alltagsdenken ab; u.a. von denjenigen Konnotationen, welche auf der einen Seite durch inflationäre Verwendung des Wortes in Organisationen und Parteien entstanden sind, die das «K» in ihrem Namen führen, und denjenigen, die auf der anderen Seite den immer schon herrschenden Antikommunismus evozieren. Drittens soll endlich wieder der internationalistische und cosmopolitische Charakter des Communismus zur Geltung gebracht werden, der in den regionalistischen, nationalistischen etc. Erscheinungsformen des 20. Jahrhunderts untergegangen ist, die von allen parteikommunistischen Gestalten wie «russischer Kommunismus», «chinesischer Kommunismus» etc. unlösbar waren. Viertens soll mit diesem winzigen Eingriff auch eine immer noch ausstehende Selbstkritik des wissenschaftlichen Communismus an seiner eigenen «rohen», utopisch-kommunistischen Vorgeschichte bis heute, seinen theoretischen und praktischen Illusionen, seinen Verstellungen und Verirrungen, gewissermaßen «minimalistisch» (mittels zeichenhaftem Ersetzen des heruntergekommenen «K», das niemand mehr hören und sehen kann, durch das Hohe C) angeregt werden.

Anm6: Revolutionen und Theorie

Wir lehnen die Unterscheidung zwischen den Termini «Revolutionstheorie» – als fachhistorischer Gegenstand positivistischer Forschung – und «revolutionäre Theorie» – im Sinne eines doktrinären idealistischen Verständnisses der «revolutionären-Theorie-per-se» ab: Wir werden bei der Darstellung einer Theorie von den Bedingungen der Möglichkeit von Revolution weder von den historisch-empirischen Revolutionen abstrahieren können noch dem idealistisch-mechanistischen Verständnis eines orthodoxen «Marxismus» das Wort reden, der immer schon weiß, wie sich der Gang der Geschichte entwickeln wird. Dagegen wenden wir hier den Begriff «Revolutionstheorie», ohne ihn vom historisch-materialistischen Boden als «positive Wissenschaft» abzulösen. Vielmehr wird er im Sinne der Marxschen 11. Feuerbachthese [MEW3:7] und in der Intention der Erklärung in «Die deutsche Ideologie» verwendet: Für uns ist im Sinne von Marx alle Wissenschaft nur «die Wissenschaft der Geschichte». [MEW3:18]. Diese in eine theoretische Deutung bestimmter historischer Situationen, «die jede Umkehr unmöglich» machten (siehe Einleitungspräambel im Enchiridion), hineinzuwenden scheint uns als Versuch für das Verstehen, Erklären und Begreifen der SI angemessen. Wie unzulänglich auch Einzelne dies heute erfüllen können, für die kollektive revolutionstheoretische Initiative, die wir mit dieser kritischen Aneignung anregen möchten, bleibt die von Walter Benjamin formulierte Devise: «Die materialistische Geschichtsdarstellung führt die Vergangenheit dazu, die Gegenwart in eine kritische Lage zu bringen.» [Passagenwerk Band 2: 588]

Anm7: Theorie und Macht, Ideologie und Ohnmacht

«Die Theorie der Revolution [...] hat effektive Existenz nur durch ihren praktischen Sieg [...]. Die revolutionäre Theorie ist die Domäne der Gefahr, die Domäne der Ungewißheit; sie ist denen verwehrt, die die beruhigenden Gewißheiten der Ideologie wollen, einschließlich der offiziellen Gewißheit, standhafte Feinde jeder Ideologie zu sein. Die Revolution, um die es geht, ist eine Form menschlicher Beziehungen. Sie nimmt teil an der sozialen Existenz. Sie ist ein Konflikt von universellen Interessen, die die Totalität der sozialen Praxis betreffen, und darin allein unterscheidet sie sich von den anderen Konflikten. Die Gesetze des Konflikts sind ihre Gesetze, der Krieg ist ihr Weg, und ihre Operationen lassen sich eher mit einer Kunst als mit einer wissenschaftlichen Untersuchung oder einer Bestandsaufnahme guter Absichten vergleichen. Die Theorie der Revolution wird nach diesem einzigen Kriterium beurteilt, daß ihr *Wissen* eine *Macht* werden muß.» [DwS§46.]

Anm8: Historismus, Katastrophismus, Aktualisierung

Walter Benjamin forderte für die historischen Phänomene eine «Aktualisierung» als «Rettung»: «Wovor werden die Phänomene gerettet? Nicht nur vor dem Verruf und der Mißachtung, in die sie geraten sind, als vor der Katastrophe, wie eine bestimmte Art ihrer Überlieferung, ihre ‹Würdigung als Erbe› sie sehr oft darstellt. – Sie werden durch die Aufweisung des Sprungs an ihnen gerettet. – Es gibt eine Überlieferung, die Katastrophe ist.» Und Adorno erwiderte in einem Brief an Benjamin (5.6.1935): «Das Jüngstvergangene stellt allemal sich dar, als sei es durch Katastrophen vernichtet worden.» Deshalb antwortete Benjamin: «Gerade hier hat der historische Materialismus alle Ursache, sich gegen die bürgerliche Denkgewohnheit scharf abzugrenzen. Sein Grundbegriff ist nicht Fortschritt, sondern Aktualisierung.» [Benjamin1982,I:501; II:574; II:586f; vgl. I:494f; II:587f; II:593].

Anm9: «Ausweglos» scheinende Situation, pseudopraktische Resignation oder Praxis der Theorie

Ähnlich wie Theodor W. Adorno (1903-1969) einen solchen Ausweg in seinen Worten skizzierte: «Eingesperrte möchten verzweifelt heraus. In solchen Situationen denkt man nicht mehr, oder unter fiktiven Voraussetzungen. In der verabsolutierten Praxis reagiert man nur und darum falsch. Einen Ausweg könnte einzig Denken finden, und zwar eines, dem nicht vorgeschrieben wird, was herauskommen soll, wie so häufig in jenen Diskussionen, bei denen feststeht, wer recht behalten muß, und die deshalb nicht der Sache weiterhelfen, sondern unweigerlich in Taktik ausarten. Sind die Türen verrammelt, so darf der Gedanke erst recht nicht abbrechen. Er hätte die Gründe zu analysieren und daraus die Konsequenz zu ziehen. An ihm ist es, nicht die Situation als endgültig hinzunehmen. Zu verändern ist sie, wenn irgend, durch ungeschmälerte Einsicht. Der Sprung in die Praxis kuriert den Gedanken nicht von der Resignation, solange er bezahlt wird mit dem geheimen Wissen, daß es so doch nicht gehe.» [AdornoGW,Bd.10.2:796].

Anm10: Anknüpfen und Hintersichlassen der situationistischen Kritik

«Künftig sind die Situationisten überall, und ihre Aufgabe ist überall. [...] Der Begriff selbst des ‹Situationisten› wurde von uns lediglich deshalb verwandt, um bei der Wiederaufnahme des sozialen Kriegs eine gewisse Anzahl von Perspektiven und Thesen *durchzubringen*. Jetzt, wo das geschehen ist, mag dieses situationistische Etikett in einer Zeit, die noch Etiketten braucht, gut für die Revolution einer Epoche bleiben, aber auf ganz andere Weise. Wie im übrigen eine gewisse Anzahl von Situationisten Veranlassung finden mag, sich unmittelbar untereinander zu assoziieren – und zwar zunächst für die aktuelle Aufgabe des Übergangs aus der ersten Periode der von den Massen aufgenommenen revolutionären Parolen zu dem geschichtlichen Begreifen der Gesamtheit der Theorie, und zu ihrer notwendigen Entwicklung –, das werden die Modalitäten des praktischen Kampfes bestimmen, und kein organisatorischer Apriorismus.» [DwS§53]

Anm11: Waren die SituationistInnen bewusst «benjaminianisch»?

Pierre Missac (1910-1986) lernte 1937 Walter Benjamin (1892-1940) kennen – durch Vermittlung von Georges Bataille. Er übersetzte «Über den Begriff der Geschichte», das ihm Benjamin im März 1940 selbst vorgelesen und von dem er ihm ein Exemplar übergeben hatte. Die Übersetzung erschien im Oktober 1947 in der sehr verbreiteten Zeitschrift «Les Temps Modernes». Seitdem lag in Frankreich die Benjaminsche Geschichtstheorie «in der Luft». [Vgl. BW(Briefe)Bd.VI:172].

Anm12: Über Guy Debord, SI-Mitglied bis 1972

Guy Debord (1931-1994) in Paris geboren, in Cannes aufgewachsen, schloss sich 1951 der lettristischen Bewegung an, «einer vollständigen Opposition gegen die gesamte ästhetische Bewegung», die sich zur Lettristischen Internationale (LI) radikalisierte. Auf der «Suche nach neuen Interventionsverfahren» versuchte die LI die «Aufhebung der Kunst» in Richtung einer sozialen Revolution voranzutreiben [BE:36]. Debord drehte mehrere Filme, bei denen es im wesentlichen darum ging, die Passivität der ZuschauerInnen zu durchbrechen oder sie mit ihrer eigenen Rolle als bloßes Publikum zu konfrontieren. Die Kritik der Passivität, jener Mechanismen, welche die Menschen davon abhalten, das gesellschaftliche Leben aktiv zu gestalten, führte Debord zu einer kritischen Aneignung der Theorien von Georg W. F. Hegel, Karl Marx, Sigmund Freud, Georg Lukács und anderen, die in diverse Zeitschriftenartikel und v.a. in sein Hauptwerk «Die Gesellschaft des Spektakels» (1967) einging. 1957 war er Mitinitiator für die Gründung der Situationistischen Internationalen (1957-1972) und blieb bis zuletzt einer ihrer wesentlichen Protagonisten. Zwischen 1972 und bis zu seinem Tod drehte er noch einige Filme und verfasste einige wenige Texte. Am 30.11.1994 nahm sich Debord nach Auftreten einer schweren Krankheit das Leben.

Anm13: Über Raoul Vaneigem, SI-Mitglied bis 1970

Der Belgier *Raoul Vaneigem* (*1934), geboren in Lisses, Studium und Diplom der Literaturwissenschaften an der Universität Libre de Bruxelles, lernte Guy Debord 1960 über den marxistischen Philosophen Henry Lefèbvre kennen [vgl. Kaufmann2004:216]. Er schloss sich der SI an und gründete 1961 zusammen mit Attila Kotányi (*1924), einem Ungarn, der 1956 über Jugoslawien nach Brüssel flüchtete, das situationistische «Büro für einen unitären Urbanismus» [vgl. BE:95ff/SI1:223ff]. Während seiner Zeit bei der SI schrieb er richtungsweisende Artikel und Essays, wie vor allem 1962/63 die historische Spektakeltheorie «Basisbanalitäten» [BE: 122ff/SI1,2:285ff,42ff] und von 1963-1965 das «Handbuch der Lebenskunst für die jungen Generationen» [Vaneigem1980]. Mit seinem originellen Verbinden der Philosophien und Theorien von Karl Marx, Sören Kierkegaard und Friedrich Nietzsche verkörperte er die eher existenz- und lebensphilosophische Tendenz innerhalb der SI. Im November 1970 verließ Vaneigem die SI, nicht ohne vorher noch eine «Rücktrittserklärung» verfasst zu haben [siehe DwS: 144f]. Später verfasste er mehrere Bücher und beteiligte sich an praktischen Aktionsbewegungen, wobei er jener anarcho-vitalistischen Tendenz treu blieb. [Vgl. auch: Charles2002].

Anm14: Über Asger Jorn, SI-Mitglied bis 1961

Der dänische Maler *Asger Jorn* (Asger Oluf Jørgensen 1914-1973), geboren in West-Jütland, schloss sich 1933 der kommunistischen Partei an. Während der Besetzung Dänemarks durch Nazi-Deutschland gab Jorn zusammen mit anderen dänischen Künstlern die Zeitschrift «Helhesten» (dt.: Das Höllenpferd, 1941-1944) heraus, als Teil des «Kulturkampfes [...], um den nationalsozialistischen Einfluß aus dem dänischen Geistesleben herauszuhalten» [Jorn zit. n. Andersen2001:102]. Er war Mitbegründer der Künstlergruppe COBRA (COpenhague, BRuxelles, Amsterdam 1948-1951), einem experimentellen Kollektiv, das den Anspruch hatte, «alle sterilen und dogmatischen Theorien beiseite» zu lassen [Gallisaires1995:6], und des «Mouvement pour un Bauhaus Imaginiste» (MIBI 1954-1956), das «im Gegensatz zur Welle des industriellen

Designs und der angewandten Kunst» die «Begeisterung und Inspiration der freien Künste am Bauhaus wieder zum Leben erwecken» wollte [Andersen in Messer1994:14]. 1954 nahm er Kontakt zur Lettristischen Internationalen auf, und so kam es, dass das MIBI und die LI in der 1957 gegründeten Situationistischen Internationalen (SI) aufgingen. Kurz bevor die SI mit den KünstlerInnen und Architekten, insoweit sie innerhalb der SI am Charakter einer modernistischen Künstler-Avantgardeorganisation festhielten, gebrochen hat, verließ Asger Jorn 1961 offiziell die SI, um als «Georges Keller [...] in der S.I. ein bescheidenes Untergrundleben [zu] führen» [Ohrt1990:247] und zugleich die «Zweite SI», die sein Bruder Jörgen Nash in Skandinavien gründete, zu unterstützen; außerdem finanzierte er weiterhin viele der situationistischen Aktivitäten und blieb u.a. auch mit Guy Debord befreundet, der ihn noch kurz nach Auflösung der SI sehr würdigte [siehe Debord 2001]. Am 1.5.1973 starb Asger Jorn an Lungenkrebs.

Anm15: Über Constant, SI-Mitglied bis1960

Der aus Amsterdam stammende *Constant* (Constant Nieuwenhuis, *1920) lernt 1946 in Paris Asger Jorn kennen. 1948 ist er u.a. zusammen mit Jorn einer der Gründer des Künstlerkollektivs COBRA. Unter dem Namen «New Babylon» entwickelt er ein urbanistisches Kulturprojekt, das Politik und Architektur mit kreativ-spielerischer Ästhetik verbindet und in vielfältigen Modellen entfaltet wird. Die zukünftige Stadt wird von ihm dabei als über dem Erdboden auf Stützen gestelltes, sich ausdehnendes System verschiedener netzartiger Strukturen vorgestellt. Die Neu-Babylonier streifen darin permanent umher auf der Suche nach neuen Erfahrungen und unbekanntem Ambiente. Sie können ihre Umgebung jeweils aktiv umgestalten und endlos variieren. Constant entwirft diese Architektur gesellschaftlich übergreifend als konkrete Utopie [vgl. Sadler1998]. Die Entdeckung einer «Industrielandschaft» bzw. Fabrik zwischen seinen Modellen – eines der wenigen in den Boden gebauten Entwürfe Constants – sollte einen Grund für sein Ausscheiden aus der SI geben: «Für sie hatte sich Constant innerhalb kürzester Zeit in einen Public-Relations-Agenten verwandelt.» [Ohrt1990:239]

Anm16: Dadaismus und Surrealismus – kritische Bezugsgrößen für LI und SI

Dadaismus: Die Dada-Bewegung, die während des Ersten Weltkriegs entstand, stellte die gesamte bisherige Kunst und Politik in Frage, indem sie gezielt mit Banalität und Unlogik gegen die Bourgeoisie, das Künstlertum und vor allem gegen den Wahnsinn des

Krieges und des Alltags ebenso wie der Vernunftordnung dieser Gesellschaft, die ihn hervorbringt, protestierte. Ungeklärt bleibt, ob sich die Dada-Bewegung nach dem französischen Wort «dada» (franz.: Schaukelpferd) oder nach einem damals bekannten Haarwaschmittel namens «DADA» benannt hatte. Am 5. Februar 1916 gründeten Hugo Ball (1886-1974) und Emmy Hennings (1885-1948) in einer Zürcher Bar das «Cabaret Voltaire», eine Mischung aus Nachtclub und Kunstsalon. Junge Dichter und Künstler wurden eingeladen, dort ihre Werke vorzutragen, Bilder aufzuhängen oder selbst zu musizieren. Obwohl das «Cabaret Voltaire» nur sechs Monate bestand, war sofort klar, dass sich hier eine neue künstlerische Bewegung mit antibürgerlicher Grundhaltung formiert hatte, und daraufhin breitete sich die dadaistische Idee schnell international aus. Dada war ein Protest gegen alle Aspekte westlicher Kultur, besonders gegen den Militarismus während und nach dem Ersten Weltkrieg. Gegen Ende des Ersten Weltkriegs entstanden in Frankreich, Deutschland und den Vereinigten Staaten Dada-Galerien, wurden Dada-Zeitschriften gegründet und Dada-Manifeste geschrieben. Hans Arp (1886-1966) und Max Ernst («Dadamax Ernst», 1891-1976) veranstalteten in Köln dadaistische Versammlungen. Richard Huelsenbeck (1892-1974) und Raoul Hausmann (1886-1971) gründeten einen Dada-Club in Berlin, zu dessen Mitgliedern KünstlerInnen wie Georg Grosz (1893-1959), Hannah Höch (1869-1978) und John Heartfield (1891-1968) gehörten. Ebenfalls in Berlin fand 1920 die Erste Internationale Dada-Messe statt. Die Dadaisten sagten allen etablierten Kunstformen den Kampf an. Durch eine ironische Synthese von Archaischem, Banalem und moderner Technik versuchten sie die Sinnlosigkeit von herrschender Logik, normalem Intellekt und bürgerlicher Ratio wie Kultur zu verdeutlichen. Lärmmusik, Simultanvorträge, Zufallsgedichte, Photomontagen und Collagen aus Zeitungsausschnitten, Photos und Alltagsgegenständen gehörten zu ihren Ausdrucksmitteln. Ihre theatralischen Aufführungen und Manifeste wurden von vornherein entworfen, um zu schockieren oder zu verwirren mit dem Ziel, die Öffentlichkeit durcheinanderzubringen, damit sie die angenommenen ästhetischen Werte radikal in Frage stelle. Zu ähnlichen Aufständen gegen konventionelle Kunst kam es gleichzeitig in New York und in Paris, die – initiiert von Man Ray (1890-1976), Marcel Duchamp (1887-1968), Francis Picabia (1879-1953), Arthur Cravan (1887-1920) u.a. – zur Inspiration für die Surrealistische Bewegung wurden. Der rumänische Dichter Tristan Tzara (1893-1963), der schon beim «Cabaret Voltaire» mitgewirkt hatte, initiierte 1919 mit Picabia in Paris eine Dada-Gruppe, zu der vor allem Literaten wie André Breton (1896-1966), Louis Aragon (1897-1982) oder Paul Eluard (1895-1952) gehörten, die sich bald dem Surrealismus verschrieben. Als Bewegung zerfiel Dada um 1920. (André Breton organisierte einen Kongreß zur Neuorientierung des Pariser Dada, was von Tzara vereitelt wurde.) Mitte der 1950er Jahre wurde ein Interesse an Dada in New York City unter KomponistInnen, SchriftstellerInnen und KünstlerInnen wiederbelebt, die viele Arbeiten mit dadaistischen Merkmalen produzierten.

Surrealismus: Die vom französischen Schriftsteller André Breton seit 1921 in Paris mit einem unvergleichlichen Charisma geführte surrealistische Bewegung suchte die eigentümliche Wirklichkeit des Menschen im Unbewussten auf, verwertete Rausch- und Traumerlebnisse als Quell der künstlerischen Eingebung, bemühte sich in ihren Formenexperimenten, das Bewusstsein und die Wirklichkeit global zu erweitern und alle geltenden Werte umzustürzen. Der Name Surrealismus geht auf Guillaume Apollinaire (1880-1918) zurück, der sein Theaterstück «Les Mamelles de Tirésias» (1917; wörtlich: «Die Titten des Teiresías», jenes blinden Sehers in der griechischen Götterwelt, der vorübergehend das Geschlecht gewechselt hatte) mit dem Untertitel «surrealistisches Drama» versah und mit dieser Bezeichnung einen den fotografischen Realismus, den Naturalismus und den Symbolismus überschreitenden Wirklichkeitsbezug bzw. dessen sprachliche Vermittlungsmechanismen meinte. Bei Breton hingegen bezeichnet der Begriff eine spontane verbale oder künstlerische Schöpfung aus dem Unbewussten heraus; er schrieb: «Ich glaube an die künftige Auflösung dieser scheinbar so gegensätzlichen Zustände von Traum und Wirklichkeit in einer Art absoluter Realität, wenn man so sagen kann: Surrealität.» [Das Manifest des Surrealismus, Paris 1924]. Der Traum sollte als Katalysator zur Vereinigung zweier Welten, einer inneren und einer äußeren, dienen. Wie der Dadaismus hatte auch der Surrealismus eine revolutionäre Zielsetzung: «‹Ändere die Welt› , hat Marx gesagt; ‹Ändere das Leben› , hat Rimbaud gesagt, diese beiden Losungen sind für uns identisch» [Breton1972:251]. Breton, Eluard, Aragon und viele andere traten Mitte, Ende der 20er Jahre der Kommunistischen Partei Frankreichs bei. Breton wurde 1933 wieder rausgeworfen, da er seine Sympathien für Trotzki und seine Aversion gegen den Stalinismus stets offenherzig bekundete. Vielfältige politische Streitigkeiten, wie die Devise «le surréalisme au service de la révolution» («der surrealismus im dienste der revolution» – so lautete der programmatische Titel einer Zeitschrift) realpolitisch umzusetzen sei, und die sich vor allem seit dem Exil bedeutender SurrealistInnen in den USA und

Mexiko während der NS-Okkupation Europas verstärkende «Wendung zum Mystizismus» [Dupuis:98] trugen zur beginnenden Auflösung des Surrealismus bei. Die «Abendröte» seit den 1930er Jahren war allerdings ein ebenso langwieriger wie produktiver Niedergang. Bedeutende Künstlerinnen gingen aus dieser Bewegung hervor, wie Frida Kahlo (1907-1954), Nusch Èluard, Eileen Agar, Lee Miller, Kay Sage (1898-1963), Léonor Fini, Toyen, Valentine Hugo, Ithell Colquhoun, Leonora Carrington und Remedios Varo [vgl. Chadwick 1986]. Für das aktivste revolutionäre Engagement steht vor allem Benjamin Péret (1899-1959), der im Spanischen Bürgerkrieg kämpfte (während der Ex- und Pseudosurrealist Salvador Dalí (1904-1989) dort für die Konterrevolution Partei ergriff und auch künstlerisch keinesfalls mit der surrealistischen Avantgarde zu verwechseln ist - eine Identifikation, die gleichwohl als vulgäres Vorurteil verbreitet ist). Trotz einer gewissen Wiederbelebung während der Jahre der Résistance (1940-1944) kann nach dem zweiten Weltkrieg von einer lebendigen surrealistischen Bewegung kaum noch die Rede sein. [Vgl. die späte Abrechnung «Der radioaktive Kadaver» von seiten Vaneigems unter dem Pseudonym Jules Francois Dupuis (dt.1977).]

Anm17: Frühe SituationistInnen und ihre lettristischen Ursprünge

Guy Debord lernte 1951 bei den Filmfestspielen in Cannes – der Stadt, in der er aufgewachsen war – Isidore Isou (*1925) und die *lettristische Bewegung* kennen, schloss sich ihr an und siedelte kurze Zeit später nach Paris um. Debord erinnert sich an seine erste Zeit im Pariser Stadtteil Saint-Germain-des-Prés: «In dem verrufenen Viertel, in das es meine Jugend zog, als wollte sie dort ihre Lehrjahre abschließen, schienen sich alle Anzeichen eines unmittelbar bevorstehenden Zusammenbruchs des gesamten Zivilisationsgebäudes miteinander verabredet zu haben. Hier fanden sich stets Leute, die nur negativ definiert werden konnten, weil sie keinen Beruf hatten, keinem Studium nachgingen und keine Kunst ausübten.» [Debord1997:31].

Michèle Bernstein (*1932) wuchs in der Normandie auf, musste als Kind während der Nazi-Okkupation ihren «jüdischen Namen» verbergen, studierte zunächst an der Sorbonne in Paris und lernte Anfang der 1950er Jahre in der Spelunke «Chez Moineau» – Treffpunkt der lettristischen Bewegung – im Stadtteil Saint-Germain-des-Prés diejenigen Leute kennen, von denen sie meinte, mit ihnen «die alte Welt durch eine neue ersetzen» zu können [zit. n. Marcus1996:392]. In den ersten Nummern der situationistischen

Revue trat sie ab und zu mit sehr klaren, ebenso immanent avantgardistisch argumentierenden wie unumwunden communistisch-revolutionären Kritiken am Künstlertum – als dem Sichfestklammern an der sich selbst zerstörenden Kunst der Moderne – hervor. Auch verfasste sie, um der SI Geld zu verschaffen, zwei Romane – «Tous les chevaux du roi», Paris 1960; «La nuit» Paris 1961 –, bei denen sie Fragmente der Unterhaltungsliteratur und von Klassikern plagiierte und neu zusammensetzte. (Eine Analyse dieser Romane findet sich in Ohrt1999:30ff.) Zusammen mit J. V. Martin (dänisches SI-Mitglied bis 1972) setzte sie 1963 als «Antikunstwerke» Reliefplastiken wie «Der Sieg der Pariser Commune», «Die Rückkehr der Bande Bonnot» und andere «Zweckentfremdungen der Pop-art» u.a. in Aktionen gegen das europäische Bunkerbauprogramm ein [SI2:121]. Sie leistete jahrelang eine ungeheure redaktionelle Arbeit. [vgl. Jaqueline de Jong: Eine Frau in der Situationistischen Internationale. (Ausstellungskatalog) Wien 1997] 1967 trat sie aus der SI aus.

Ivan Chtchegloff (Pseudonym: Gilles Ivain, *1934) stößt ebenfalls um 1950 zur lettristischen Bewegung. Als Stichwortgeber, Visionär und «Feuerwerk der Ideen» [Ohrt1990:75] von prägendem Einfluss auf die GenossInnen, lassen sich viele seiner Inspirationen später in der SI wiedererkennen. Er verfasst 1953 das «Formular für einen neuen Urbanismus» [BE:53ff/SI1:20ff], in welchem er experimentelle Verhaltensweisen zur Aneignung des städtischen Raumes und dessen Transformation in radikal neuartige, utopisch anmutende Stadtlandschaften vorschlägt. «Manche beschreiben ihn als Genie und als Visionär, aber auch als labilen Charakter, den die Polizei 1950 [...] festnimmt, weil er den Eiffelturm in die Luft jagen will, dessen Lichter ihn am Schlafen hindern. 1954 wird er aus der Lettristischen Internationale ausgeschlossen [...] wegen ‹Mythomanie, Deutungswahn und mangelndem revolutionärem Bewußtsein› [...].» [Kaufmann2004:143] Erst nachdem Chtchegloff in die Psychiatrie eingewiesen worden ist, gehen Debord und seinen GenossInnen «die Augen auf, und sie protestieren gegen jede Art von Internierung» [ebd.]. Der Ausschluss Chtchegloffs war der einzige, der in der Geschichte der LI und der SI praktisch widerrufen wurde. In der Revue der SI wurden Auszüge seiner «Briefe aus der Ferne» [BE:171ff/SI2:130ff] abgedruckt, und er wirkte somit in der SI als eine Art «‹Revenant› (Geist, Gespenst)» [Kaufmann2004:144]. «In der Ferne, irgendwo in der Nähe seiner ‹Klinik› lebt Ivan Chtcheglov noch heute» [Ohrt1990:76]. Er kann als der «Erfinder» der «Zweckentfremdung der Psychoanalyse» für eine Vergesellschaftung als Psychogeographie und dérives gelten, deren Konkretisierungen aus dem antizipatorischen Unbewussten bzw. Vorbewussten (als Traum von einer anderen Stadtlandschaft, die sich bereits durch Umherschweifen vermessen und umgestalten lässt, obwohl sie uns noch nicht gehört) bis zur Erschließung raumzeitlicher Stützpunkte und Konstruktion aneignender Situationen die situationistische Revolutionstheorie und Praxisexperimente zutiefst geprägt haben.

Der britische Künstler *Ralph Rumney* (1934-2002) nahm 1957 – kurz vor der Gründung der SI – Kontakt zur LI auf. Die Photos, die während dem Gründungstreffen der SI gemacht wurden, stammen von ihm. Schon im März 1958 wurde er aus der SI ausgeschlossen. Er verfasste das Buch «Le Consul», in dem er «in äußerst amüsanter und hintergründiger Weise» [Ohrt,JW2002,Nr.14] so manchen Klatsch um die SI erzählt. Er gilt zeitlebens als «Künstler des Verschwindens» – seiner Malerei wie seiner Person – bei dem Abenteuer der psychogeographischen Erschließung des urbanen Dschungels «einer Welt der Langeweile», wobei er «sich unter unseren vielfachen Erinnerungen verliert und auflöst.» [SI1:34].

💻Ex.: Zu Ritual und Sinn der Ausschlusspraxis der SI.

Anm18: Aufstieg und Niedergang des Lettrismus

Innerhalb der LettristInnen begannen sich zwei gegensätzliche Strömungen herauszubilden: die eine um Isou bewegte sich weiter auf dem Feld von Kunst und Ästhetik, die andere hielt es mehr mit dadaistischer «Anti-Kunst» und kultureller Sabotage. Diese zweite Gruppe erreichte in Frankreich einen gewissen Bekanntheitsgrad, als sie anlässlich der Ostermesse in Notre Dame 1950 den Priester einschloss und anstatt seiner einen Lettristen auf die Kanzel stellte, der nach dem Nietzsche-Zitat «Gott ist tot» seine Ansprache abbrechen musste, um mit seinen Freunden der Lynchjustiz durch die aufgebrachten GottesdienstbesucherInnen zu entgehen. 1951 stieß der damals neunzehnjährige Guy-Ernest Debord zu den LettristInnen und schloss sich umgehend dem aktionistischen Teil an. Zum offenen Bruch der beiden Flügel kam es 1952, als Isou eine geplante Störaktion der Pressekonferenz von Charlie Chaplin im Pariser Hotel Ritz der Presse verriet. Chaplin hatte man sich ausgesucht, weil er, den Repressalien der McCarthy-Inquisition entflohen, nun in Europa bereit war, Ehrungen durch die englische Königin und das französische Staatsoberhaupt entgegenzunehmen. Die Aktion war auch aufgrund des Verdachtes geplant worden, dass Isou und einige seiner Anhänger eine Karriere in oder zumindest ein Auskommen mit der Filmbranche anstrebten. Isous Denunziation beseitigte diesbezüglich die letzten Zweifel. (Näheres zu diesen Vorfällen in: a) Metzger1988 b) Marcus1989 c) Ohrt1990 d) Kaufmann2004.)

Anm19: Zum Begriff der Situation

Wie beherrschend das Wort «Situation» von 1944 bis 1960 zumindest in Frankreich war, und zwar – ob bewusst oder unbewusst – auf allen Ebenen des modernen Alltagslebens, zeigt sich in der Namensgebung aller Bände, in denen Jean-Paul Sartre (1905-1980) seine «Essais» herausgab. Sie erschienen von 1945 bis vor seinem Tod unter dem Titel «Situations I-VIII».

Das lateinische Wort «situatio» heißt «Lage», «Stellung», von «situare»: «hinstellen», und hat v.a. geographische und militärische Bedeutung [vgl ausführlicher: Ohrt1990:162ff]. Bei Hegel kommt dem Begriff «Situation» in philosophischer Hinsicht eine besondere Bedeutung zu. Er bestimmt «Situation» als «‹Mittelstufe zwischen dem allgemeinen in sich unbewegten Weltzustande und der in sich zu Aktion und Reaktion aufgeschlossenen konkreten Handlung› [...].Insofern Hegel [...] die (voll entfaltete) Situation als Konkretion (‹Bestimmtheit›) eines Allgemeinen durch Kollision und Konflikt bestimmt sein läßt, führen durchaus gewisse Linien von seinem zum Situationsbegriff der Existenzphilosophie.» [HWP, Stichwort «Situation», 923f]. Im Anschluss an die Philosophie Sören Kierkegaards (1813-1845) ist nach Karl Jaspers (1883-1969) die Situation des Menschen «bestimmt durch Grenzsituationen: ‹Grenzsituationen [...] erschüttern den Menschen und bringen ihn zu sich.› » [Ebd.] Nach Nicolai Hartmann (1882-1950) gehört zur Situation zweierlei: «Sie ‹kommt ungerufen, sie überfällt den Menschen, er ‹gerät› in sie. Ist er aber einmal in sie geraten, so ist er auch in ihr gefangen: er kann nicht mehr ‹zurück› aus ihr.» Andererseits: «Zum Handeln zwingt ihn die Situation unter allen Umständen. Wie er aber zu handeln hat, schreibt sie ihm nicht vor. Darin hat er Freiheit. So ergibt sich die [...] eigenartige Sachlage: die Situation, in die er gerät, ist für ihn zugleich Unfreiheit und Freiheit, Zwang und Spielraum». [Ebd.] Ganz ähnlich kennzeichnet sie auch Sartre: «Eine Situation setzt sich [...] zusammen aus einer bestimmten Lage, in der man sich gerade befindet, und der Freiheit, darauf zu antworten». [Ebd.] Der SI zufolge lässt sich aber Freiheit nicht bloß dadurch erfahren, dass man irgendwie in eine Situation gerät, die dann Entscheidungen erfordert, sondern auch dadurch, dass sich Situationen aktiv konstruieren lassen, insbesondere als *revolutionäre Situationen*. Und hier steht dann vor allem Karl Marx Pate für den Situationsbegriff der SI: die existenzielle «Lebenssituation» der proletarisierten Menschen als Ware Arbeitskraft [vgl.

MEW2:37f.] und die proletarische Revolution als gesellschaftliche, historische «Situation [...] die jede Umkehr unmöglich macht» [MEW8:118], bezeichnen passives und aktives, unbewußtes und bewußtes Umgehen mit einer sozialen Situation.

Auch die klassische Psychoanalyse wird von Sigmund Freud entlang Situationen (z.B. ödipale Konstellation, traumatisierende Situation, Triebschicksale und -konflikte) entwickelt (vgl. auch Anm3). Walter Benjamin und Adorno haben jeweils auf ihre Weise «Situation» und «Konstellation» ins Zentrum der geschichtstheoretischen «Konstruktion» gestellt und vor allem «die Katastrophe» ins Auge gefasst. «Dem revolutionären Denker bestätigt sich die eigentümliche revolutionäre Chance jedes geschichtlichen Augenblicks aus der politischen Situation heraus.» [Benjamin 1984,168].

Anm20: Zur Aufhebung des Politischen

So wie schon die LI erklärte 1964 auch die SI ihre Ablehnung von *traditionell verstandener Politik*: «Unter ‹politischer Bewegung› versteht man heute die spezialisierte Tätigkeit von Gruppen – bzw., Parteiführern, die aus der organisierten Passivität ihrer militanten Anhänger die Unterdrückungskraft ihrer zukünftigen Macht schöpfen. Die Situationistische Internationale will mit der hierarchischen Macht nichts gemein haben, auf welche Weise es auch sein mag. Sie ist also weder eine politische Bewegung noch eine Soziologie der politischen Mystifikation.» [SI2:112f]. Die situationistische Begründung dieser Kritik des Politischen hat mit der anarchistischen dogmatischen Politik-Abstinenz wenig bis nichts zu tun, sondern geht auf die dialektische historische Kritik schon des frühen Marx am jakobinistischen «Wunderglauben an die Demokratie» und an die Staatlichkeit zurück, denen die Überwindung der bürgerlichen Sphärentrennung (und die damit verbundene Spaltung der Individuen in einerseits privater ökonomischer Bürger-Mensch: «homme bourgeois», andererseits öffentlicher politischer Staatsbürger-Mensch: «homme citoyen») revolutionär entgegenzusetzen ist: «Erst wenn der wirkliche individuelle Mensch den abstrakten Staatsbürger in sich zurücknimmt und als individueller Mensch in seinem empirischen Leben, in seiner individuellen Arbeit, in seinen individuellen Verhältnissen, *Gattungswesen* geworden ist, erst wenn der Mensch seine ‹forces propres› [ihm eigentümlichen Wesenskräfte] als *gesellschaftliche* Kräfte erkannt und organisiert hat und daher die gesellschaftliche Kraft nicht mehr in der Gestalt der *politischen* Kraft von sich trennt, erst dann ist die menschliche Emanzipation vollbracht.» [MEW 1:370]

Anm21: Übersetzungskorrektur

Gegenüber der deutschen Übersetzung dieser Stelle, die «une théorie d'ensemble» mit «ganzheitlicher Theorie» übersetzt [vgl. Potlatch:227], schlagen wir «in sich zusammenhängende Theorie» vor, um den New-Age-Konnotationen von Ganzheitlichkeit auszuweichen und auf den später einzuführenden und u.a. von Debord oft gebrauchten Begriff der «kohärenten Theorie» hinzuleiten.

Anm22: «Es gibt keinen Situationismus.» – Innere und äussere Feinderklärung

Wie Marx noch zuletzt klarstellte, «alles was ich weiß, daß ich kein Marxist bin» [vgl. MEW35:388 u. MEW37:450], so stellte die SI an diesem Punkt ihre antidoktrinäre Ideologiefeindschaft immer wieder klar, «weil wir den Ausdruck ‹Situationismus› ablehnen, der eigentlich die einzige geeignete Kategorie wäre, uns in das herrschende Spektakel einzuführen, indem er uns darin als eine Ideologie im Marxschen Sinne integrieren würde» – verstanden als falsches, verkehrtes Bewusstsein [SI2:114]. Im Nachhinein historisierte sie das Phänomen und ging von hier aus zur Kennzeichnung und Kritik des «Prosituationismus» (siehe Enchiridion Ende des Kapitels 2) über: «Der *Situationismus* ist die Jugendkrise der situationistischen Praxis, die den *entscheidenden* Moment einer ersten bedeutsamen extensiven Entwicklung erreicht hat, den Moment, wo sie praktisch das Spektakel beherrschen muss, das sich ihrer bemächtigt.» [DwS§26].

Anm23: Geld und Macht der SituationistInnen

Zur *sozialen Selbstverortung der SI-Mitglieder* hieß es in der letzten Nummer ihrer Revue (1969) in Reaktion auf öffentliches Orakeln und Projizieren, wer wohl diese revolutionäre «Elite» verkörpern und finanzieren würde: Man «wirft dieser ‹Elite› vor, die die SI darstellen soll, eine führende Organisation zu sein – wie denn? –, die Diktatur der Theorie darzustellen – durch welche Vermittlung? – und aus reichen Bourgeois zu bestehen – darüber lachen wir lieber! Der letztere Einwand wäre, wenn er stimmte, nicht weniger schwachsinnig, da einige sehr bekannte Revolutionäre des 19.Jahrhunderts – sozio-ökonomisch gesehen – proletarisierte Intellektuelle und selbst mehr oder weniger Schmarotzer und bürgerlicher oder fürstlicher Abstammung waren. Jedenfalls können wir allen Verdächtigen, die uns bei jeder Gelegenheit als eine *Elite der Studentenwelt präsentieren*, eine für sie recht beklagenswerte Wahrheit entgegensetzen: nehmen wir die Verfasser der drei einzigen bisher von uns veröffentlichten Bücher als Beispiel, so sind zwei von ihnen Arbeitersöhne, und der dritte – einer, der wie kein anderer seine gesellschaftliche Stellung verloren hat – war nicht einmal Student.» [SI2:434f]. Dann wiederum: «Während man uns gleichzeitig das Gegenteil vorwirft, greift man einige Situationisten wegen der Lohnarbeit an, die sie eventuell verrichten mußten. Sind einige von uns Maurer, Seeleute, Hafenarbeiter gewesen, – dann ist das nichts anderes als künstlerischer Proletkult. [...] Was Debord betrifft, [...], er verdiene seinen Lebensunterhalt und finanziere sogar die SI dadurch, daß er ganz einfach beim Pokerspiel mogelt. Von René Viénet ist gesagt worden, er sei an verschiedenen ‹rackets› beteiligt – er ist sozusagen ein Sinologe. Andere tadeln ihn auch deshalb. Zusammenfassend: die Situationisten – und ein hoher Prozentsatz unserer Ausschlüsse kann das bezeugen – haben nie etwas getan, indem sie für ihr persönliches ökonomisches Überleben oder auch für ihre kollektive Finanzierung (denn das sind zwei verschiedene Fragen) sorgten, das den allgemeinen revolutionären Methoden, die wir behauptet haben, und der Kohärenz des praktischen Prozesses, den diese mit sich bringen, entgegensteht.» [SI2:438f].

💻Ex.: Zu Ritual und Sinn der Ausschlusspraxis der SI.

Anm24: «Nashismus»

Jørgen Nash (Jørgen Jørgensen *1920) «führte ein abenteuerlustiges Leben als Ziegenhirte, Holzfäller, Boxer, Zirkusartist, Seemann u.a. Er war aktiv in der kommunistischen Widerstandsbewegung während der nazistischen Okkupation Dänemarks. Bei einer Sabotageaktion in Deutschland geschnappt, wurde er in Berlin-Moabit in U-Haft genommen.» [Nash1993, Klappentext.] Er kaufte in den 1960er Jahren einen Hof in Südschweden, den er «Drakabygget» (dt. Drachenhügel) taufte, und gründete dort ein Kunstzentrum. Im März 1962 wurde er von der SI ausgeschlossen wegen «Verschwörung» mit den sogenannten «Nationalsituationisten» um die deutsche Gruppe SPUR und weil er «mit dem ‹situationistischen› Stempel versehene Kunstwaren schnell [...] verbreiten» wollte [SI1:311f], was die SI als «kontersituationistische Operation» des «Nashismus» betrachtete [SI2:29f]. Kunstgeschichtlich wird diese skandinavische Entwicklung unter «Zweite Situationistische Internationale» abgehandelt [vgl. Ohrt1990: 262ff u. Andersen2001:375ff].

💻Ex.: Zu Ritual und Sinn der Ausschlusspraxis der SI.

Anm25: «SPURismus»

Um aus der stickigen, vormodernen Atmosphäre des postnazistischen CDU/CSU-Staats einmal herauszukommen, fand auch die – in den Augen solcher Cosmopoliten wie Debord einfach nur «lächerliche» (Debord) – deutsche «Gruppe *SPUR*», «les spuristes» (Debord), Anfang der 1960er zur SI [vgl. Ohrt1990:219]. Dies waren eine Hand voll Künstler, meist Maler aus München, mit Schwabinger Stil und der typisch deutschen Vorstellung, dass eine moderne Revolution erstens nicht viel mit «Proletariat» zu tun haben könne, zweitens modernistische Künstler-Avantgarde darstelle und drittens unbedingt permanente «Gaudi» sein müsse. Nur dann könnte sie auch irgendwie populär sein. Kurz, «der Geist», den diese Bierdunst-Bohemiens – als Vorläufer der später so genannten «Spaßguerilla» – beschworen, hieß Max Stirner und war lebendiger denn je in der BRD. (Genaueres siehe: 💻Ex.: «Die deutsche Misere».) So hieß es in ihrem «Manifest»: «Wir werden der *objektiven Unverbindlichkeit eine militante Diktatur des Geistes entgegensetzen.* Wir können nichts dafür, daß wir gut malen. Wir bemühen uns auch noch in diesem Sinn. Wir sind arrogant und exzentrisch. Wir spotten jeder Beschreibung. [...] *Wir sind die dritte Welle*. Wir sind ein Meer von Wellen (Situationismus).» usw. und endete mit dem Ausruf: «*Wir sind die Maler der Zukunft!*» [SPUR1991]. Der etwas später hinzugekommene Dieter Kunzelmann sorgte für das Missverständnis eines deutschen «Situationismus», erst recht, nachdem er zusammen mit den «Kunst-Puristen» aus der SI ausgeschlossen worden war. Bereits auf der 4. Konferenz der SI in London 1960 war jedoch der ganze fertige Antagonismus auf den Tisch gekommen: in einer langen «Erklärung der deutschen Sektion» als schriftliche Antwort auf einen Fragebogen zum situationistischen «Gesamtprogramm der Befreiung» und darauf, ob «es gesellschaftliche Kräfte gibt, auf die sich die SI stützen kann? Welche Kräfte sind dies? Unter welchen Bedingungen?». Die von Heimrad Prem vorgelesene deutsche Antwort darauf griff «die Tendenz zur Unterstützung eines revolutionären Proletariats an, da die Unterzeichner die revolutionären Fähigkeiten der Arbeiter gegen die bürokratischen Eingriffe, die ihre Bewegung beherrscht haben, stark in Zweifel ziehen. Die deutsche Sektion meint, die SI solle sich vorbereiten, ihr ganzes Programm allein zu verwirklichen, indem sie die Avantgardekünstler mobilisiert, die von der heutigen Gesellschaft in unerträgliche Verhältnisse versetzt werden und sich nur auf sich selbst verlassen können, um sich der Waffen der Konditionierung zu bemächtigen», so las man im Bericht über diese Konferenz in der SI-Revue N°5, und weiter: «Debord antwortet auf diese Stellungnahme mit einer scharfen Kritik. Während einer Nachtsitzung wird die deutsche Erklärung weiter geprüft. [...] Die Debatte über die deutsche Stellungnahme fängt jedoch immer wieder an – und zwar, indem sie zu ihrem Kernpunkt zurückgeführt wird: der Hypothese der zufriedenen Arbeiter. Kotányi wendet sich an die deutschen Delegierten, um sie daran zu erinnern, dass die ‹wilden Streiks› sich in anderen fortgeschrittenen kapitalistischen Ländern vermehrt haben, während man seit 1945 in Deutschland scheinbar passive und zufriedene Arbeiter sowie legale, zur Unterhaltung der Gewerkschaftsmitglieder mit Musik organisierte Streiks sehen konnte. Seiner Meinung nach, fügt er hinzu, verkennen sie stark den deutschen Arbeiter selbst.» Nach langer, getrennter Beratung der Sektionen schließlich «gibt [Hans-Peter] Zimmer im Namen seiner Gruppe bekannt, sie nehme die vorige Erklärung zurück, nicht weil sie sie für bedeutungslos halte, sondern um der situationistischen Tätigkeit jetzt keine Bremsklötze in den Weg zu legen. ‹ Wir erklären› , schließt Zimmer, ‹ dass wir [...] die heutige Diskussion, die wir als zweitrangig gegenüber der Gesamtentwicklung betrachten, für die Zukunft offenhalten wollen.› Allgemeine Billigung. Dennoch verlangen Kotányi und dann auch Debord, dass ins Protokoll aufgenommen wird, dass sie die heute diskutierte Frage nicht für zweitrangig halten.» [SI1:173f] Die Weichen waren also längst gestellt, die Spuren der Unvereinbarkeit liegen in aller wünschenswerten öffentlichen Klarheit zutage.

Anm26: «Die Provos»

Zwischen 1965 und 1967 erlebten die Niederlande – v.a. Amsterdam – eine mehr oder weniger symbolische «Störung des Friedens» durch die sogenannte *Provo*-Bewegung, die u.a. aus Teilen der Anti-Vietnamkriegs- und StudentInnenbewegung wie auch aus jungen KünstlerInnen bestand. Ihre spektakulären Aktionsformen umfassten unter anderem das Bemalen von Werbetafeln und Denkmälern mit dem Ziel, auf unterschiedlichste Kritikpunkte an der sich bürgerlich-rechtschaffen gebenden Gesellschaft aufmerksam zu machen. Der Provo-Bewegung war vor allem daran gelegen, die Umweltverschmutzung ins Visier zu nehmen, aber auch die «Scheinheiligkeit des holländischen kollektiven Gedächtnisses» [a.f.r.i.k.a.:133], nicht wirklich etwas Wirksames gegen die deutschen Nazi-Okkupanten unternommen sondern zum Teil sogar mit ihnen kollaboriert zu haben. Es gab auch eine Zeitschrift namens «Provo». [Vgl. ebd.].

Die SI urteilte über die Provos: «Vor allem aber haben die sich weiterentwickelnden praktischen Widersprüche der heutigen Gesellschaft die lächerliche Institutionalisierung der Provo-Revolte weggeschwemmt, so wie sie ihren authentischen Teil erzeugt hatten. Am konformistischsten hatten sich die Provos gezeigt, als sie das soziologisch-journalistische Dogma des Verschwindens des

Proletariats wiederaufgenommen hatten, die Sicherheit, dass die Arbeiter zufrieden und vollkommene Spiessbürger geworden seien. Der Amsterdamer Aufstand vom 14. Juni 1966 [...] dessen Umfang die Provos in dem falschesten Licht bekannt gaben, gab eigentlich eine schon tote Bewegung bekannt. Genau an dem Tag war die Provo-Bewegung gestorben, als es sich um *einen mustergültigen Arbeiteraufstand* unserer Epoche handelte [...]. Dann blieb die Provo-Hierarchie [...] sich aber selbst treu: sie missbilligte die Gewalt, verurteilte die Arbeiter, rief über Rundfunk und Fernsehen zur Ruhe auf und ging in ihrer Gemeinheit so weit, auf spektakuläre Weise geschlossen die Stadt zu verlassen, um mit dem guten Beispiel der Passivität voranzugehen.» [SI2:320].

Anm27: Die Studentenbroschüre des «Straßburger Skandals» (1966)

Eingeleitet wurde die Broschüre «Über das Elend im Studentenmilieu» mit dem Marxschen Motto: «die Schmach noch schmachvoller machen, indem man sie publiziert» [MEW1:381] und war demgemäß als Schmähschrift gegen das Studentenmilieu formuliert. So lautet schon der erste Satz: «Ohne große Gefahr, uns zu irren, können wir behaupten, daß der Student in Frankreich nach dem Polizisten und dem Priester das weitestgehend verachtete Wesen ist. Wenn auch die Gründe für seine Verachtung oft falsche sind und aus der herrschenden Ideologie stammen, so werden die Gründe, aus denen er vom Standpunkt der revolutionären Kritik her wirklich verachtungswürdig ist und verachtet wird, verdrängt und nicht eingestanden.» [BE:216]

Anm28: Der situationistische Theorie/Praxis-Funke

Ein bürgerlicher Publizist schrieb 1968 ganz betäubt: «Der Beobachter kann nur über die Geschwindigkeit staunen, mit der der Funke auf die gesamte Universität und außerhalb der Universität auf die Jugend im allgemeinen übergesprungen ist. Es scheint, daß die von einer kleinen Minorität echter Revolutionäre formulierten Parolen was weiß ich was für undefinierbare Wirkungen in der Seele der neuen Generation ausgelöst haben. [...] Eine Tatsache verdient besondere Beachtung: wir erleben wieder, wie vor fünfzig Jahren, Gruppen junger Leute, die sich ganz und gar der Revolution widmen, die mit Hilfe einer erprobten Technik die günstigen Momente abwarten können, um von ihnen beherrschte Unruhen auszulösen oder zu radikalisieren, um danach in den Untergrund zurückzukehren» [zit. n. SI2:392].

Anm29: Über Sanguinetti, spätes SI-Mitglied bis 1972

Gianfranco Sanguinetti gründete (zusammen mit Paolo Salvadori) 1969 eine italienische Sektion der SI. 1975 verfasste er einen «Wahrhaften Bericht über die letzte Chance, den Kapitalismus in Italien zu retten», ein Buch, das in Italien großes Aufsehen erregte. Unter dem Pseudonym «Censor» gibt sich Sanguinetti für einen zynischen Kapitalisten aus, «der dem Machtapparat die jeweiligen Vorzüge auseinandersetzt, den die Strategie des historischen Kompromisses und des Staatsterrorismus mit sich bringen.» [Kaufmann2004:343] «Man vermutete den Autor, da er ausgezeichnete Kenntnisse über die aktuellen Probleme des Kapitalismus besaß, in der herrschenden Klasse selbst – bis Sanguinetti sich zu erkennen gab.» [Ohrt1998:35]. 1980 erregte er mit dem Buch «Über den Terrorismus und den Staat» abermals Aufsehen, einer Analyse der Entführung und Tötung Aldo Moros durch die «Brigate Rosse», in der er die Steuerung dieser Entführung durch die italienischen Geheimdienste plausibel machte [Sanguinetti1981].

Anm30: Die späte SI in Italien

Nicht allzu lange nach der SI-Konferenz in Venedig (1969) gelang es der italienischen Sektion der SI gerade noch mit realistischem Gespür, «sich den Ermittlungen der Polizei nach der Explosion der Bomben zu entziehen, die die Behörden für Innere Sicherheit des italienischen Staates im Dezember 1969 benutzt hatten, um die Bewegung der wilden Streiks, die in diesem Moment eine Drohung unmittelbarer Subversion bildete, zu brechen oder hinauszuzögern. Auch veröffentlichte und verteilte sie sogleich im Untergrund das Flugblatt ‹il Reichstag bruscia?› [Brennt der Reichstag?, Anm. BBZN], das bereits mehrere Monate, bevor die italienischen Linksradikalen die ersten schüchternen Zweifel anmeldeten, dieses Manöver in der Hauptsache aufdeckte.» [DwS:106]. (Das Flugblatt ist abgedruckt in Sanguinetti1981:114ff.)

Anm31: Legendenbildung: «Verschwörer-SI»

In einer Fernsehansprache am 7. Juli 1968 bediente auch Charles de Gaulle diesen Mythos: «Dieser Ausbruch wurde von einigen Gruppen provoziert, die gegen die moderne Gesellschaft revoltieren, gegen die Konsumgesellschaft, gegen die technologische Gesellschaft, ob kommunistisch im Osten oder kapitalistisch im Westen [...] von Gruppen, die ansonsten nicht wissen, was sie an die Stelle dieser Gesellschaft setzen würden, sondern an der Negation Vergnügen finden.» [Zitiert nach Marcus1989:38].

Anm32: Prosituationistisches Syndrom: «die legendäre SI»

Schon auf der 8. Konferenz der SI – es sollte die letzte gewesen sein – zeigte sich das gespenstisch genug. Gleichsam als würde es sich um einen sowjetischen oder chinesischen «Parteitag der Sieger» handeln, «erschien der ‹prosituationistische› Geist in Venedig auf grandiose Weise. Während einige Genossen systematisch Vaneigems vorsichtiges Schweigen imitierten, verbrauchte die Hälfte der Teilnehmer dreiviertel der Zeit, um mit größter Entschlossenheit die gleichen vagen Gemeinplätze zu wiederholen, die jeder vorangegangene Redner bestätigt hatte [...] Kurz: die Situationisten waren achtzehn an der Zahl, aber sie hatten den Geist von vieren.» [DwS:105] Gewiss gelang es – gemäß dem späteren harten Urteil der situationistischen «Zertrümmerer» der SI – «einem Teil dieser Konferenz [...], gute Analysen der revolutionären Politik in Europa und Amerika zu formulieren und vor allem die Entwicklung der sozialen Krise Italiens in den folgenden Monaten vorauszusehen sowie unsere Interventionsmöglichkeiten. Wenn eine solche Debatte auch sicherlich die extremistischste und am besten informierte politische Gruppe am Werk zeigte, die es damals auf der Welt gab, so wurde aber auch sichtbar, dass die besten Aspekte dessen, was die SI ebenfalls bedeutete, als grundlegende Theorie, Kritik und Kreation in der Gesamtheit des Lebens, oder einfach nur als Fähigkeit zum wirklichen Dialog zwischen autonomen Individuen – als ‹Assoziation, worin die freie Entwicklung eines jeden die Bedingung für die freie Entwicklung aller ist› [MEW4: 482, Anm. BBZN] – dort völlig fehlten.» [DwS:104].

Anm33: Situationistische Ökonomie der Begierden

«Die Definition der neuen Armut ist natürlich nicht möglich ohne diejenige des neuen Reichtums. Dem von der herrschenden Gesellschaft verbreiteten Bild – wonach sie aus sich selbst heraus und unter dem zugelassenen Druck des Reformismus die Ökonomie des Profits zu einer Ökonomie der Bedürfnisse umgewandelt hat – ist eine *Ökonomie der Begierde* entgegenzusetzen, die man folgendermaßen umschreiben könnte: die technisierte Gesellschaft mit der Vorstellungskraft davon, was man aus ihr machen kann. Die Ökonomie der Bedürfnisse wird in Begriffen der Gewohnheit verfälscht. Die Gewohnheit ist der natürliche Prozeß, durch welchen sich die (erfüllte, verwirklichte) Begierde zu einem Bedürfnis degradiert, was auch bedeutet: daß sie sich bestätigt, objektiviert und überall als Bedürfnis zu erkennen gibt. Aber die gegenwärtige Ökonomie stellt unmittelbar Gewohnheiten her, und sie manipuliert Menschen ohne Begierden, indem sie sie aus ihren Begierden vertreibt.» [BE:120, SI1:268].

Ausführlicheres zum Begriff der «Begierde» siehe weiter unten, sowie 💻Ex.: Die Kategorien «Natur» und «Geschlecht» und die Sprachkritik und 💻Ex.: «Das System der Bedürfnisse».

Anm34: Begriff der Monade, Monadologie

Marx überträgt ab und zu den von Leibniz (1646-1716) geprägten philosophischen Begriff der *Monade* auf die in der Gesellschaft atomisierten Individuen und spricht von, «Menschen als isolierter auf sich zurückgezogener Monade». [MEW1:364]. Die grundlegenden Merkmale der Leibnizschen Monaden sind u.a., dass 1.) sie weder Ausdehnung noch Gestalt haben, d.h. eindimensional sind [vgl. auch Marcuse 1988], 2.) keine mit anderen identisch ist, 3.) sie sich selbst genügend sind, aber dadurch gleichzeitig ihr Zusammenhang gewährleistet sein muss und 4.) jede für sich betrachtet einen «*Spiegel der Welt*» darstellt. Spezialist für diesen Marxschen Leibniz-Bezug ist Hans Heinz Holz. [Vgl. Holz2003].

Anm35: Spektakelanalyse und Medienkritik

Dem ersten Eindruck, die Spektakelkritik stelle im Grunde lediglich eine Medienkritik dar, steuert Debord gleich von Anfang an entgegen: «Das Spektakel kann nicht als Übertreibung einer Welt des Schauens, als Produkt der Techniken der Massenverarbeitung von Bildern begriffen werden. Es ist vielmehr eine tatsächlich gewordene, ins Materielle übertragene *Weltanschauung*. Es ist eine Anschauung der Welt, die sich vergegenständlicht hat.» [GdS§5]. Zugleich ist es eine Leistung der Spektakelkritik, auch zu einer radikalen und modernen Medienkritik vorgedrungen zu sein. Sie jedoch allein darauf zu reduzieren, hieße, von ihrer Staats- und Ökonomiekritik zu abstrahieren. Somit würde ihre Kritik an der kapitalistischen Produktionsweise insgesamt, ihre Kritik an der Wert- und Warenform, an der Klassenstrukturiertheit der Gesellschaft etc. ausgeblendet.

Anm36: Kritik als wissenschaftliche Methode: Anspruch und Grenze

So eng die Spektakelkritik mit der Marxschen «Kritik der politischen Ökonomie» auch verbunden bleibt, zeichnet sich bei der Art und Weise der Kritik doch zumindest eine kleine Verschiebung gegenüber der Marxschen kritischen Methode ab. Marx´ Verfahrensweise ist eine immanente Kritik sowohl des Kapitalismus als auch der in seiner Zeit vorherrschenden Theorien darüber. Seine Kritik spielt sich innerhalb der wissenschaftlich-philosophischen Standards seiner Zeit ab, wobei er u. a. die begrifflich-historische Methode Hegels weiterentwickelt und umgestaltet hat. Die wissenschaftlich-philosophische Qualität – zumindest was «Das Kapital, Kritik der politischen Ökonomie» [MEW23-25] betrifft – erreichte zwar eine bis dahin nicht gesehene Höhe, die gerade auch heute ungeheuer beeindruckend ist. Jedoch wurde von Marx der dahinterstehende (fast schon wissenschaftsfetischistische) Anspruch einer solchen «artistischen» Gestalt der Wissenschaftlichkeit selbst nicht thematisiert oder gar kritisch hinterfragt. Dieser wurde von Marx höher denn je geschraubt und konnte weder von ihm in seiner Lebenszeit noch jemals nach seinem Tode von irgendjemandem eingelöst werden. Debord, der keinerlei Autoritäten – auch nicht in der Theorieproduktion – anerkennt, kritisiert nun Marx gerade an dessen noch zu naivem Anspruch von Wissenschaftlichkeit, als einer strengen Wissenschaft von Gesetzmäßigkeiten: «Was die Marxsche Theorie eng mit dem wissenschaftlichen Denken verbindet, ist das rationelle Begreifen der Kräfte, die in der Gesellschaft wirklich walten.» Aber gerade weil sie strategisch darauf ausgerichtet ist, diejenigen in der Gesellschaft wirkenden Kräfte zu unterstützen, die darauf aus sind, diese zu überwinden, ist diese Theorie, die zugleich Kritik ist, «grundlegend ein Jenseits des wissenschaftlichen Denkens, in dem dieses nur als aufgehobenes aufbewahrt wird» [GdS§81]. Zwar seien Methode und Kenntnis der Wissenschaft hilfreich, aber das «Projekt, die Ökonomie zu überwinden, von der Geschichte Besitz zu ergreifen, kann nicht selbst wissenschaftlich sein, auch wenn es die Wissenschaft der Gesellschaft kennen – und zu sich zurückführen – muß.» [GdS§82] Debord erinnert daran, dass Marx selbst es war, der sagte: «Wir kennen nur eine einzige Wissenschaft, die Wissenschaft der Geschichte.» [MEW3:18,vgl. GdS§81] Und diese Geschichte der (uns schriftlich zugänglichen) Menschheitsentwicklung ist bekanntlich «eine Geschichte von Klassenkämpfen» [MEW21:357], welche gerade nicht deterministisch, gemäß starrer Gesetzmäßigkeiten funktioniert und deshalb auch nicht auf eine wissenschaftliche Darstellung oder gar Doktrin abzubilden sein kann, «die die gegenwärtige Geschichte durch eine wissenschaftliche Erkenntnis zu beherrschen glaubt» [GdS§82]. Aber, so Debord, «gerade die deterministisch-wissenschaftliche Seite im Marxschen Denken war die Bresche, durch die der Prozeß der ‹Ideologisierung› noch zu seinen Lebzeiten eindrang, und um so mehr in das der Arbeiterbewegung hinterlassene theoretische Erbe.» [GdS§84]. Dieser Mangel an Reflexion wird von Debord allerdings historisch betrachtet: «Der Mangel in der Marxschen Theorie ist natürlich der Mangel des revolutionären Kampfes des Proletariates seiner Epoche. Die Arbeiterklasse im Deutschland von 1848 hat nicht die Revolution in Permanenz dekretiert; die Commune wurde in der Isolierung besiegt. Die revolutionäre Theorie kann daher noch nicht ihre eigene vollständige Existenz erreichen.» [GdS§85]. Und so kommt Debord zu folgendem Schluss: «es geht um ein Begreifen des *Kampfes* und keineswegs des *Gesetzes*.» [GdS§81]. Was natürlich nicht heißt, dass das Begreifen der in der bürgerlichen Gesellschaft waltenden ökonomischen Gesetzmäßigkeiten vernachlässigt werden sollte. Nur permanent aufeinander bezogen sind praktische Kämpfe und zugrundeliegende Gesetze theoretisch begreifbar.

Anm37: Die ganze Spektakeltheorie gründet sich auf Entwendung

Eine Entwendung in «Die Gesellschaft des Spektakels» praktiziert Debord gleich zu Beginn in §1, indem er den ersten Satz aus Marx´ «Das Kapital» modifiziert: «Das ganze Leben der Gesellschaften, in welchen die modernen Produktionsbedingungen herrschen, erscheint als eine ungeheure Sammlung von Spektakeln. Alles, was unmittelbar erlebt wurde, ist in eine Vorstellung entwichen.» [GdS:§1]. Bei Marx heißt es: «Der Reichtum der Gesellschaften, in welchen kapitalistische Produktionsweise herrscht, erscheint als eine ‹ungeheure Warensammlung› , die einzelne Ware als seine Elementarform.» [MEW23:49].

Anm38: Begriffe stellen Kampffelder dar

Dies gilt auch für solche Begriffe, die der vorherrschenden «linken» Meinung nach als unbrauchbar gelten, wie etwa der Begriff des «Proletariats» oder der Begriff der «Entfremdung», der, wie einige MeinungsführerInnen glauben machen wollen, angeblich «rein» philosophisch sein soll [so z.B. Jappe1995:144]. (Zum Begriff «Entfremdung» vgl. Exkurs: 💻Ex.: Arbeit und Entfremdung.) Dabei wird meist nicht berücksichtigt, dass sich einige der scheinbar ausschließlich philosophischen Begriffe in Bezug auf die Marxsche und des weiteren auch auf die situationistische Revolutionstheorie als *strategische*, mitunter als *interventionistische* Begriffe entpuppen. Gemäß der 11. Feuerbachthese von Marx haben die «Philosophen [...] die Welt nur verschieden interpretiert, es kömmt drauf an, sie zu verändern» [MEW3:7]. Diese meist wenig verstandene These wurde oftmals – in zwei Satzhälften dualistisch auseinandergerissen – als Marxsches Abwenden von der Philosophie missinterpretiert und nicht als eine *praxis-philosophische* Wende begriffen, bei der die «Arbeit des Begriffs» streng an den «Begriff der Arbeit» gebunden bleibt und bei der die rein kontemplativen Begriffsentwikklungen – sowohl des anschauenden Materialismus als auch des Idealismus – in eine kritische, interventionistische Begriffs*aneignung* überführt werden. [Vgl. dazu auch Debords Ausführungen über die kritische Theorie und die Methode der Entwendung in den Thesen GdS§§204-211].

Anm39: Darstellungsform der Gesellschaft des Spektakels

Der Aufbau des Buchtextes «Die Gesellschaft des Spektakels», bestehend aus neun Kapiteln, ist thesenförmig. Das Ganze der Darstellung besteht aus reflektierenden Thesen, die sich aus den unterschiedlichsten Gesichtspunkten ständig aufeinander beziehen und ineinander spiegeln, ähnlich wie die Marxschen «Thesen über Feuerbach» [vgl. MEW3:533], die Debord besonders schätzte.

Anm40: «Fetischismus» – eine begriffliche Analogie

Zur Etymologie des Wortes Fetisch schreibt W. F. Haug: «Das Wort Fetisch kommt aus dem Portugiesischen; es leitet sich vom lateinischen ‹facticum› her, welches auf ‹facere› zurückgeht, und heißt wiederum Machwerk, wenn auch die Bedeutung zu Macht-Werk hinüberschillert und das portugiesische Wort feitiço dann so viel wie Zauber heißt. Seine besondere Bedeutung hat dieser Begriff in der Sprache portugiesischer Missionare in Afrika bekommen. In ihr bezeichnet er von christlichem Standpunkt aus den Sachverhalt, dass es ‹primitive› Gesellschaften gibt, in denen die Menschen ernsthaft glauben, dass Dinge, die sie dazu noch selber mit ihrer eigenen Hände Arbeit gemacht haben, Macht über sie haben. Diese Ding-Götter bei afrikanischen Kulturen nannten die Missionare ‹kritisch-entlarvend› ‹Fetische› . [...] Was ist dieser afrikanische Fetischismus gegenüber dem europäischen, bei dem die gesamte Regelung der gesellschaftlichen Produktion, die über Wohl und Unwohl der Menschen entscheidet, der Eigendynamik der Machwerke überlassen wird und der sich äußert im Kult – der nebenbei bemerkt nicht minder religiös aufgeladen ist – des ‹abstrakten Machwerks›, des Geldes.» [Haug1974:167].

Anm41: Plädoyer für eine kollektive Aneignung der Marxschen «Kritik der politischen Ökonomie«

An dieser Stelle kommt es uns lediglich darauf an, die Spektakeltheorie in ihrer Verankerung in der «Kritik der politischen Ökonomie» deutlich zu machen. Wir können der Komplexität der Marxschen Kritik der Wert- und Warenform hier nicht gerecht werden. Im übrigen halten wir eine *kollektive Aneignung* der Marxschen Darstellung in seiner «Kritik der politischen Ökonomie» für unumgänglich. Einen neueren Ansatz dazu stellt z.B. in der BRD das fortlaufende offene online-Projekt www.mxks.de dar, in das sich jede/r einklinken kann. Ausführlicheres zum Begriff «Wertspiegel» mit Schwerpunkt auf dem Wertbegriff selbst, im Unterschied zur «Wertform», die wir hier in den Vordergrund stellen mussten, siehe: 💻Ex.: «Wertspiegel».

Anm42: Nichtwarenförmige Produktionsweise war und ist menschenmöglich.

Dies ist für Marx die Gelegenheit, als Ergebnis seiner späten ethnologischen Studien auf die ur-communistischen Gesellschaften hinzuweisen, die er wiederholt als historisches Argument für den Nachweis der Möglichkeit von Communismus gegen jegliche Verewigung des privaten Klasseneigentums an den gesellschaftlichen Produktionsbedingungen geltend macht [vgl. MEW19:359] (ohne allerdings diesen Ur-Communismus als reale Option im Hier und Jetzt zu behaupten): «Damit besitzt der Gebrauchswert – als Gebrauchswert der ‹Ware› – selbst einen historisch-spezifischen Charakter. Im primitiven Gemeinwesen, worin z.B. die Lebensmittel gemeinschaftlich produziert und verteilt werden unter den Gemeindegenossen, befriedigt das gemeinsame Produkt direkt die Lebensbedürfnisse jedes Gemeindegenossen, jedes Produzenten, der gesellschaftliche Charakter des Produkts, des Gebrauchswerts, liegt hier in seinem [gemeinsamen] gemeinschaftlichen Charakter.» [MEW19:370].

Anm43: Grundlegend für das Verständnis von Marx: Doppelcharakter aller Arbeit

Deshalb setzt Marx noch einmal extra folgenden Passus in die zweite Auflage des «Kapital», um die Wertformanalyse zu begründen: «Alle Arbeit ist einerseits Verausgabung menschlicher Arbeitskraft im physiologischen Sinn, und in dieser Eigenschaft gleicher menschlicher oder abstrakt menschlicher Arbeit bildet sie den Warenwert. Alle Arbeit ist andererseits Verausgabung menschlicher Arbeitskraft in besonderer zweckbestimmter Form, und in dieser Eigenschaft konkreter nützlicher Arbeit produziert sie Gebrauchswerte.» [MEW23:61]. In der französischen Ausgabe letzter Hand (1875) schließt er sogar noch drei Sätze an, um die *Untrennbarkeit von konkreter und abstrakter Arbeit* und den Aspekt der wissenschaftlichen Betrachtung wie natürlich allererst der praktischen Geltung, unter dem beide Faktoren jeweils historisch hervortreten, zu verdeutlichen: «Ebenso wie die Ware vor allem ein nützliches Gebrauchsding sein muss, um ein Wert zu sein, ebenso muss die Arbeit vor allem nützlich sein, um als Verausgabung menschlicher

Kraft, menschlicher Arbeit, im abstrakten Sinne des Wortes, betrachtet zu werden. Die Substanz des Wertes und die Wertgröße sind nun bestimmt. Zu analysieren bleibt die Form des Wertes.» [MarxLeCapital1875:49; eigene Übersetzung.]

Anm44: Wertform-Analyse, Fetischismus-Analyse, Austauschprozess-Analyse

Die Fragestellung von Marx im 2. Kapitel von Kapital I «wie, warum, wodurch Ware Geld ist» hat der japanische Marxforscher Teinosuke Otani so zusammengefasst: «Die Wertformanalyse klärt auf, *wie* der Wert der Ware im Gebrauchswert einer anderen Ware, am Ende in Geld, ausgedrückt wird; die Fetischismusanalyse klärt auf, *warum* die Arbeit im Warenwert, und damit zugleich, warum der Warenwert im Gebrauchswert einer anderen Ware, am Ende in Geld, ausgedrückt werden muss; die Austauschprozessanalyse klärt auf, durch welche Umstände die Geldbildung notwendig wird und *durch welche [gesellschaftliche] Praxis* es gebildet wird. Wenn so die Wertformanalyse nach dem ‹Wie› der Tatsache, dass Ware Geld ist, die Fetischismusanalyse nach ihrem ‹Warum› und die Austauschprozessanalyse nach ihrem ‹Wodurch› fragt, könnte man sagen, daß uns gerade der [...] Satz im 2. Kapitel [von Kapital I, BBZN] diese drei deutlich zu unterscheidenden Fragen über die Entstehung des Geldes erkennen lässt – und zwar in der Reihenfolge, wie Marx sie im ‹Kapital› erörterte.» [Otani a.a.O.].

Anm45: Psychoanalyse: «narzisstisches Stadium» der Ichbildung als Spiegelung

Die Struktur des geschlossenen Bannkreises, die Marx für den Wertspiegel aufzeigt, wird auch für ein weiteres vertracktes Subjekt-Objekt-Verhältnis auf der Ebene von Subjektivitätstheorie zum Problem; gemeint ist das Problem der *Ich-Bildung*, welches die Psychoanalyse aufwirft. Für sie ist in der Entwicklung des Subjekts das narzisstische Stadium zentral. Verkehrt ist die Fixierung des «Narziss» auf sein identisches Spiegelbild, weil der einseitige Blick auf sein Gleiches die libidinöse «Objektbesetzung» des Anderen (Nichtidentischen) unmöglich macht. Die narzisstische Persönlichkeit, die in diesem einmal notwendigen Stadium fixiert bleibt, «lebt» dann nur für ihr spiegelverkehrtes Bild, aus dem sie ihre illusionäre, am Ende tödliche Identität bezieht. Beide Problemebenen, die der «Kritik der politischen Ökonomie» und die der «Kritik der libidinösen Ökonomie», werden von der SI zusammengedacht: Das Spektakel ist ihnen gewissermaßen der Wertspiegel, der das narzisstische Privat-Subjekt der gesellschaftlichen Produktion verschlingt. Siehe: [GdS§§215,217-219] und 💻Ex.: «Wertspiegel».

Anm46: Reflexionsbestimmung: Schlüsselbegriff dialektischen Denkens

Auf der Begriffsbildungsebene – nach Hegels «Wissenschaft der Logik» [HW Bd. 5 u. 6] – sind *Reflexionsbestimmungen* bspw.: Schein, Wesen, Erscheinung; Allgemeines, Besonderes, Einzelnes, Form, Inhalt, Stoff; Quantität, Qualität; Unmittelbarkeit, Vermittlung etc. Aber auch Begriffe, welche nur ihren Sinn aus dem Verweis auf ihr Gegenteil beziehen, d.h. polarische Begriffe, werden als Reflexionsbestimmungen bezeichnet, wie etwa links/rechts, oben/unten, Nordpol/Südpol, Herr/Knecht etc. und in Marx´ Beispiel: König/Untertan. Absolut getrennt von seinem Gegenteil kann ein solcher Begriff nichts bezeichnen, er wäre leer und unsinnig.

Was die Hegelschen «Reflexionsbestimmungen» [HW6:35ff] betrifft, so machen sie Lukács zufolge sogar den rationalen, nicht mystifikatorischen Gehalt der Hegelschen Dialektik überhaupt aus. [Vgl. OgS1:527ff,532]. «Wer die Welt vernünftig ansieht, den sieht sie auch vernünftig an; beides ist in Wechselbestimmung», so Hegel [HW12:23; hier zit. n. OgS:531]. Marx spricht dies auch aus, kritisiert dabei aber sofort den Hegelschen Konstruktivismus, dem zufolge alle «Natur» durch «Arbeit» konstruiert würde, die der Menschen bzw. die eines Weltgeistes [vgl. OgS1:532ff,540ff].

Anm47: Das Kapital erscheint als Subjekt, die Arbeitenden werden Objekte

An anderer Stelle führt Marx aus: «Innerhalb des Produktionsprozesses entwickelte sich das Kapital zum Kommando über die Arbeit, d.h. über die sich betätigende Arbeitskraft oder den Arbeiter selbst. [...] Die Produktionsmittel verwandelten sich [unter dem Kapitalkommando, Anm. BBZN] sofort in Mittel zur Einsaugung fremder Arbeit. Es ist nicht mehr der Arbeiter, der die Produktionsmittel anwendet, sondern es sind die Produktionsmittel, die den Arbeiter anwenden. Statt von ihm als stoffliche Elemente seiner produktiven Tätigkeit verzehrt zu werden, verzehren sie ihn als Ferment ihres eignen Lebensprozesses, und der Lebensprozeß des Kapitals besteht nur in seiner Bewegung als sich selbst verwertender Wert.» [MEW23:328f]. Vaneigem schildert, wie dies 1963 erlebt wird: «Wo sind die Verantwortlichen, diejenigen, die niedergeschlagen werden sollen? Wir werden durch ein System, durch eine abstrakte Form beherrscht. [...] Überall gleich ist die Qualität: wir sind alle proletarisiert oder wir haben gute Aussichten es zu werden.» [SI2:56/BE:147]

Anm48: Krisenzyklus: Vergessen und gewaltsames Erinnern

Überproduktionskrisen treten dadurch in Erscheinung, dass der Wert produzierter Warenmassen auf dem Markt nicht realisiert werden kann, dass also Produktionsprozesse in Produktenwerten resultieren, die größer sind als die zahlungskräftige Nachfrage (d.h. der Bedarf auf dem Markt), deren Gesamtumfang durch eben diese Produktionsprozesse gesetzt ist [vgl. MEW25:254]. Auch hier berührt die Kritik der politischen Ökonomie die psychoanalytische Dimension (Kritik der libidinösen Ökonomie), wenn Marx die Krise als Anamnese nach der Amnesie definiert: «*Hinc* [daher, Anm. BBZN] die Überproduktion: d.h. die plötzliche *Erinnerung* aller dieser notwendigen Momente der auf das Kapital gegründeten Produktion; daher allgemeine Entwertung infolge des Vergessens derselben.» [MEW42:329]. Wer sich für eine fundierte Rekonstruktion der Marschen Krisentheorie interessiert, sei hingewiesen auf das Werk «Krise und Kapitalismus bei Marx» [vgl. Bader1975].

Anm49: «Gespenster, Untote, Wiedergänger»: Leitmotiv des Untergrunds

Als guter Aufklärer scheut Marx vor keinem Gespenst zurück und versucht zugleich damit zu spielen. Im bekannten einleitenden Satz des «Manifest der kommunistischen Partei» wird das *Gespenster-Motiv* gewendet, bzw. negiert: Die handfeste Gegenständlichkeit des Warenfetischs erweist sich als Phantasmagorie; der totgesagte Communismus wird höchst lebendig. «Ein Gespenst geht um in Europa – das Gespenst des Kommunismus.» [MEW4:461]. Diese spezielle Art der «Negation der Negation» macht auch die SI im Schlusssatz der «Adresse an die Revolutionäre Algeriens und aller Länder» scharf: «Die ersten Gesten der einsetzenden revolutionären Epoche konzentrieren in sich einen neuen – offenen oder verborgenen – Inhalt der Kritik an den gegenwärtigen Gesellschaften, so wie neue Kampfformen; wie *Gespenster* erscheinen in ihnen auch die unreduzierbaren Augenblicke der gesamten alten, uneingelöst gebliebenen revolutionären Geschichte wieder. So wird die herrschende Gesellschaft, die so gern mit ihrer permanenten Modernisierung prahlt, auf harte Gegenspieler stoßen, denn sie beginnt endlich selbst damit, ihre eigene modernisierte Negation zu produzieren.» [BE:188/SI2:193f]. Doch auch an anderer Stelle wird das Wiedergängermotiv des gespenstischen «Untoten» von der Kritik der bürgerlichen Subjektivität mittels der Spiegelmetapher behandelt: S. Freud «Das Unheimliche» (1919) [vgl. FGW12]; Derrida «Marx´ Gespenster» [vgl. Derrida1995].

Anm50: Westlicher Marxismus und Communismus: Bezugsfigur Lukács

Der ungarische Philosoph *Georg Lukács* (1885-1971) gilt v.a. durch seine frühe Aufsatzsammlung «Geschichte und Klassenbewußtsein» (1923) als Wegbereiter des sogenannten «Westlichen Marxismus», mit welchem er neben Debord [vgl. Jappe1999:19ff.] u.a. auch die kritische Theorie der «Frankfurter Schule» (Horkheimer, Adorno, Marcuse et al.) nicht unwesentlich beeinflusst hat. Doch insbesondere seine beiden Spätwerke «Die Eigenart des Ästhetischen» (1963) – mit der er eine ernstzunehmende marxistische Ästhetik begründet hat – und das posthum erschienene Hauptwerk (1970) «Zur Ontologie des gesellschaftlichen Seins» – welches v.a. die Begriffe «Arbeit» und «Entfremdung» neu aufgriff – versuchten sein vormaliges «Überhegeln Hegels» (Lukács) zu korrigieren. Die frappierenden Parallelen der zeitgleich entstehenden Theorien des späten Lukács und der SituationistInnen in den 1960er Jahren wurden bisher nur in dem Essay «Die Situationisten, Auftakt zum Westlichen Communismus» von Zwi Schritkopcher aufgezeigt [siehe Schritkopcher1997].

Anm51: Praxis: Alternativstruktur und post-festum-Kriterium menschlichen Handelns

Beim tätigen Handeln allerdings liegt der Mangel an Reflexionsmöglichkeit aber auch im Wesen des Handelns selbst begründet. Denn bei konkreten Alternativentscheidungen, bei denen weder der gesamte Möglichkeitsspielraum des Handelns überblickt werden kann noch alle Bedingungen eingesehen und kontrolliert werden können, stellt es sich immer erst im Nachhinein heraus, ob die getroffenen Entscheidungen richtig waren oder nicht. Dies ist ein weiterer Grund, «Ideologie» nicht im allzu engen Sinne als bloß «falsches Bewusstsein» zu bestimmen.

Anm52: Subjekt oder Objekt?

Subjekte sind die Menschen deshalb, weil die jeweils spezifisch-historische Gesellschaftsform Produkt der Handlungen und des gemeinsamen, wenngleich gesellschaftlich unbewussten Wirkens der Individuen ist. Der Subjektbegriff wird von der SI nicht im überhistorischen Sinne einer anthropologischen Konstante – d.h. eines unveränderlichen menschlichen Wesens – verwendet. Als *bewusste* Subjekte sind die gesellschaftlichen Individuen bisher weitgehend nur *potenzielle* Subjekte. In Bezug auf ein bewusstes gesamtgesellschaftliches Wirken stellen sie keine *wirklichen* Subjekte dar, da keine der bisherigen historisch entwickelten Gesellschaftsformen ein bewusstes Produkt auf der Grundlage freier und bewusster Handlungen gewesen ist, sondern blindes Durchsetzen «gesellschaftlicher Naturgesetze», wie Marx es nennt, deren Objekte die handelnden Subjekte noch immer geblieben sind.

Anm53: Subjektive Reproduktion objektiver Prozesse: Spiegelungen

Wie aufgrund des vorigen Kapitels schon deutlich geworden sein sollte, ist «Widerspiegelung» allerdings nicht in einem photographischen Sinne als unmittelbare Eins-zu-eins-Abbildung zu verstehen, sondern bewegt sich stets in Bezug auf die «sinnlich-praktische Tätigkeit» bei der menschlichen Erkenntnis der Welt, d.h. sie ist als «mimetische Reproduktion» (Lukács; Mimesis: Darstellung, Nachahmung) in Bezug auf die menschliche Praxis und ihre spezifisch menschliche Sinnlichkeit zu betrachten.

Anm54: Die Gleichgültigkeit des Geldes

Die Blindheit drückt sich z.B. darin aus, dass zwei vollkommen verschiedene Sachen mit ein und demselben, quantitativ-abstrakten Maßstab gemessen werden, nämlich dem Geld, und das noch lange, bevor etwa ein moralisches oder sonstiges Urteil ausgesprochen wird. So kann dann – je nach eingenommenem Standpunkt – bspw. saubere Luft als weniger oder als mehr« wert» erscheinen als die Umsatzeinbußen der Industrie infolge von Umweltauflagen. Mittels der Geldform lassen sich hier also die Gesundheit des Einzelnen mit den Interessen der Industrie, also Birnen = Äpfel oder, mit Marx´ Beispiel: Leinwand = Rock, über einen Kamm scheren; vor dem Richterstuhl des Geldes ist alles gleich-gültig.

Anm55: Am Markt muss das Kapital als okkulte Macht erscheinen

In der Zirkulationssphäre, in der Waren gegen Geld und Geld gegen Waren ausgetauscht werden und in der sich Geld in wundersamer Weise zu vermehren scheint, geht der Wert «beständig aus der einen Form in die andre über [...], ohne sich in dieser Bewegung zu verlieren, und verwandelt sich so in ein automatisches Subjekt. Fixiert man die besondren Erscheinungsformen, welche der sich verwertende Wert im Kreislauf seines Lebens abwechselnd annimmt, so erhält man die Erklärungen: Kapital ist Geld, Kapital ist Ware. In der Tat aber wird der Wert hier das Subjekt eines Prozesses, worin er unter dem beständigen Wechsel der Formen von Geld und Ware seine Größe selbst verändert, sich als Mehrwert von sich selbst als ursprünglichem Wert abstößt, sich selbst verwertet. Denn die Bewegung, worin er Mehrwert zusetzt, ist seine eigne Bewegung, seine Verwertung also Selbstverwertung. Er hat die okkulte Qualität erhalten, Wert zu setzen, weil er Wert ist. Er wirft lebendige Junge oder legt wenigstens goldne Eier.» [MEW23:169].

Anm56: Materialistische Religionskritik als Voraussetzung radikaler Gesellschaftskritik

Der Hegel-Schüler *Ludwig Feuerbach* (1804-1872) legte mit «Das Wesen des Christentums» (1841) eine Religionskritik vor, durch welche auch Marx und Engels entscheidend in ihrer «materialistischen Wende» weg von den Junghegelianern beeinflusst wurden. Feuerbach geht über die bis dahin vorliegenden Religionskritiken der Aufklärung (z.B. Diderot, LaMettrie etc.) hinaus, indem er Religion und Theologie nicht mehr einfach auf leere Einbildung, Irrtum und «Priesterbetrug» zurückführt, sondern die Kritik der Religion in einer Anthropologie verankert: «Die Religion ist der Traum des menschlichen Geistes. Aber auch im Traume befinden wir uns nicht im Nichts oder im Himmel, sondern auf der Erde.» [Feuerbach,GWBd.5:22]. In der Religion befreie sich der Mensch von den Schranken der Natur; nur so, dass er sich in der Religion sein Wesen befreit von den individuellen Schranken vorstelle, so dass auf «Gott» die wesentlichen Prädikate (Eigenschaften) der menschlichen Gattung, Vernunft, Unendlichkeit, Liebe, Allgegenwärtigkeit etc. übertragen werden. Die Religion beruhe deshalb notwendigerweise auf dem Unterschied zwischen dem Einzelnen und der Gattung: «Der Mensch – dies ist das Geheimnis der Religion – vergegenständlicht sein Wesen und macht dann wieder sich zum Gegenstand dieses vergegenständlichten, in ein Subjekt, eine Person verwandelten Wesens; er denkt sich, ist sich Gegenstand, aber als Gegenstand eines Gegenstands, eines andern Wesens. So hier. Der Mensch ist ein Gegenstand Gottes.» [Feuerbach,GW Bd.5:75].

Debord zitiert folgende Stelle aus «Das Wesen des Christentums»: «Aber freilich [...] diese Zeit, welche das Bild der Sache, die Kopie dem Original, die Vorstellung der Wirklichkeit, den Schein dem Wesen vorzieht [...]; denn *heilig* ist ihr nur die *Illusion*, *profan* aber die Wahrheit. Ja, die Heiligkeit steigt in ihren Augen in demselben Maße, als die Wahrheit ab- und die Illusion zunimmt, so daß der *höchste Grad der Illusion* für sie auch der *höchste Grad der Heiligkeit* ist.» [Feuerbach,GWBd.5:22-23; vgl. GdS:11].

Marx zufolge bleibt der Hauptmangel der Feuerbachschen Religionskritik, dass sie die sinnlich-menschliche Praxis nicht zugleich auch als gegenständliche gesellschaftliche Praxis (Produktionsweisen) begreift, d.h.: «Soweit Feuerbach Materialist ist, kommt die Geschichte bei ihm nicht vor, und soweit er die Geschichte in Betracht zieht, ist er kein Materialist.» [MEW3:45].

Anm57: «Fordismus» als Hilfsbezeichnung für eine Gestalt kapitalistischer Massenproduktion und Alltagskultur

In den *1920er Jahren* setzte eine *Revolutionierung der Produktionsverhältnisse* ein, die mit dem Namen des US-Automobilfabrikanten Henry Ford verbunden ist und darum von dem italienischen parteikommunistischen Theoretiker Antonio Gramsci als *Fordismus* bezeichnet wurde. Die Grundlage dafür bildet ein Zusammenspiel aus neuen Produktionsweisen, Massenproduktion mit Fließband und extrem hoher Arbeitsteilung (die schon Anfang des 20. Jahrhunderts von Fredrick Winslow Taylor eingeführt und als «wissenschaftliche Betriebsführung» begründet wurde), Betriebspsychologie, Sozialdiensten, Werksärzten, Industriepfarrern, Betriebssport etc., welches insgesamt in den USA als «Human-Relation»-Bewegung bezeichnet wurde. [vgl. Strehle1991:152ff]. Hinzu kam ein neues Konsum- und Freizeitmodell für das Proletariat. Henry Ford entwickelte ein Auto, das auch für «seine» Arbeiter erwerbbar werden sollte, ähnlich wie kurze Zeit später die Nationalsozialisten in Deutschland Ferdinand Porsche den Auftrag für einen «Volkswagen» erteilten. In der sogenannten «Human-Relation»-Forschung wurden Betriebsexperimente zur Leistungssteigerung gemacht, die stark an Tierversuche erinnern. (Weniger bekannt ist die untrennbare Konstitution des Fordismus zum modernen Antisemitismus, der von dem bekennenden Antisemiten Henry Ford selbst in seinem Buch «The International Jew, the World's Foremost Problem» in den 1920er Jahren ausformuliert worden ist und zu hohen Auflagen der dt. Übersetzung «Der ewige Jude» vom NS-antisemitischen Hammer-Verlag bis zum NS-Film 1937 nach Vorlage des Pamphlets führte). «Der Fordismus reicht weiter bis in die Stadtentwicklung: Es entstanden die neuen Vorstädte mit den dominierenden ‹Wohnsilos›. Der hohen betrieblichen Arbeitsteilung entspricht die Funktionsteilung der einzelnen Siedlungszonen: Wohnen, Arbeiten, Erholen» [Strehle1991:154]. Diesen scheinbar auswegslosen Kreislauf des fordistischen Alltags, dessen Rhythmus die Proletarisierten sich unterziehen müssen, brachte ein Slogan im Pariser Mai 1968 auf folgende Formel: «métro – boulot – dodo» (dt.: Métro-Fahren – Malochen – Pennen [genauer: «Heia machen», da «dodo» Babysprache ist]).

Auf staatlicher Ebene geht mit dem Fordismus eine *keynesianische* Wirtschaftspolitik einher. John M. Keynes entwickelte in den 1930er Jahren «eine wirtschaftspolitische Anti-Krisenstrategie mit zentraler Rolle des Staates. Der Staat soll sich zukünftig gezielt anti-zyklisch verhalten und notfalls dafür auch massive Staatshaushaltsdefizite in Kauf nehmen» [Strehle1991:156] (was aber spätestens in den 1970ern an die Grenze der Finanzierbarkeit stieß).

Doch die Revolutionierung der Produktionsverfahren in den 1920er Jahren betraf nicht nur die industrielle Massenproduktion sondern auch die gesamte *Kulturindustrie*. Mit dem Aufkommen neuer Produktions- und Reproduktionstechniken für Bild und Ton wurde die Sphäre der Kunst einer massiven Veränderung unterzogen. Das Kunstwerk wurde seither auf Massenebene reproduzierbar: die Filmkunst entstand, Kino, Fernsehen verbreiteten sich etc. *Kunstwerk* und *Masse* gerieten insgesamt in ein völlig neues Verhältnis, wie Walter Benjamin feststellt. [Vgl. Benjamin1963:14ff, vgl. auch DdA 128ff].

Anm58: «Bourgeoisie» und «Proletariat»: tendenziell nur noch «zwei Lager»

Vgl. auch die von Marx und Engels beschriebene Lagerbildungstendenz im «Manifest der kommunistischen Partei» [MEW4:463] mit Debord 1979 [GdS:304.]. Den Marxschen Lager-Begriff aktualisierte vor allem Michael Mauke in seinem bis heute unübertroffenen Handbuch: «Die Klassentheorie von Marx und Engels» [Mauke1970:103f,173f].

Anm59: Religiöses und spektakuläres «Heiliges»

Schon Marx hat die Religion als «das Opium des Volks» bezeichnet [MEW1:378] – und nicht, wie Generationen von Linken ihrem «Verständnis» kapitaler Vergesellschaftung entsprechend gerne missverstanden, als «Opium *für das* Volk». – Eine weitläufige Kritik des Spektakels als Fortentwicklung des Mythos, der Religion und «des Heiligen» sowie des Opfers in den Klassengesellschaften bis in die Moderne versuchte Raoul Vaneigem in seinem großen Essay «Basisbanalitäten», mit dem die situationistische Theorie des Spektakulären 1962 eröffnet wurde [BE122ff; SI1:285ff, SI2:42ff].

Anm60: Das Integrierte Spektakuläre, «das keine Widerrede duldet»

Ließ sich der Monolog des Spektakels über sich selbst Mitte der 1960er Jahre noch zusammenfassen in der Formel «Was erscheint, ist gut, was gut ist, erscheint» [GdS§12], so übersetzte Debord zehn Jahre später das Selbstgespräch des sich zuerst in Italien herausbildenden Integrierten Spektakels in die Formel: «So ist es.» [GdS:302] Da das integrierte Spektakel sich keinem «system-alternativen» Konkurrenten-Spektakel mehr gegenübersieht, muss es sich nicht mehr selbst lobpreisen; es kann sich als historisch endgültig alternativlos darstellen.

Anm61: Fortschreitende Enteignung von gesellschaftlicher Raum-Zeit

Das Prinzip des spektakulären Urbanismus bei der Gestaltung des städtischen Raumes lässt sich in gewisser Weise auf die Bewegung der Ware Arbeitskraft im globalen Raum übertragen: Im «abstrakten Raum des Marktes» können sich die Waren tendenziell immer freier bewegen (von rudimentär vorhandenen Schutzzöllen abgesehen), während es global betrachtet für die meisten Menschen immer schwieriger, oftmals gar unmöglich (z.B. aufgrund der Verschärfung von Einwanderungsbestimmungen) wird, ihre Wohn- und Arbeitsorte frei zu wählen. Nur auf der Grundlage unmenschlicher Zwangsverhältnisse versuchen die Menschen ihren Überlebensstandort zu ändern, entweder in der Form des Überlebenskampfes als MigrantInnen oder als «flexible Menschen» [vgl. Sennett2000] in ihrer Pseudofreiheit als Ware Arbeitskraft. Im zweiten Falle wählt «die unsichtbare Hand des Marktes» den Standort der Ware Arbeitskraft, während es sich im ersten Falle aus der Sicht des Kapitals und seiner «nationalen Wettbewerbsstaaten» um überflüssige Waren handelt, deren Existenzbedingungen daher auch nicht garantiert werden müssen.

Anm62: Religion, moderne Alltagsreligion, Antisemitismus

Unter kapitalistischer Vergesellschaftung haben traditionelle Religionen im Prinzip einen schweren Stand, da der Kapitalismus tendenziell alle überkommenen, traditionellen gesellschaftlichen Formen gemäß seinen Verwertungsbedürfnissen ummodelt und anpasst, und dazu gehören auch die große menschliche Gemeinschaften regulierenden «großen» Religionen: traditioneller Glaube und Transzendenz spielen eine immer geringere Rolle im Alltagsleben der Menschen. Zugleich bilden sich aber ideologische Formen aus, die der Soziologe Detlev Claussen unter Rückgriff auf Marx und Adorno «Alltagsreligion» nennt. [Vgl. Claussen2000]. Denn trotz der tendenziellen Auflösung religiöser Formen im Kapitalismus bilden sich mit Rassismus, Antisemitismus und Xenophobie Ersatzideologien immer wieder neu, die auch das politische Handeln bestimmen. Claussen z.B. begreift die «Produktion von Antisemitismus im Alltag» zugleich als eine «Verankerung des Antisemitismus im Unbewussten». [Claussen1991:199]. Der *Antisemitismus* bilde den zentralen Bestandteil der Alltagsreligion. Claussen weist darauf hin, dass der Haß auf «den/die Juden/Jüdinnen» dem Menschen «der verdinglichten Welt etwas gibt, woran man sich halten kann» [ebd.:197]. Der Antisemitismus als Alltagsreligion wird damit vom politischen Antisemitismus, der in erster Linie ein Mittel zur Herrschaftssicherung ist, unterschieden. Der Warenfetisch, den Marx als Ideologiebildungsprozess aufgezeigt hat, wird – so Claussen –«im Vorbewußten und Unterbewußten weiter bearbeitet» [ebd.:48], bis am Schluss die europäische Alltagsreligion des Antisemitismus herauskommt, bei der das antisemitische Bewusstsein überall «das Judentum» am Werk sieht, «obwohl es nur der Wert ist, der sich an alles haftet» [ebd.:198].

Schon Horkheimer und Adorno arbeiteten in «Elemente des Antisemitismus» die gesellschaftliche Basis heraus: «Die Verfolgung der Juden, wie Verfolgung überhaupt, ist von der Klassengesellschaft nicht zu trennen. Deren Wesen, wie sehr es sich zu Zeiten verstecke, ist die Gewalt, die heute sich offenbart.» [HorkheimerGS,Bd.5:199, vgl. DdA:178]. Und weiter: «Erst die Blindheit des Antisemitismus, seine Intentionslosigkeit, verleiht der Erklärung, er sei ein Ventil, ihr Maß an Wahrheit.» [Ebd.:200f]. Der politische, manipulatorische Antisemitismus und der alltagsreligiöse werden somit als sich wechselseitig bedingende verstanden, welche im eliminatorischen Antisemitismus münden können. 1952 in Kalifornien stellt Adorno fest: «Die Abhebung des ‹sekundären› , eigentlich schon gar nicht mehr spontanen und darum doppelt unversöhnlichen Antisemitismus vom älteren, noch nicht durchorganisierten ist unbedingt geboten, wenn man nicht dem Grauen von heute allzu harmlose Begriffe entgegensetzen möchte. Die psychologische, ‹beseelende› Auffassung hat selber, gegenüber dem administrativ durchgeführten Mord, etwas von solcher Harmlosigkeit.» [Adorno GS,Bd.20. 1:385]. Gleichwohl schüttete Adorno nie das Kind mit dem Bade aus mit seiner Kritik dieses alles nur «verstehenden» Psychologismus sowie einer bürgerlich angepassten, «neofreudianisch» verpfafften, soziologisch «revidierten Psychoanalyse» [1946, dt.1952; Minima Moralia §§ 36-40]: seine Verteidigung des emanzipatorischen Ansatzes, der revolutionären Methode «der jüdischen Wissenschaft» (Anna Freud) Psychoanalyse verband ihn mit den communistischen VerteidigerInnen der Psychoanalyse um Otto Fenichel. Bahnbrechend war die erste psychoanalytische Tagung zur Analyse des Antisemitismus, die Adorno mit Horkheimer, Fenichel, Ernst Simmel e.a. 1944 in San Francisco organisierte [Simmel1993, mit dem Nachwort von H. Dahmer zur dt. Ausgabe: «Antisemitismus gestern und heute»].

Anm63: Subsumtion der Individuen unter die Arbeitsteilungen nur analytisch sinnvoll, als Fixierung jedoch wieder fetischistisch

Die Frage, welche konkreten Individuen mit welchen Berufen nun eigentlich dem Proletariat angehören und welche nicht, führt allerdings immer wieder im Handumdrehen zu einem blinden Positivismus, der – angesichts der bunten empirisch zu konstatierenden Berufsvielfalt – die Wirkungsmechanismen und gesellschaftlichen Fortschritte des Prozesses der gesamtgesellschaftlichen Arbeitsteilung und seiner Bedingungen (Eigentumsverhältnisse, Kontroll- und Manipulationsmechanismen, Wechsel der Jobs als praktische «Arbeit sans phrase» [MEW 42:38f], Kooperationsfähigkeiten und sonstige objektiven und subjektiven Vermögen etc.) nicht mehr erkennen kann. Orthodoxe MarxistInnen und bürgerliche SoziologInnen sitzen bei dieser Frage – zwar unter umgekehrten Vorzeichen – gleichermaßen der Fetischisierung auf und tragen, so Adorno, zur «Unsichtbarkeit der Klassen in der Versteinerung ihres Verhältnisses» bei [Adorno1975:10] aufgrund der Personifizierung von Sachverhalten und Versachlichung von Personen. Überdies bewog «die verlogene Leugnung der Klassen» im bürokratischen Staatsozialismus «die verantwortlichen Träger der Theorie, den Klassenbegriff selber als Lehrstück zu hüten, ohne ihn weiterzutreiben.» [Adorno1975:11]. Näheres dazu: 🖳Ex.: Mystifikation der Lohnform.

Anm64: Extrem verzerrte Nichtidentität von Sein und Bewusstsein entspricht der proletarischen Lebenssituation

«Es handelt sich nicht darum, was dieser oder jener Proletarier oder selbst das ganze Proletariat als Ziel sich einstweilen *vorstellt*. Es handelt sich darum, was es ist und was es diesem *Sein* gemäß geschichtlich zu tun gezwungen sein wird. Sein Ziel und seine geschichtliche Aktion ist in seiner eignen Lebenssituation wie in der ganzen Organisation der heutigen bürgerlichen Gesellschaft sinnfällig, unwiderruflich vorgezeichnet.» [MEW2:38].

Anm65: Ökonomistische Verkennung der ökonomischen Sphärendialektik und der historischen Reproduktionstotalität

Der umstrittene (s.u.) Linkskommunist Gilles Dauvé beispielsweise hat behauptet, dass die situationistische Kritik ausschließlich der Zirkulationssphäre verhaftet sei. [Vgl. Dauvé2000]. Dagegen ist festzustellen: Hätte die SI nicht direkt an der Marxschen Kritik der kapitalistischen Produktionsweise, des Arbeits- und Verwertungsprozesses angesetzt, so wäre in der Tat keine Weiterentwicklung der Konsum- und Bedürfniskritik hin zu einer revolutionären Subjektivitätstheorie möglich gewesen. Die Kritik Dauvés an der SI-Theorie fällt vielmehr auf ihn selbst zurück: Indem er meint bemängeln zu müssen, dass Debord nicht gezeigt hätte, wie das Spektakel «vom Kapitalismus produziert wird», reißt er selbst die kapitalistische Produktion und die spektakuläre Waren- und Bilderproduktion auseinander, um beide zusammengehörende Momente getrennten Sphären zuzuordnen (Produktion und Zirkulation). Allein aus der Produktionssphäre heraus lässt sich die Dynamik des Kapitals allerdings nicht begreifen; dieser Dynamik vorausgesetzt ist vielmehr immer schon die Einheit von kapitalistischer Produktion, Zirkulation, Distribution und Konsumtion [MEW42: 19-34]. Marx selbst faßt die Zirkulation als die Gesamtheit «des kreisenden Kapitalwertes» [MEW24:155] einschließlich des Produktionsprozesses als Verwertungsprozeß, wie Roman Rosdolsky zeigt [Rosdolsky1968,Bd.II,S.414f,373]. Dauvé kann vor allem selbst keinen Begriff einer *spektakulären Produktionsweise* entwickeln, weil er in seiner ökonomistischen Blindheit gegenüber der kapitalistischen Bilderproduktion diese aktuelle Form der Warenproduktion und Kapitalakkumulation nicht wahrnimmt bzw. sie nicht ernstnimmt. Der ökonomie-bornierte Dualismus eines Dauvé fällt zugleich auch hinter die Marxsche Methode der historischen Analyse von Produktionsweisen als jeweils einer eigengesetzlichen Reproduktionstotalität zurück, in der materiell-ökonomische Momente («ökonomische Basis») und ideelle, institutionelle bis psychomentale Momente («ideologischer und politischer Überbau») [MEW 13:8f] eben kein starres dualistisches Schema darstellen, sondern sich in komplexesten Formen der Wechselbedingung auseinander und zueinander entwickeln, jeweils in einer bestimmten historischen Situation «zum übergreifenden Moment» (Marx) über die anderen Momente werden können. Andernfalls wäre gar keine Revolution, kein Umsturz einer bestimmten Reproduktionstotalität durch die Menschen mit Willen und Bewusstsein möglich. [Vgl. Lukács: «Die Reproduktion» in: OgS2: 203-227, 249-290. Vgl. auch Anm103.]

Umstritten ist Gilles Dauvé deshalb, weil er sich im Umfeld des französischen Revisionismus (Leugnung der Shoah) betätigte; so im Dezember 1978 als Mitautor eines Verteidigungsbriefes für den Revisionisten Robert Faurisson in der Tagezeitung Libération. Dauvé gab mehrere Zeitschriften heraus, deren wesentliche Inhalte in «Tabubrüchen» bestanden. Näheres hierzu findet sich unter: www.amnistia.net/news/articles

Anm66: Die Wert- und Warenform als «das struktive Zentrum» aller Sphären der kapitalistischen Totalität

Erst der sogenannte «Westliche Marxismus», wie etwa Karl Korsch, die Budapester Schule (Lukács, Mészáros, Heller etc.), die kritische Theorie (Horkheimer, Adorno, Marcuse etc.) oder Walter Benjamin erarbeiteten zu diesem Problemkomplex, indem sie wieder direkt von Marx ausgingen, entsprechende Ansätze. Guy Debord entwendete etliche Textstellen aus Lukács´ Aufsatzsammlung «Geschichte und Klassenbewußtsein» und nahm folgende Passage daraus sogar in «Die Gesellschaft des Spektakels» als Präambel des zweiten Kapitels auf: «Denn nur als Universalkategorie des gesamten gesellschaftlichen Seins ist die Ware in ihrer unverfälschten Wesensart begreifbar. Erst in diesem Zusammenhang gewinnt die durch das Warenverhältnis entstandene Verdinglichung eine entscheidende Bedeutung sowohl für die objektive Entwicklung der Gesellschaft wie für das Verhalten der Menschen zu ihr; für das Unterworfenwerden ihres Bewußtseins den Formen, in denen sich diese Verdinglichung ausdrückt [...]. Diese Willenlosigkeit steigert sich noch dadurch, daß mit zunehmender Rationalisierung und Mechanisierung des Arbeitsprozesses die Tätigkeit des Arbeiters immer stärker ihren Tätigkeitscharakter verliert und zu einer *kontemplativen* Haltung wird.» [GdS:29 u. GuK:260,264].

Anm67: Das Proletariat definiert sich als historischer Prozess der doppelten Negation und Destruktion

Schon der frühe Marx vor 1848 begreift das damals historisch durch den massenhaften Pauperismus im Vormärz auch in Deutschland sichtbar gewordene Proletariat (lat. proles: Nachkommen; alere: nähren, aufziehen) als Produkt der bürgerlichen Gesellschaft des Privateigentums an den modernen gesellschaftlichen Produktionsbedingungen: «Es ist die negative Seite des Gegensatzes», und innerhalb des dieses Proletariat bedingenden Gegensatzes der modernen Gesellschaft bilden die «Proletarier die destruktive Partei». [MEW 2:37]. Mit der Herausbildung und Entwicklung der kapitalistischen Gesellschaft ist nach dieser Logik unweigerlich die Herausbildung und Reproduktion einer Gesellschaftsklasse verbunden, in der sich «alle Mängel der Gesellschaft» konzentrieren, einer «Klasse mit radikalen Ketten, einer Klasse der bürgerlichen Gesellschaft, welche keine Klasse der bürgerlichen Gesellschaft ist, eines Standes, welcher die Auflösung aller Stände ist, einer Sphäre, welche einen universellen Charakter durch ihre universellen Leiden besitzt und kein besondres Recht in Anspruch nimmt, weil kein besondres Unrecht, sondern das Unrecht schlechthin an ihr verübt wird, welche nicht mehr auf einen historischen, sondern nur noch auf den menschlichen Titel provozieren kann.» [MEW1:388,390] Das «Unrecht schlechthin» wäre als die Gesamtheit aller Enteignungen und Entfremdungen dieser Klasse und dieser Individuen von ihren Potenzen, Fähigkeiten und Möglichkeiten sowie von seinen Bedürfnissen definiert – sowohl positiv als auch negativ («Etwas fehlt.» – wie Ernst Bloch dieses Negative einmal lakonisch formulierte). Die Auflösung der bürgerlichen und vorbürgerlichen «Werte» wird als Destruktion der historisch herausgebildeten menschlichen Persönlichkeit (in Westeuropa vor allem: «der Renaissancemensch» als Ideal vom «ganzen Menschen») erlebt und empfunden (Klassizismus, Romantik [vgl. MEW42:95f]). Dieser Prozess der «Entmenschlichung» [Adorno1975:22] des Proletariats setzt sich im modernsten Kapitalismus fort, so Debord: «Seine Existenz in der gesteigerten Entfremdung des modernen Kapitalismus dauert unerbittlich fort: dieses Proletariat besteht aus der ungeheuren Mehrzahl der Arbeiter, die jede Macht über die Bestimmung ihres Lebens verloren haben und sich, *sobald sie das wissen*, wieder als Proletariat definieren, als das in der Gesellschaft wirkende Negative.» [GdS§114].

Anm68: Arbeit und Weltmarkt

«Übrigens setzt die Masse von bloßen Arbeitern – massenhafte von Kapital oder von irgendeiner bornierten Befriedigung abgeschnittne Arbeiterkraft – und darum auch der nicht mehr temporäre Verlust dieser Arbeit, die rein prekäre Lage, selbst als einer gesicherten Lebensquelle durch die Conkurrenz den Weltmarkt voraus. Das Proletariat kann also nur weltgeschichtlich existieren, wie der Communismus, seine Actio nur als ‹weltgeschichtliche› Existenz überhaupt vorhanden sein kann; weltgeschichtliche Existenz der Individuen, d.h. Existenz der Individuen, die unmittelbar mit der Weltgeschichte verknüpft ist.» [MEGA Probeband1972:60f; vgl. MEW3:35f].

Anm69: KapitalistInnen als bewusste TrägerInnen der Kapitalbewegung

Ihrer *Möglichkeit* nach *scheint* die Wertsumme des Geldes aber auch schon vorher Kapital zu sein: «*An sich* ist die Geldsumme erst Kapital, d.h. ihrer *Bestimmung* nach, weil sie in einer Weise angewandt, verausgabt werden soll, die ihre *Vergrößerung* zum Zweck hat, weil sie zum Zweck ihrer *Vergrößerung* verausgabt wird. Erscheint dies mit Bezug auf die vorhandne Wert- oder Geldsumme als ihre *Bestim-*

mung, ihr innerer Trieb, Tendenz, so mit Bezug auf den *Kapitalisten*, d.h. Besitzer dieser Geldsumme, in dessen Hand sie diese Funktion untergehen [undergo, d.h. durchmachen, vollziehen; BBZN] soll, als *Absicht, Zweck*.» [MEGAII,4:52]. «Der objektive Inhalt der Geldvermehrung ist subjektiver Zweck des personifizierten, mit Willen und Bewusstsein begabten Kapitals». (Marx)

Anm70: Wissenschaftlich genauer Begriff der Arbeit: die Voraussetzung für die Sprengung des Lohnfetischs und das Begreifen der Mehrwertproduktion.

Hier zeigt sich außerdem, wie entscheidend es ist, Arbeits*kraft*, also die *Möglichkeit* zu arbeiten, von der *Arbeit* selbst, der wirklichen und insofern wirkenden, also der *Verausgabung* der Arbeitskraft im Arbeitsprozess, begrifflich strikt zu unterscheiden.

Anm71: Reproduktionsform «Familie»: bedeutender vorkapitalistischer und kapitalistischer Faktor

Marx stellt die Familie – in ihren verschiedenen historischen Formen und Vorformen – als den primären Ort der menschlichen Reproduktion dar und im Kapitalismus daher auch der *Reproduktion der Ware Arbeitskraft*, und er benennt die Reproduktion der Arbeiterklasse als elementare Bedingung für die Reproduktion des Kapitals: «Die Produktion des Lebens, sowohl des eignen in der Arbeit wie des fremden in der Zeugung, erscheint nun schon sogleich als ein doppeltes Verhältnis – einerseits als natürliches, andrerseits als gesellschaftliches Verhältnis» [MEW3:29]. Wie bei jeder Ware schwankt auch der Preis der Arbeitskraft um ihren Wert. Aus der Bestimmung nun, dass der Wert der Arbeitskraft gleich dem Wert der – auf je unterschiedlichem «historisch und moralisch» erkämpften Niveau (Marx) – zu ihrem Unterhalt notwendigen Lebensmittel sei, ergibt sich folgendes: «Die Summe der zur Produktion der Arbeitskraft notwendigen Lebensmittel schließt also die Lebensmittel der Ersatzmänner ein, d.h. der Kinder der Arbeiter, so daß sich diese Race eigentümlicher Warenbesitzer auf dem Warenmarkte verewigt.» [MEW23:186]. Marx betont des weiteren, dass «das Kapital die für die Konsumtion nötige Familienarbeit usurpiert hat». [MEW23:417,FN]. Damit muss auch die Hausarbeit, wenngleich von Marx nicht weiter berücksichtigt und ausgeführt – wenn auch keineswegs übergangen oder gar abgewertet sondern zunächst lediglich an der Stelle beschrieben, die sie im Kapitalismus nun mal ausfüllt – ein wesentlicher Aspekt der Werttheorie sein. Darauf machen marxistische Feministinnen seit Ende der 1960er immer wieder aufmerksam. Allerdings muss darauf hingewiesen werden, dass dieses Thema innerhalb der feministischen Theorie sehr umstritten ist. Einen sehr guten Überblick hierüber bieten die Artikel im «Historisch-kritischen Wörterbuch des Feminismus» unter den Stichworten «Geschlechterverhältnisse», «Hausarbeitsdebatte», «Hausfrau», «Hausfrauisierung» und «häusliche Produktionsweise» [Haug,Frigga2003]. Siehe auch die Broschüre «Kapitalismus und Hausarbeit» [autonome gruppe 1. mai].

Anm72: «Konstantes» und «variables Kapital»: ökonomiekritische Formeln zur Entfetischisierung von Kapital und Lohnarbeit

«Der Teil des Kapitals also, der sich in Produktionsmittel, d.h. in Rohmaterial, Hilfsstoffe und Arbeitsmittel umsetzt, verändert seine Wertgröße nicht im Produktionsprozeß. Ich nenne ihn daher konstanten Kapitalteil, oder kürzer: konstantes Kapital. Der in Arbeitskraft umgesetzte Teil des Kapitals verändert dagegen seinen Wert im Produktionsprozeß. Er reproduziert sein eignes Äquivalent und einen Überschuß darüber, Mehrwert, der selbst wechseln, größer oder kleiner sein kann. Aus einer konstanten Größe verwandelt sich dieser Teil des Kapitals fortwährend in eine variable. Ich nenne ihn daher variablen Kapitalteil, oder kürzer: variables Kapital. Dieselben Kapitalbestandteile, die sich vom Standpunkt des Arbeitsprozesses als objektive und subjektive Faktoren, als Produktionsmittel und Arbeitskraft unterscheiden, unterscheiden sich vom Standpunkt des Verwertungsprozesses als konstantes Kapital und variables Kapital.» [MEW23:223f].

Anm73: Sind z.B. «Angestellte» auch nur Proletarisierte – oder «was Besseres»?

Die Problematik des Dienstleistungssektors und des «kommerziellen Arbeiters» behandelt Marx in: MEW24:133ff MEW25:303-312, MEW26.1:134,386f. Als kleines Handbuch für die Vielzahl komplizierter Grenz- und Zwischenformen der Klassensegmente innerhalb und außerhalb des gesellschaftlichen Gesamtarbeiters ist nach wie vor am übersichtlichsten (mit Zitaten auch der entlegensten Marx-Stellen) der Klassiker von Michael Mauke: «Die Klassentheorie von Marx und Engels» (1970). Ähnlich verdienstvoll Ulf Kadritzke: «Angestellte, die geduldigen Arbeiter» (1975), der vor allem auch den pseudomarxistischen Humbug von den «neuen Mittelklassen» dekonstruiert. In Band 1 des Historisch-kritischen Wörterbuchs des Marxismus gibt dieser Autor noch einmal eine gute Zusammenfassung der bis heute vernachlässigten Forschung. Für die besonders gebrochene, illusionstreibende Bewusstseinslage der Angestellten im 20. Jahrhundert – vor allem am Beispiel des Berlin um 1930 – leistete der im Dunstkreis der Kritischen Theorie arbeitende Siegfried Kracauer Pionierarbeit: «Die Angestellten. Aus dem neuesten Deutschland» ist die klassische Studie der damals aufblühenden urbanistischen «Angestelltenkultur» an der Schwelle zum NS-Faschismus, die deutlich schon alle kulturindustriellen Wesenszüge der Gesellschaft des Spektakels aufweist.

Anm74: Situationistische Nüchternheit angesichts einer angeblichen oder real existierenden «Arbeiteraristokratie» in den Metropolen des Weltmarkts

«Daß es die Ausplünderung des Planeten dem Kapitalismus in seinem imperialistischen Stadium gestattet, eine große Zahl von besser bezahlten Facharbeitern zu unterhalten, ist eine Feststellung, die, unter einem moralischen Deckmantel, ohne jegliche Tragweite für die Bewertung der revolutionären Politik des Proletariats ist. Auch der letzte ‹spezialisierte Arbeiter› der heutigen französischen oder deutschen Industrie kommt, selbst wenn er ein besonders schlecht behandelter und bedürftiger ‹Gastarbeiter› ist, in den Vorteil der planetarischen Ausbeutung des Jute- oder Kupferproduzenten in den unterentwickelten Ländern und ist nichtsdestoweniger ein Proletarier. Die Facharbeiter, die über mehr Zeit, Geld und Ausbildung verfügen, haben in der Geschichte der Klassenkämpfe mit ihrem Los zufriedene Wähler abgegeben, aber häufig auch extremistische Revolutionäre» [DwS§35].

Anm75: Das Kapital ist kein Ding

Man darf dabei nie vergessen, dass das «Kapital [...] kein *Ding* [ist], so wenig wie Geld ein *Ding* ist. Im Kapital, wie im Geld, stellen sich bestimmte *gesellschaftliche Verhältnisse der Personen als Verhältnisse von Dingen* zu Personen dar, oder erscheinen bestimmte gesellschaftliche Beziehungen *als gesellschaftliche Natureigenschaften* von Dingen.» [MEGAII,4.1:79].

Anm76: «Charaktermasken»

Marx, der gerne aus der klassischen Poesie zitierte und schöpfte, konnte den Begriff «Charaktermaske» bei Jean Paul, aber auch bei Goethe finden, der in «Faust II» auf dem Kostümfest des kaiserlichen Karnevals die Allegorie des Reichtums auftreten lässt: als «vermummter Plutus, Maskenheld», der eine unsichtbare Klassenschranke gegen «das Volk» setzt. Aber auch der Einfluss Hegels zeigt sich deutlich, wenn dieser über die «Selbständigkeit des individuellen Charakters» schreibt: «Masken sind zwar auch bestimmte Charaktere, aber sie zeigen diese Bestimmtheit nur in deren Abstraktion und

Allgemeinheit, ohne subjektive Individualität. Die Charaktere dagegen unserer Stufe sind jeder für sich ein eigentümlicher Charakter, ein Ganzes für sich, ein individuelles Subjekt. Sprechen wir deshalb hier dennoch von Formalismus und Abstraktion des Charakters, so bezieht sich dies nur darauf, daß der Hauptinhalt, die Welt solches Charakters einerseits als beschränkt und dadurch abstrakt, andererseits als zufällig erscheint.» [HW14:199]

Was Hegel hier bereits radikal historisiert: die Bühnen-Welt eines bestimmten Charakters, wird von Marx «umgestülpt» in den funktionalen Charakter einer bestimmten klassengesellschaftlichen Welt, die ihre ProtagonistInnen, AgentInnen, HandlungsträgerInnen von Kindesbeinen an zum ständigen Auftritt auf der dramatischen Bühne der Repräsentation der verschiedenen Klasseninteressen zwingt. Damit kann die soziale Stelle und das Verhalten eines Individuums – das, was dann bei S. Freud, W. Reich und O. Fenichel als sozial entstandener «Charakterpanzer» eines Menschen psychoanalytisch begreifbar und veränderbar wird –, auch auf der Bühne eines «theatrum mundi» (Welt-Theater) anschaulich gemacht werden, wo die Handelnden als SchauspielerInnen mit ihren sozialen Masken, Rollen und Gesten auftreten. Vor allem Bertolt Brecht (1898-1956) – auf den die SI sich an einigen Stellen positiv bezieht – arbeitete an der ästhetischen (sinnlich-erkennbar machenden) Darstellungstechnik eines historisch-materialistisch zu begreifenden «theatrum mundi», durch welche das Zusammenfallen von Charakteren und Klassenindividuen aus der verdinglichten Statik «ewig-menschlicher» Stereotypen befreit werden kann, indem gegenüber den proletarisierten ZuschauerInnen das vertraute Bühnen-Spektakulum in verfremdete, befremdende, zu reflektierende Situationen gewendet wird. Brecht fasst diese Techniken in «Kleines Organon für das Theater» zusammen [vgl. Brecht1964]. Der SI zufolge (1958) hat Brecht «die Zerstörung des Theaterschauspiels sowie Forderungen aufgezeigt, die darüber hinausgehen. Man kann sagen, dass die Konstruktion der Situationen das Theater nur in demselben Sinne ersetzen wird, in dem die wirkliche Konstruktion des Lebens die Religion ersetzt hat. [...] die wirkliche Vollendung des Individuums – auch in dem von den Situationisten entdeckten Kunsterlebnis – kann unmöglich ohne die kollektive Beherrschung der Welt geschehen: vor ihr gibt es noch keine Individuen, sondern nur Gestalten, die mit den Dingen umgehen, die ihnen von den anderen anarchisch gegeben werden. In Zufallssituationen treffen wir getrennte, ziellos herumziehende Individuen.» Diese «erhalten ihre feste Umwelt der Langeweile aufrecht. Wir werden diese Bedingungen zugrunderichten, indem wir das

Brandzeichen *eines höheren Spiels* an einigen Punkten erscheinen lassen. [...] Gegen alle rückläufigen Formen des Spiels, die seine Rückkehr zu einer infantilen, immer einer reaktionären Politik verbundenen Entwicklungsstufe darstellen, müssen wir die Experimentalformen eines revolutionären Spiels behaupten.» [SI1:17; vgl. SI1:180] Ab Marx über Brecht bis zur SI ist somit das Spiel gegen die Charakter-Masken gekehrt worden: die sich im Spiel miteinander befreienden Persönlichkeiten lösen damit das Spectaculum des Welt-Theaters auf.

Ende des 20. Jahrhunderts hat die gesellschaftliche Emanzipationsbewegung schließlich auch in größerem Ausmaß, als historisch dies je zuvor möglich schien, zur radikalen Infragestellung des Charakterpanzers als «Körperpanzer», als im Körperbild «des Geschlechts» (begriffen in seiner gesellschaftsdurchformten Dimension als sozio-kulturelle Geschlechterrolle) verfestigter «gender»-Charaktermasken ausgegriffen und spielerisch-experimentierend die wechselnde, nichtfestzulegende «Performativität des Geschlechts und der Sexualität» auszureizen begonnen. Wenn auch i.d.R. subjektivistisch oder diskurstheoretisch verstellt, greifen die Intentionen von gender-studies, queer-theory und vor allem die ihnen zugrundeliegenden Praxisformen der «transgender-, intersex- etc. awareness»-Bewegung doch direkt schon den ödipalen Kern der Geschlechterrollen-Prägung durch befreiende Aufhebungsversuche der Geschlechterfixierungen an: «Zwangsheterosexualität» und sonstige Charakterpanzer-Normierung der Menschen in der konservativsten und reaktionärsten Institution aller überkommenen Gesellschaftsordnungen: der Familie. Sie wagen damit eine «Kritik der libidinösen Ökonomie», die in ihrer Wechselbedingung auf die politische Ökonomie gar nicht zu überschätzen ist, fordert sie doch praktisch-emotional von dieser persönlichsten, «privatesten» Seite des bürgerlichen Individuums her die radikalste Infragestellung der eigenen gesellschaftlichen «Charaktermaske» heraus und bringt womöglich das eingespielte Rollenspiel der bürgerlichen Gesellschaft durcheinander.

💻Ex.: Die Kategorien «Natur» und «Geschlecht» und die Sprachkritik, 💻Ex.: Das Theorie-Praxis-Verhältnis und die «Konstruktion von Situationen».

Anm77: «Charaktermaske»: nicht persönlich wertend, aber soziales Interesse kennzeichnend

Dass Marx die Charaktermasken nicht moralisch abwertend fasst, sondern als Personifikationen ökonomischer Verhältnisse, stellt er im Vorwort zum «Kapital» klar: «Zur Vermeidung möglicher Mißverständnisse ein Wort. Die Gestalten von Kapitalist und Grundeigentümer zeichne ich keineswegs in rosigem Licht. Aber es handelt sich hier um die Personen nur, soweit sie die Personifikation ökonomischer Kategorien sind, Träger von bestimmten Klassenverhältnissen und Interessen. Weniger als jeder andere kann mein Standpunkt, der die Entwicklung der ökonomischen Gesellschaftsformation als einen naturgeschichtlichen Prozeß auffaßt, den einzelnen verantwortlich machen für Verhältnisse, deren Geschöpf er sozial bleibt, sosehr er sich auch subjektiv über sie erheben mag.» [MEW23:16]. Somit wird auch der Kapitalist als wirkliche, einzelne Person und besondere Persönlichkeit nicht für die allgemeinen ökonomisch-gesellschaftlichen Verhältnisse in Gänze verantwortlich gemacht oder gar angeklagt, sondern als gleichfalls entfremdet begriffen. Allerdings hält ihn diese besondere Entfremdung zusammen mit seinem Klasseninteresse im Bestehenden fest, wohingegen der Entfremdung der Proletarisierten eine diametral verschiedene «Lebenssituation» existenziell und interessenbedingt zugrundeliegt [MEW2:37]. Die Frage der «Schuld» und Mitverantwortung des Einzelmenschen für die sozialen Verhältnisse und ihre Veränderung ist also für die Gattungsexemplare keineswegs suspendiert, aus der Sphäre der Moralität kann keine/r entlassen werden, bloß weil er/sie zugleich ein Klassenexemplar ist.

Anm78: Alles «Menscheln» kann nicht darüber hinwegtäuschen

Denn vor dem Produktionsprozess treten sie sich als Warenbesitzer gegenüber «und haben nur ein *Geldverhältnis* zusammen, *innerhalb* des Produktionsprozesses als personifizierte Funktionäre der Faktoren dieses Prozesses, der Kapitalist als ‹Kapital›, der unmittelbare Produzent als ‹Arbeit›, und ihr Verhältnis ist bestimmt durch die Arbeit als bloßen Faktor des sich selbst verwertenden Kapitals.» [MEGAII,4: 92 u. vgl. 128].

Anm79: Die situationistische Skepsis gegenüber dem Studentenmilieu

Angesichts der spektakulären Glorifizierung der StudentInnen zum angeblichen Subjekt der neuen Revolte zu Beginn der proletarischen Kämpfe in den 1960er Jahren und der ernüchternden Relativierung dieser Zuschreibung am Ende jener Dekade war es für eine moderne Revolutionstheorie das Gebot der Zeit, gerade jene Schicht genauer unter die Lupe zu nehmen und den Dünkel zu desillusionieren. Denn die StudentInnen damals sind nichts anderes als die in Ausbildung sich befindenden potenziellen zukünftigen Führungskräfte.

Anm80: Führungskraft-Habitus und «die feinen Unterschiede»

Wenige Jahre, bevor der französische Soziologie Pierre Bourdieu die Ausdrücke «Distinktionsgewinn», «kulturelles Kapital» und «Habitustheorie» prägte und mit den Ergebnissen seiner sozio-ethnologischen Feldforschung hierzu Furore machen sollte, hat die SI, zwar ohne diese Formeln zu gebrauchen, aber dafür begrifflich mit unvergleichlicher Tiefenschärfe, die schichtspezifischen Abweichungen und Abgrenzungen innerhalb der Proletarisierten als neuentwickelte Massenerscheinung der Verdinglichung (Funktion der Gadgets, «Tokenism», Leitbild der «Führungskraft») herausgearbeitet. Bourdieu verwendete seine soziologischen Begrifflichkeiten wie «Distinktionsgewinn» vor allem in der detaillierten Beschreibung von Formen der Abgrenzung gegenüber anderen zu dem Zweck, daraus einen kulturellen Nutzen zu schlagen, «sei es anhand der direkt am Körper sich abzeichnenden Auswirkungen (Schlankheit, Bräune, sichtbare Muskulatur etc.), sei es aufgrund der damit eröffneten Chancen, in exklusiven Gruppen Fuß zu fassen (Golf, Polo, etc.).» [Bourdieu1987:44]. Von allen Distinktionen vermitteln laut Bourdieu v.a. diejenigen Prestige und Anerkennung, welche am deutlichsten die vermeintliche Stellung in der Sozialstruktur zu erkennen geben, wie z.B. Kleidung, Sprache (Wortwahl, Akzent, Gesten und Körpersprache etc.), Manieren, Geschmack, kulinarische wie ästhetische Kennerschaft, kulturelle Weltläufigkeit etc.

Anm81: Angst vor dem Absturz: kulturindustrielle Bilder vom «Proletariat»

Oberflächlich und begriffslos, aber um so plastischer und lustiger ist dies von Barbara Ehrenreich für die USA der 1980er Jahre beschrieben in ihrem Essay über die nicht zuletzt am laufenden Band durch Hollywood vermittelten Bilder vom «Proletariat» als Sog-Bild des Schreckens und der heimlichen Bewunderung [Ehrenreich1994].

Anm82: Situationistisches Porträt der «Führungskraft» (Auszug)

«Die Führungskraft ist der Konsument ‹par excellence›, das heißt der *Zuschauer* ‹par excellence›. Die Führungskraft steht daher, immer unsicher und immer enttäuscht, im Zentrum des modernen *falschen Bewußtseins* und der gesellschaftlichen Entfremdung. Im Gegensatz zum Bourgeois, zum Arbeiter, zum Leibeigenen, zum Feudalherrn fühlt sich die Führungskraft *nie an ihrem Platz*. Immer strebt sie danach, mehr zu sein als sie ist und als sie sein kann. Sie ist zielstrebig und zugleich voller Zweifel. Sie ist der Mensch des Unbehagens, nie ihrer selbst sicher, was sie jedoch vortäuscht. Sie ist der absolut *abhängige* Mensch, der meint, er müsse die Freiheit selbst fordern, die in ihrem in mäßigem Überfluß vorhandenen Konsum idealisiert wird. Sie ist der Ehrgeizige, der ständig seiner im übrigen erbärmlichen Zukunft zugewendet ist, während sie bereits bezweifelt, ob sie ihren gegenwärtigen Platz gut genug ausfüllt. Es ist kein Zufall [...], daß die Führungskraft immer *ehemaliger Student* ist. Die Führungskraft ist der *Mensch des Mangels*: ihre Droge ist die Ideologie des reinen Spektakels, des Spektakels des *Nichts*.» [DwS§36].

Anm83: Warum das Kapital in Gestalt von «ArbeitgeberInnen» erscheint (realer Schein)

Betrachtet man den gesamten gesellschaftlichen Funktionszusammenhang nüchtern, so ist «der Käufer des Arbeitsvermögens [...] nur die Personifikation von *vergegenständlichter* Arbeit, die einen Teil ihrer selbst in Form von Lebensmitteln an den Arbeiter abgibt, um das *lebendige Arbeitsvermögen* ihrem anderen Teil einzuverleiben und durch diese Einverleibung sich ganz zu erhalten und über ihr ursprüngliches Maß hinaus zu wachsen.» [MEGAII,4.1:78].

Anm84: Der Humanismus der Ware: der Mensch als verdinglichtes Wesen aufgespannt zwischen «freier» Lohnarbeit und «freier Wahl» der «Lebenswelt»

Die beiden Originalsätze, die sich Debord hier von Marx aneignet, lauten folgendermaßen: 1.) «Es versteht sich von selbst, daß die Nationalökonomie den Proletarier, d.h. den, der ohne Kapital und Grundrente, rein von der Arbeit und einer einseitigen, abstrakten Arbeit lebt, nur als Arbeiter betrachtet. Sie kann daher den Satz aufstellen, daß er ebensowohl, wie jedes Pferd, soviel erwerben muß, um arbeiten zu können. Sie betrachtet ihn nicht in seiner arbeitslosen Zeit, als Mensch, sondern überläßt diese Betrachtung der Kriminaljustiz, den Ärzten, der Religion, den statistischen Tabellen, der Politik und dem Bettelvogt.» [MEW40:477]. 2.) «Unter dem Schein einer Anerkennung des Menschen ist also die Nationalökonomie, deren Prinzip die Arbeit [ist], vielmehr nur die konsequente Durchführung der Verleugnung des Menschen, indem er selbst nicht mehr in einer äußerlichen Spannung zu dem äußerlichen Wesen des Privateigentums steht, sondern er selbst dies gespannte Wesen des Privateigentums geworden ist.» [Ebd.:530-531]. Umgekehrt waren die wenigen «marxistischen» Versuche verfehlt, aus der Konsumsphäre die radikale Möglichkeit einer Emanzipation für die LohnarbeiterInnen abzuleiten, die in die «freie Wahl» der individuellen Freizeitgestaltung hineinprojiziert werden kann im Sinne einer Revolutionierung von Kultur-, Alltags- und Lebensstil in der kulturellen Konkurrenz der KonsumentInnen. Eine solche Tendenz scheint uns auch in dem deutschen Klassiker der kulturalistischen linken Scene der ausgehenden 1980erJahre durchzuschlagen: Günther Jacob, «Kapitalismus und Lebenswelt. Theorie des bürgerlichen Individuums bei Marx» [Jacob1986].

💻Ex.: «Armut im Reichtum» und sogenannte Verelendung.

Anm85: In den warenfetischistischen «Passagen» ist die gesellschaftliche GesamtarbeiterIn in die einzelne (Ver-)KäuferIn aufgelöst

Konkret versuchte Walter Benjamin diesen Alltagszustand am aufkommenden Proletariat im kapitalistisch urbanisierten «Paris, Hauptstadt des 19. Jh.» sichtbar zu machen: als «zerstückelten Leib» einer revolutionären Gesellschaftsklasse, die sich in der Individuierung (d.h.: Zerstückelung) in einzelne bürgerliche Käufermonaden in den Einkaufspassagen (heute: Shopping Malls) verliert, bevor diese Klasse es in einer Ausnahmesituation (Krieg 1871) plötzlich schafft, kollektiv zum gesamtgesellschaftlichen bewussten Handeln als produzierendes Subjekt zu erwachen und die Commune zu errichten, bis sie niedergeworfen und erneut in den warenfetischistischen Dämmerschlaf und lohnarbeiterischen Albtraum des individuellen Objektseins zurückgeworfen wird [vgl. Güde1992].

Anm86: Spektakuläre Ersatzrolle des Stars: Verkörperung der «Wahl» von Pseudo-Leben

«Indem er das Bild einer möglichen Rolle in sich konzentriert, konzentriert der Star – d.h. die spektakuläre Darstellung des lebendigen Menschen – diese Banalität. Der Stand eines Stars ist die Spezialisierung des *scheinbaren Erlebten*, ist das Objekt der Identifizierung mit dem seichten, scheinbaren Leben, welches die Zerstückelung der wirklich erlebten Produktionsspezialisierungen aufwiegen soll. Die Stars sind da, um verschiedenerlei Typen von Lebensstilen und Gesellschaftsauffassungen darzustellen, denen es *global* zu wirken freisteht. Sie verkörpern das unzulängliche Resultat der gesellschaftlichen *Arbeit*, indem sie Nebenprodukte dieser Arbeit mimen, die als deren Zweck magisch über sie erhoben werden: die *Macht* und die *Ferien*, die Entscheidung und der Konsum, die am Anfang und am Ende eines unbestrittenen Prozesses stehen. Dort personalisiert sich die Regierungsgewalt zu einem Pseudostar, hier läßt sich der Star des Konsums als Pseudogewalt über das Erleben durch Plebiszit akklamieren. Aber diese Aktivitäten des Stars sind so wenig verschiedenartig wie wirklich global.» [GdS§60].

Anm87: Gesellschaftliche Nichtigkeit und spektakuläre «Hoffnungsmaschinerie» via Bilder

Jedoch: «Im Elend der Aufmerksamkeitsverteilung tritt [...] das Elend der sie konstituierenden Gesellschaft nicht zurück; im Gegenteil, es gipfelt darin.» [Strube2002]

Anm88: Gesellschaftliche Raum-Zeit-Kontrolle: situationistisches Klassenkriterium

Nach Marx ist «Zeit [...] der Raum zu menschlicher Entwicklung. Ein Mensch, der nicht über freie Zeit verfügt, dessen ganze Lebenszeit – abgesehn von rein physischen Unterbrechungen durch Schlaf, Mahlzeiten usw. – von seiner Arbeit für den Kapitalisten verschlungen wird, ist weniger als ein Lasttier. Er ist eine bloße Maschine zur Produktion von fremdem Reichtum, körperlich gebrochen und geistig verroht.» [MEW16:144].

Anm89: Worauf richtet sich «le désir» («der Wunsch» als Begehren, Begierde) und wie drückt er sich aus?

Nach Jacques Lacan (1901-1981), der die Psychoanalyse in eine andere Richtung als die Links-FreudianerInnen entwickelte, ist die Unmöglichkeit, Begehren (frz.: le désir) und Bedürfnisbefriedigung zur Deckung zu bringen, eine anthropologische Konstante. Lacan versucht in seiner Neuinterpretation der Freudschen «Ödipustheorie» diesen Zusammenhang auf den Begriff «Phallus» als «Signifikant des Wunsches» (Lacan; d.h.: das symbolische Zeichen für das Begehren, der sprachliche und/oder bildliche Repräsentant der Begierde) zu zentrieren, auf den, als Symbol, wie er betont, sich beide Geschlechter beziehen. Beide Geschlechter unterliegen schon im Kindesalter, so Lacan (hier S. Freud folgend), dem Kastrationskomplex, wobei er dieses Phantasma für die Mädchen den Beginn («das, was man mir weggenommen hat») und für die Jungen den Ausgang («das, was man mir wegnehmen kann») des ödipalen Konflikts bestimmt. Das «Phallische» ist dabei, so Lacans Deutung, der undefinierbare «Mangel» schlechthin, das, was fehlt, *das* Objekt des Begehrens als leere Abstraktion, eine Leerstelle, die am Ort «des Anderen» ihren Platz einnimmt («ich habe nicht das, was andere haben – bin bestraft worden» bzw. «ich kann dessen beraubt werden, wie andere – kann bestraft werden»). Abgesehen von der sprach- und zeichentheoretischen (semiologischen) Erweiterung des «Ödipus»-Modells (Kind-Mutter-Vater) vom Biopsychisch-Triebtheoretischen ins Gesellschaftlich-Diskurstheoretische (von manchen bezeichnet als «die zweite Revolution der Psychoanalyse») trifft Lacan sicherlich eine historisch-anthropologische

Gattungs-Invariante mit der Feststellung, dass das Zur-Deckung-Bringen von Begehren und Bedürfnisbefriedigung niemals in absoluter Weise zu schaffen ist und dabei immer eine gewisse Differenz bestehenbleibt, auf welche übrigens auch schon Hegel hingewiesen hat. Jedoch ist es prinzipiell möglich, aus dieser Differenz eine vorwärtstreibende Erfahrung zu beziehen, d.h. eine Differenzerfahrung, aufgrund derer in einem positiven Sinne gelernt werden kann, um möglichst unlustvermeidend die Lücke ein Stück kleiner werden zu lassen. Das «Spektakel» jedoch verhüllt die Möglichkeit dieser emanzipatorisch vorwärtstreibenden Differenzerfahrung, indem es die Differenz für seine eigene kompensatorische, bloß momentan «schmerzstillende», surrogathafte Steigerung der Pseudo-Befriedigung (illusorische «Befriedigung», «Verschiebung»), für die spektakuläre Warenproduktion auf höherer Ebene benutzt, und zwar durch die bilderförmige Besetzung dieser Differenzerfahrung. Es verdinglicht «die Plombe» zur ewigen Ware. Debord spricht vom «reicher gewordenen Entzug».

Es muss hier erwähnt werden, dass die SI den (für den späteren Poststrukturalismus besonders bedeutenden) Universitäts-Guru Lacan alles andere als hochschätzte; sie warf ihm 1966 direkt Rekuperation der Freudschen Theorie und ihre Überführung in eine dunkle Sprachphilosophie vom Zuschnitt Martin Heideggers vor [vgl. SI2:220]. «So nimmt Lacan in den Pariser Salons unter Bewunderung aller Schwachköpfe Heideggers Rezept wieder auf [...], mit dem einzigen Motiv, Spiegelfechterei zu betreiben [...], und macht es [...] möglich, die kulturellen Shows [...] des getrennten Denkens zu organisieren, die seit langem vom Denken getrennt, versteinert und tot sind.» [SI2:212]. Als eine um sorgfältiges Verstehen bemühte marxistische Annäherung an die von Freud über Lacan bis zu den Lacan-Schülerinnen der Tel-Quel-Gruppe führende poststrukturalistische Entwicklungsrichtung der Psychoanalyse empfehlen wir die Darstellung von Inge Suchsland: «Julia Kristeva zur Einführung» [Suchsland 1992].

Anm90: Das Spektakel: Analogie zum Traum

Bei S. Freud heißt es: «Der Traum ist der Wächter des Schlafes, nicht sein Störer.» [FGW 2u.3:239]. Der gedeutete «Traumschlaf des Proletariats» gilt Walter Benjamin als Vorbewusstes in einer revolutionären «Theorie des Erwachens». [Vgl. Opitz2000:341ff]. In Benjamins Worten: «Das Kollektiv drückt zunächst seine Lebensbedingungen aus. Sie finden im Traum ihren Ausdruck und im Erwachen ihre Deutung. [...] Das Jetzt der Erkennbarkeit ist der Augenblick des Erwachens.» [BW,Bd.V,1:495f u. 608].

Anm91: Zur Kategorie Möglichkeit: «Dýnamis»

Die Möglichkeit der Wasserlöslichkeit des Zuckers zu verwirklichen hieße, ihn wirklich in Wasser aufzulösen. So gesehen beinhalten alle Gegenstände, Naturgegebenheiten, menschlichen Objektivationen etc. Möglichkeiten, die nicht verwirklicht sind; sie weisen damit über sich selbst hinaus. Objektive Möglichkeiten stehen damit der Wirklichkeit *negativ* gegenüber, eben weil sie *nicht* bzw. *noch nicht* verwirklicht sind.

Die Realität *objektiver Möglichkeiten* zeigt sich gerade in Handlungen. Eine Handlung hat immer den grundlegenden Charakter einer Alternativentscheidung, sonst wäre es keine Handlung sondern ein bloß automatischer Ursache-Wirkungs-Mechanismus oder Reflex. Insofern besteht auch der Charakter der Manipulation darin, die Möglichkeitsspielräume von Handlungen einzuschränken, auf die Alternativentscheidungen einzuwirken, bestimmte Handlungen wahrscheinlicher und andere unwahrscheinlicher zu machen. In der spektakulären Warengesellschaft geschieht dies jedoch in einer Form, in der Alternativentscheidungen als bloße Wahlmöglichkeiten von spektakulären Waren und warenförmigen Spektakeln erscheinen. Die «falsche Wahl» (SI), Pseudo-Alternative oder der «Markt der Möglichkeiten» bestehen dann gemessen an einem – nur erst der Möglichkeit nach – selbstbestimmten Leben darin, in der bestehenden Wirklichkeit keine tatsächliche Wahlmöglichkeit zuzulassen. Die dýnamis (altgriech.: «im Wirklichen angelegte Möglichkeit»; von Aristoteles herausgearbeitete und von Marx permanent geltend gemachte Kategorie) verkümmert damit zur bloßen Utopie – die selbst zum beliebigen Bildersortiment, zu einer Ware wird («unsere Utopie», «linke Utopie», «konkrete Utopie», «das ganz Andere» und dergleichen leere Abstraktionen als Surrogat für Communismus «dynámei», wie Marx das ausdrückte, d.h. für seine *Verwirklichung*). In diesen Schein-Alternativen diesseits des Möglichen besteht eine der grundlegenden Manipulationsweisen der Gesellschaft des Spektakels. Die von Marx begonnene Kritik der politischen Ökonomie, Religion usw. ebenso wie die situationistische Spektakelkritik verstehen sich als dezidiert antiutopisch. Es gilt in jeder Situation die reale Alternative herauszufinden. «Dynámei», d.h. der Möglichkeit nach, ist die richtige Alternativ-Option immer schon in der realen Widersprüchlichkeit angelegt da. [Vgl. grundsätzlich zu «Dýnamis» und «Verwirklichung»: OgS2:31-43]. Demgegenüber stürzt die von Adorno errichtete «paradoxe» Entrückung der Möglichkeit auf den historischen «Standpunkt der Erlösung» durch eine «Philosophie im Angesicht der Verzweiflung», d.h. auf die überhistorische Höhe einer gottgleichen Instanz, zusammen mit der «im Augenblick ihres Sturzes zu rettenden Metaphysik» schlicht ins Religiöse ab; gerettet wird dann nur noch eine Theologie der Verzweiflung, denn sakralisiert wird von Adorno explizit «das ganz Unmögliche, weil es einen Standort voraussetzt, der dem Bannkreis des Daseins, und wäre es auch nur um ein Winziges, entrückt ist» [Adorno1970:333f]. Die von Adorno zwar beschworene historisch-materialistische «negative Theologie» von Walter Benjamin – eine katastrophistische Revolutionstheorie *aus* der historischen Verzweiflung *heraus* – wäre damit aber entschieden hinterschritten. [Zu diesem Problem siehe neuerlich: Adamczak o.J.(2004):74ff].

Anm92: Komplexität der Entfremdungen

Schon innerhalb der gesellschaftlichen Formation des Kapitalismus entwickeln die Entfremdungsformen gewisse Eigendynamiken, die nur noch in einer hochgradig vermittelten Weise mit den Arbeitsprozessen und der gesamtgesellschaftlichen Arbeitsteilung zusammenhängen (ohne allerdings sich vollständig davon zu lösen). Will man gerade diese Eigendynamiken in den Blickpunkt der Kritik nehmen, muss man von jeglichem mechanisch-ökonomischen Reduktionismus Abstand nehmen und gerade auch außerökonomische Momente berücksichtigen. Man denke nur an die Rolle der Familienform, der Traditionen usw. bei der patriarchalen Entfremdung, oder die Rolle der Biologie, des Rechts und der Nationenbildung bei der rassistischen Entfremdung, sowie die Rolle der Religion, der massenhaft paranoiden psychischen Projektionsmechanismen bei der antisemitischen Entfremdung etc. Allen diesen z.T. massenmörderisch-bösartigen Entfremdungsformen ist mit der gängigen linken «moralisierenden Kritik und kritisierenden Moral» (Marx) allein nicht beizukommen. Darauf genauer einzugehen würde allerdings den Rahmen einer Einführung sprengen, die sich zunächst auf die allgemeine Entfremdungskritik der SI beschränken muss. Als uneingeholte Klassiker für die Entwicklung historisch-materialistischer Entfremdungskritik können wir hier nur empfehlen: István Mészáros1970, Margaret Alice Fay 1979 [Der Einfluss von Adam Smith auf Karl Marx´ Theorie der Entfremdung. Eine Rekonstruktion der Ökonomisch-philosophischen Manuskripte aus dem Jahr 1844. Frankfurt, NewYork 1979], Lukács: «Die Entfremdung» [in OgS2:501-730].

Anm93: Zu Charles Fourier

Charles Fourier (1772-1837) entwarf eine vorsozialistisch-utopische Kritik der bürgerlichen Gesellschaft, deren wesentliche Elemente die der Aufhebung des Stadt-Land-Gegensatzes, der untergeordneten Rolle der Frau, der Arbeitsteilung und des Staates sind. Er setzte dabei auf einen dezentralisierten Aufbau des Gemeinwesens in Form von Großkommunen (den Phalanstères mit ca. 500-1800 Personen, die allerdings noch Klassen- und Vermögensunterschiede beibehalten). Herbert Marcuse bemerkt zu Fourier: «Die Umwandlung von Arbeit in Lust ist der zentrale Gedanke von Fouriers gigantischer sozialistischer Utopie. [...] Fourier ist überzeugt, daß diese Verwandlung eine völlige Veränderung der sozialen Einrichtungen voraussetzte: die Verteilung des Sozialprodukts entsprechend dem Bedürfnis, Übertragung von Funktionen entsprechend den individuellen Fähigkeiten und Neigungen, kurze Arbeitszeiten und so weiter.» [Marcuse1995:213f]. Zur Kritik an der utopistisch-okkultistischen Gestalt des fourieristischen Sekten-Bourgeoissozialismus gehört auch die Kritik an seiner aus der Zirkulationsborniertheit der frühsozialistischen Kritik des «Geldsystems» und der bürgerlichen Konkurrenzgesellschaft entspringenden zeittypischen Judophobie. Aber wiederum im Gegensatz zum später auftretenden Proudhon – dessen Judenfeindschaft mit Frauenfeindschaft einhergeht [vgl. SI2:228 u. Anm219] – ist Fourier ein entschiedener «Feminist» gewesen, für den der Emanzipationsgrad der Frau als das untrüglichste Kriterium für den jeweiligen Emanzipationsgrad der ganzen Gesellschaftsformation galt.

Auch wenn sie den Utopismus und die verkürzte, naive Kritik des «Geldsystems» bei Fourier (in welcher der Judenhass haust) immer wieder kritisieren, so weisen sowohl Marx als auch die SI wiederholt auf seine vorwissenschaftlich-antizipatorischen einzigartigen Leistungen hin. Marx verteidigt Fourier energisch gegen die billige Utopismuskritik eines Max Stirner und später eines Eugen Dühring, die das Kind mit dem Bade ausschütten, indem sie den kritischen, realistischen Scharfblick jenes frühen Analytikers der bürgerlichen Widersprüche und ihrer ökonomischen wie libidinösen Aufhebungsmöglichkeiten gleich mit «erledigen» wollen [vgl. MEW2:88,208; MEW3:401,498-502; MEW23:307,471]. Marx setzt sich eingehend mit dem Begriff des «Spiels» in Reflexionsbestimmung zur Arbeit auseinander (travail répulsif / travail attractif) und rettet seinen materialistischen Gehalt [MEW42:512,607]. Die SI stellt Fourier mit ihrer revolutionären Konzeption des Spiel(en)s erneut vom utopischen Kopf auf die modernen Füße und setzt ihm sogar 1969 in einer Aktion während eines Warnstreiks ein gefaketes «Bronze»-Denkmal auf einem Sockel mitten in Paris, «der leergeblieben war, seit die Nazis die erste Fassung weggebracht hatten» – diesmal mit einer Tafel zum Gedächtnis der Barrikadenkämpferinnen vom Mai 1968 [SI2:439f]. Vaneigem fordert als zukünftiges theoretisches Programm, gegen die «Ideologie der Konfusion», zur «Lobrede auf Charles Fourier» auf [SI2:187] und dazu, hinsichtlich der Möglichkeit einer «generalisierten Selbstverwaltung» Fouriers Projekt zu radikalisieren [vgl. BE:297/SI2:412]. Die SI befinde sich, so Vaneigem, «auf der Linie des Protests, die de Sade, Fourier, Lewis Carroll, Lautréamont, den Surrealismus und den Lettrismus (zumindest in seinen am wenigsten bekannten Strömungen, die auch die extremsten wurden) verbindet.» [BE:145/SI2:55]. Und weiter: «Es ist eines der großen Verdienste Fouriers, daß er die Notwendigkeit deutlich gemacht hat, auf der Stelle – und das heißt für uns vom Beginn des generalisierten Aufstands an – die objektiven Bedingungen der individuellen Emanzipation zu verwirklichen. Der Beginn des revolutionären Moments muß für alle eine *sofortige Steigerung der Lebenslust* bedeuten – den bewußt erlebten Eintritt in die Totalität.» [BE:294/SI2:410].

Anm94: «Die menschliche Gattung» – radikal historisch zu begreifen

Um Missverständnissen vorzubeugen, muss an dieser Stelle ausdrücklich betont werden, dass der Mensch als *Gattungswesen* nicht als von den einzelnen Individuen getrenntes oder abstrahiertes Wesen bestehen kann. Es verkörpert sich durch die einzelnen Individuen, so wie die einzelnen Löwen, die Delphine usw. der Gattung Säugetiere angehören. Ansonsten wäre das Gattungswesen in der Tat ein mystisches Konstrukt. Vor allem (und im Gegensatz zu den Tieren) handelt es sich beim Menschen um eine eminent geschichtsmächtige Spezies, die ihre Geschichte (qua Arbeit und zwecksetzender Praxis) selber macht. Der Mensch zeichnet sich – Marx zufolge – im Prinzip durch «die freie bewußte Lebenstätigkeit» aus, sie ist «der Gattungscharakter des Menschen» [MEW40:516]. Dieser ermöglicht es ihm, «seine Lebenstätigkeit selbst zum Gegenstand seines Wollens und seines Bewußtseins» zu machen. Zentraler Ort für die Verwirklichung dieses Gattungswesens des Menschen ist die «Bearbeitung der gegenständlichen Welt, [... die] Produktion ist sein werktätiges Gattungsleben». [MEW40:517]. Der Mensch kann also niemals als Einzelwesen adäquat bestimmt werden, denn sowohl hinsichtlich seiner natürlichen wie seiner sozialen Wesensbestimmung kann er sich immer nur in und aus lebenspraktischen gesellschaftlichen Bezügen der Gattung behaupten und verwirklichen. Die entfremdete Arbeit aber entfremdet dem Menschen die Gattung, indem sie ihm «das Gattungsleben zum Mittel des individuellen Lebens» macht, ihn also aufs Überleben «allein gegen alle» reduziert, indem sie ihm die wesensmäßig in der gesellschaftlichen Arbeit angelegten Möglichkeiten zu einer bewussten, praktischen und solidarischen Selbstverwirklichung als «gesellschaftlichem Individuum» (Marx) nimmt: «Das Leben erscheint nur als *Lebensmittel*.» [MEW40:516]. «Mein Arbeiten *ist nicht* Leben.» [MEW 42:463]

Die SI knüpft direkt an Marx` Begriff des menschlichen Gattungswesens an und spricht ebenfalls von «wirklichen menschlichen Ausdrucksformen», vom menschlichen Wesen, das sich in den Revolten gegen die Entfremdungen des Spektakels zeigt, weil sie ein «Protest des Menschen gegen das unmenschliche Leben» sind, der «auf der Ebene des *einzig wirklichen Individuums* ansetzt, und weil die Gemeinschaft, von der das rebellierende Individuum getrennt ist, die *wirkliche gesellschaftliche Natur* des Menschen, die menschliche Natur ist» [BE183f/SI2:153f].

Anm95: «Zurückweichen der Naturschranke» (Marx) und «der mögliche Gebrauch des beherrschten Sektors der Natur» (SI)

So regeln in immer weniger starkem Maß Naturgegebenheiten und die Zufälligkeiten der Geburt (Geschlechtszuordnung, soziales Milieu) die menschlichen Gesellschaften. War es in den Feudalgesellschaften noch von lebensentscheidender Bedeutung, in welchen gesellschaftlichen Stand man zufällig hineingeboren wurde, so lösen sich im Kapitalismus derartige Pseudo-Naturverhältnisse der Menschen immer mehr auf. Die Gesellschaft «als einen naturgeschichtlichen Prozess» [MEW23:12,16] begreifen und ebenso bewusst beherrschen lernen wie die Gesetzmäßigkeiten der anorganischen und organischen Natur – dies ist in Marx' Ausdrucksweise das Programm der Kritik der politischen Ökonomie. [Vgl. aber bereits MEGA Probeband1972:103; MEW3:70f.]. So auch die SI: «Die Aneignung der Natur durch den Menschen – das ist gerade das Abenteuer, auf das wir uns eingelassen haben. Das ist unbestreitbar; nur darüber und davon ausgehend kann man diskutieren.» [SI2:7/BE:148] Mit dieser Lautréamont-Entwendung leitet die SI 1963 ihre neue Formulierung der Marxschen Klassentheorie nach dem Kriterium der «Kontrolle über die gesellschaftliche Raum-Zeit» ein [ebd. S.18/116].

Anm96: Historische Kartographie der Entfremdung: «Ungleichzeitigkeit» der Entfremdungen

Lukács weist darauf hin, dass «Entfremdung» im Singular nur einen analytisch abstrakten Blick auf die Phänomene der Entfremdung, sozusagen einen Sammelbegriff bezeichnet. Konkret treten *Entfremdungen* stets im Plural, in völlig unterschiedlichen Weisen auf [vgl. OgS2:528]. So tauchen beispielsweise innerhalb der kapitalistisch strukturierten Gesellschaften auch vorkapitalistische Entfremdungsweisen – wenn auch in etwas veränderter Form – immer wieder auf. Marx spricht von «Trümmern und Elementen» vergangener Produktionsweisen, «von denen teils noch unüberwundne Reste sich in ihr fortschleppen» [MEW13:636]. Ihr kulturelles Recyc ling, ihr «Spiel mit den faulen Trümmern» [MEW1:80] wird selbst zur Warenproduktion – so Marx und Debord –, die vielfältige reaktionär-romantische Bedürfnisse befriedigt (aber eben keine «radikalen») [vgl.GdS§62]. «Es ist die Verfaulung der damaligen Welt, die sich selbst genießt.» [MEW1:80].

Anm97: Entwicklung der persönlichen Fähigkeiten hin zur Entfaltung des gesellschaftlichen Individuums

Diese Entwicklung bedeutet gerade nicht die Gleichmacherei eines staatssozialistischen Grau-in-Grau, sondern im Gegenteil die freie Entfaltung heterogener Fähigkeiten, Eigenarten und Vorlieben aufgrund je individueller Bedürfnisse – vor allem aber deren Abwechslungen in wirklich freier Wahl und ein experimentelles Erforschen neuer Bedürfnisse, da bei communistischer Produktion und Verteilung auch für jede/n «die materielle Ausstattung» dafür zur Verfügung steht (die SI spricht von wirklichen «Abenteuern» [vgl. BE:296f/SI2:413f.]). Eine mögliche communistische Revolution kann nur mit der «Entscheidung, den Raum nach den Bedürfnissen der Macht der Arbeiterräte [...] zu rekonstruieren» [GdS§179] beginnen. Schon Marx und Engels machen gegen die deutsche Ideologie ihrer Zeit entschieden geltend, dass «der Communismus, seine Actio nur als ‹weltgeschichtliche› Existenz überhaupt vorhanden sein kann; weltgeschichtliche Existenz der Individuen, d.h. Existenz der Individuen, die unmittelbar mit der Weltgeschichte verknüpft ist.» [MEGA Probeband1972:61] Sobald die revolutionären ProduzentInnen «ihre und aller Gesellschaftsmitglieder Existenzbedingungen unter ihre Kontrolle nehmen», agieren sie nicht mehr als bloße Durchschnittsindividuen ihrer Klasse, einer Zwangsgemeinschaft, sondern als freie Assoziation: an ihr nehmen die Individuen als Individuen Anteil. Es ist eben die Vereinigung der Individuen (innerhalb der Voraussetzung der jetzt entwickelten Produktivkräfte natürlich), die die Bedingungen der freien Entwicklung und Bewegung der Individuen unter ihre Kontrolle gibt [...]. Der Unterschied zwischen persönlichem Individuum und zufälligem Individuum ist keine Begriffsunterscheidung sondern ein historisches Faktum.» [Ebd.102f.; MEW3:70f.].

Anm98: Verhältnis von Sein und Bewusstsein: psychoanalytisch am Individuum zu erkennen als «Ich»-Bildung und «Realitätsprinzip»

Nach Sigmund Freud (in seiner «zweiten Theorie des psychischen Apparats») ist das «Ich» Mittler der Interessen der ganzen Person. Es ist ein Vermittlungsorgan, das zwischen Triebansprüchen (dem «Es»), verinnerlichten gesellschaftlichen Ver- und Geboten (dem «Über-Ich») und dem Realitätsprinzip der Außenwelt auftritt und zugleich als Bewusstseins-Instanz eine relative, wenn auch nicht der ganzen Gesellschaft gegenüber absolute, Autonomie besitzt. (Freuds «erste Theorie des psychischen Apparats» begründete die dialektische Dualität vom «System Unbewusstes» sowie dem Vorbewussten, d.h. Traum, einerseits und dem Bewusstsein andererseits.) Bei der «Verdrängung» ist stets im Auge zu behalten, dass sowohl verbotene oder schon als solche angstmachende Triebwünsche als auch Versagungen, Kränkungen und Traumatisierungen (Verletzungen) zunächst spontan aus dem Ich/Bewusstsein verdrängt werden müssen, um dieses im gesellschaftlichen realen Alltag überlebensfähig zu erhalten. Mehr dazu: 💻Ex.: Die SI und die Psychoanalyse.

Anm99: Psychopathologie des spektakulären Alltagslebens

«Wer passiv sein täglich fremdes Schicksal erleidet, wird daher zu einem Wahnsinn getrieben, der illusorisch auf dieses Schicksal reagiert, indem er sich mit magischen Techniken behilft. Die Anerkennung und der Konsum der Waren stehen im Zentrum dieser Pseudoantwort auf eine Kommunikation ohne Antwort. Das Nachahmungsbedürfnis, das der Konsument empfindet, entspricht genau dem infantilen Bedürfnis, das durch alle Aspekte seiner fundamentalen Enteignung bedingt wird. Nach den Worten, die Gabel [Joseph Gabel: ungarisch-französischer Psychoanalytiker, dessen Buch «Ideologie und Schizophrenie» Anfang der 1960er Jahre erschien, Anm.BBZN] für ein ganz anderes pathologisches Niveau anwendet, ‹kompensiert hier das anomale Bedürfnis, sich zur Schau zu stellen, ein quälendes Gefühl, am Rande des Lebens zu stehen›.» [GdS §219].

Anm100: Der doppelte Genitiv und die Subjekt-Objekt-Dialektik

An der Formel «Kritik des Alltagslebens» (Lefèbvre, SI) fällt auf, dass sie aus einem *doppelten Genitiv* besteht, der den Doppelcharakter dieser kritischen Praxis ausdrückt, nämlich dass die Kritik *am* Alltagsleben zugleich nur eine Kritik *mittels* des alltäglichen Lebens sein kann, als Kritik, «die das alltägliche Leben über all das souverän ausüben würde, was ihm unnütz äußerlich ist.» [BE:102/SI1: 230] (Dieser doppelte Genitiv steht in der Tradition der Kantschen Kritiken, wie z.B. der «Kritik der reinen Vernunft», der «Kritik der Urteilskraft» etc., und so auch der Marxschen «Kritik der politischen Ökonomie», die ebenfalls auf den Doppelcharakter der Kritik weisen. Sogar «die Kritik der Religion» wird auf diese Weise von Marx in Anschlag gebracht als im Keim auch «die Protestation gegen das wirkliche Elend», die im Sinne einer «negativen Theologie» (Walter Benjamin) historisch-materialistisch ernstzunehmen und zu wenden ist. [MEW1:378f]; vgl. auch W. Benjamin: Erste These «Über den Begriff der Geschichte» sowie die Notiz: «Marx hat in der Vorstellung der klassenlosen Gesellschaft die Vorstellung der messianischen Zeit säkularisiert. Und das war gut so.» [BW I,3,S.1231 Archivnr.MS1098v / Benjamin1984:156,167])

Anm101: «Disponible Zeit» versus «Freizeit»

«Denn erstens erscheint dem Menschen die Arbeit, die Lebenstätigkeit, das produktive Leben selbst nur als ein Mittel zur Befriedigung eines Bedürfnisses, des Bedürfnisses der Erhaltung der physischen Existenz. Das produktive Leben ist aber das Gattungsleben. Es ist das Leben erzeugende Leben. In der Art der Lebenstätigkeit liegt der ganze Charakter einer species, ihr Gattungscharakter, und die freie bewußte Tätigkeit ist der Gattungscharakter des Menschen.» [MEW40: 516]. «Es versteht sich zunächst von selbst, daß der Arbeiter seinen ganzen Lebenstag durch nichts ist außer Arbeitskraft, daß daher alle seine disponible Zeit von Natur und Rechts wegen Arbeitszeit ist, also der Selbstverwertung des Kapitals angehört. Zeit zu menschlicher Bildung, zu geistiger Entwicklung, zur Erfüllung sozialer Funktionen, zu geselligem Verkehr, zum freien Spiel der physischen und geistigen Lebenskräfte, selbst die Feierzeit des Sonntags – und wäre es im Lande der Sabbatheiligen – reiner Firlefanz!» [MEW23:280 – Mit dem «Lande der Sabbatheiligen» ist das puritanische England gemeint, wo am Sonntag «eigentlich» strenges Arbeitsverbot herrschte – für die Philister.]. Auch die SI schränkt den Arbeitsbegriff keineswegs auf die kapitalistische Formbestimmtheit der menschlichen Tätigkeit ein [vgl. z.B. BE:149f / SI2:7f].

Anm102: Weshalb die links geläufige Formel von einer «Reproduktionssphäre» Humbug ist

«Von gesellschaftlichem Standpunkt ist also die Arbeiterklasse, auch außerhalb des unmittelbaren Arbeitsprozesses, ebensosehr Zubehör des Kapitals als das tote Arbeitsinstrument. Selbst ihre individuelle Konsumtion ist innerhalb gewisser Grenzen nur ein Moment des Reproduktionsprozesses des Kapitals.» [MEW23:598f; vgl. auch MEGA II,4.1:78ff]. Die SI erfasste diese dialektische Unteilbarkeit der kapitalistischen Reproduktion phänomenologisch treffend hinsichtlich dem Teil des Alltagslebens der Lohnabhängigen, den sie als «die Arbeit am Konsum» oder «die Arbeit an der Freizeit» bezeichnete.

Anm103: «Langeweile» – psychoanalytische Erklärung: anhaltende Ohnmacht in einer angespannten Situation

Der marxistische Psychoanalytiker *Otto Fenichel* (1887-1946) hebt in seinem Text «Zur Psychologie der Langeweile» besonders «die Beziehungen zwischen Langeweile und Einsamkeit» hervor, interessiert sich jedoch auch für die «normale» Langeweile: «Sie tritt ein, wenn man nicht tun darf, was man will, oder wenn man etwas tun muß, was man nicht will.» Den normalen wie den krankhaften Formen der Langeweile liegt jedoch immer die Situation zugrunde: «Etwas Erwartetes tritt nicht ein.» Wobei Fenichel wie andere Psychoanalytiker «die Langeweile überhaupt mit dem Phänomen des Zeitgeizes in Verbindung bringt». [Fenichel1985Bd.I:306ff].

Anm104: Weder als «Freizeitgestaltung» noch als «Humanisierung der Arbeit» kann die kapitalistische Reproduktionstotalität umgestürzt werden

Der Kritik orthodoxer MarxistInnen, die situationistische Kritik ziele lediglich auf die Zirkulationssphäre, den Bereich des Austauschs, des Kaufs und Verkaufs von Arbeitskraft und anderen Waren, ab, wobei diese ökonomistischen KritikerInnen aus der Kritik der Freizeit lediglich gewissermaßen einen Nebenwiderspruch konstruieren, hält die SI entgegen: «Gerade für die Kritik des marxistischen Gedankens einer *Ausdehnung der Freizeit* bringt die Erfahrung der leeren Freizeit im modernen Kapitalismus natürlich eine zutreffende Berichtigung: Es stimmt, daß die vollständige, freie Verfügung über die Zeit zuerst die Umwandlung der Arbeit voraussetzt sowie deren Aneignung zu Zwecken und für Bedingungen, die sich vollkommen von der bislang herrschenden Zwangsarbeit unterscheiden [...]. Diejenigen aber, die von dieser Feststellung ausgehend den ganzen Akzent auf die Notwendigkeit legen, die Arbeit selbst zu verändern, sie zu rationalisieren sowie die Menschen dafür zu interessieren, und dabei die Idee des freien Lebensinhalts vernachlässigen (sagen wir einer materiell ausgerüsteten schöpferischen Macht, die sowohl über die – modifizierte – klassische Arbeitszeit als auch über die Erholungs- und Verfügungszeit hinaus entwickelt werden muß), laufen Gefahr, eine Harmonisierung der aktuellen Produktion, *eine größere Leistungsfähigkeit* zu kaschieren.» [BE: 92/SI1:210]. Vgl. auch Anm65.

Anm105: Frühe situationistische Denunzierung einer «Kolonisierung der Lebenswelt»

«Ich glaube, man kann so weit gehen, diese Ebene des alltäglichen Lebens einen kolonisierten Sektor zu nennen. Man hat auf der Ebene der Weltwirtschaft festgestellt, daß Unterentwicklung und Kolonisierung in Wechselwirkung zueinander stehen. Allem Anschein nach gilt das gleiche auch für die Ebene der wirtschaftlich-sozialen Ordnung und der Praxis.» [BE:100/SI1:228]. Die situationistische Formel des «alltäglichen Lebens als kolonisierter Sektor» ist jedoch nicht reformistisch-kulturalistisch wie später bei Habermas zu verstehen, sondern revolutionär als bewusster Angriff auf die kapitalistische Alltagstotalität.

Anm106: Kritik des Alltagslebens und Alltagsbewusstseins greift nur in der Totalität

Ebenso bestimmt auch Henri Lefèbvre, der einen entscheidenden Einfluss auf die situationistische Kritik des alltäglichen Lebens ausübte, das Verhältnis von Alltag zu den spezialisierteren ideologischen Sphären: «Die höheren differenzierten und hoch spezialisierten Tätigkeiten haben sich immer nur zum Schein vom Alltagsleben getrennt. Das mit ihnen einhergehende Bewusstsein, selbständig zu sein, bezeichnet noch ihre Bindung ans Alltagsleben, das sie nur deshalb direkt oder indirekt kritisieren konnten, weil sie sich über dieses stellten.» [Lefèbvre1974:94].

Anm107: Wiedergewinnung des unverkürzten Marxschen «Ideologie»-Begriffs: als gesellschaftliche Bewusstseins-Funktion

Es muss daran erinnert werden, dass fast nur Lukács anknüpfend an Marx unter *ideologischen Formen* historische ideelle Konfliktformen und eigenständige gesellschaftliche Klassenkampfkomplexe («juristische, politische, religiöse, künstlerische oder philosophische») versteht, «worin sich die Menschen dieses Konflikts bewußt werden und ihn ausfechten.» [MEW13:9; OgS2:397f,490]. Auch wenn sich Debord im Handgemenge mit den Ideologen der Linken immer wieder dazu hinreißen lässt, Ideologie verkürzt lediglich mit *falschem* Bewusstsein gleichzusetzen, so knüpft er im wesentlichen doch genau an die ursprüngliche, weiter gefasste (und nicht einfach moralisierend-abwertende) Bestimmung des Ideologiebegriffs von Marx und Lukács an, wenn er auf die wirkmächtigen Folgen dieser widerspruchsgeladenen Bewusstseinsfunktion für den materiellen Lebensprozess der Gesamtgesellschaft aufmerksam macht: «Die Ideologie ist im konfliktorischen Verlauf der Geschichte die *Grundlage* des Denkens einer Klassengesellschaft. Ideologische Gegebenheiten waren niemals nur bloße Hirngespinste, sondern das entstellte Bewußtsein der Realitäten und als solche reelle Faktoren, die ihrerseits eine reell entstellende Wirkung ausübten». [GdS§212].

Anm108: Theorie als Deutungs- und Übersetzungsarbeit sozialer «Gesten» für bewusste Praxis

Die Aufgabe einer revolutionären Theorie besteht unter anderem darin, die vielseitigen, revoltierenden Gesten zu deuten, ihre zunächst unverständliche, «irrationale» Sprache zu dechiffrieren, eine Geschichte dieser «unterirdischen» (SI) Kämpfe zu schreiben und den in den Praxisformen der Kämpfenden sich ausdrückenden Einzelerfahrungen eine kohärente Sprache zu geben, sie auf den Begriff zu bringen bzw. sie in die Sprache des gesellschaftlichen Selbstbewusstseins und historischen Handelns mit Willen und Bewusstsein zu übersetzen (worauf unten noch genauer einzugehen sein wird).

Anm109: «Die zwei reinen Klassen, zu denen die gesamte Analyse in ‹Das Kapital› hinführt» und das situationistische Postulat «der Klasse des Bewusstseins»

Debord bezieht sich an dieser Stelle wieder auf Lukács, diesmal ohne ihn direkt zu nennen, aber völlig im Geiste von dessen problematischer (weil «überhegelter») These in der Frühschrift «Geschichte und Klassenbewusstsein» (1923). Bei Lukács heißt es: «Bourgeoisie und Proletariat sind die einzigen, reinen Klassen der bürgerlichen Gesellschaft; d.h. nur ihr Dasein und ihre Weiterentwicklung beruht ausschließlich auf der Entwicklung des modernen Produktionsprozesses, und nur von ihren Existenzbedingungen aus ist ein Plan zur Organisation der ganzen Gesellschaft überhaupt *vorstellbar.*» [GuK:233]. 1970 kritisiert der auf seinem «Weg zu Marx» weiter als die meisten «Marxisten» vorangekommene Lukács sowohl den noch geschichtsphilosophisch-«logizistisch» überzogenen Ansatz von «Geschichte und Klassenbewusstsein» als auch die marxistisch-leninistischen «Verheerungen in der Theorie» seit der Stalin-Ära in der angeblich «realsozialistischen» Übergangsformation, in der aber, so Lukács´ Resümee, «die offizielle Theorie der Planung die entscheidenden Momente der Marxschen Theorie der gesellschaftlichen Reproduktion völlig ignoriert. Es entstand in marxistischer Terminologie ein völliger und völlig willkürlicher Subjektivismus», gegen den Lukács erneut die theoretische Selbstaneignungsbewegung durch die Proletarisierten einklagt.

Anm110: Zur «Kritik der Arbeit» und gängigen Mißverständnissen

Moishe Postone und seinen Epigonen ist an dieser Stelle zunächst entschieden Recht zu geben, dass es sich bei der Marxschen «Kritik der politischen Ökonomie» um eine Fundamentalkritik der bürgerlichen Kategorien handelt, welche somit auch die *Arbeit als Zentralkategorie* betrifft; wie auch darin, dass die Marxsche Kritik die «Arbeit» nicht bloß als eine überhistorische Kategorie behandelt [vgl. Postone 2003:112ff]. Zugleich verwerfen sie jedoch – entweder versteckt oder offen – die Marxsche Unterscheidung zwischen der – zwar durch alle Gesellschaftsformen durchgängigen aber sich gleichzeitig historisch vielgestaltig entwickelnden – *menschlichen gattungskonstituierenden Substanz der Arbeit* und der jeweiligen *spezifischen gesellschaftlichen Form* dieser Arbeit. Sie schütten damit das Kind mit dem Bade aus. Die substanzielle Seite der Arbeit, der alle gesellschaftlichen Formen durchziehende «Stoffwechselprozess zwischen Mensch und Natur» [vgl. MEW23:192], wird von den VertreterInnen der kant-marxistischen akademischen Konfusion letztlich selbst als eine statisch-überhistorische Bestimmung angesehen. Sie fallen dabei noch hinter Hegel zurück, da selbst dieser die Kategorie «Substanz» als eine *sich entwickelnde Substanz*, «als die Bewegung des Sichselbstsetzens oder die Vermittlung des Sichanderswerdens» auffasst. [HW3:23]. Jener Stoffwechselprozess verändert sich permanent mit der Entwicklung der Produktivkräfte und kann nur als ein «Zurückweichen der Naturschranke», als ein «Immer-gesellschaftlicher-Werden des Menschen» begriffen werden; er stellt *als dieser Prozess* «in seinen allgemeinen Momenten [...] in der Tat unveränderliche Naturbedingungen der menschlichen Arbeit» dar [MEGA II,4:93; vgl. OgS:532]. Insofern ist nicht nur die akzidenzielle sondern auch die substanzielle Seite der Arbeit als zutiefst historisch zu verstehen; denn das einzige, was von Marx als «unveränderlich» aufgefasst wird, ist die Prozesshaftigkeit, die Historizität selbst. (Es kann also auch keine Rede davon sein, dass Marx´ Arbeitsbegriff inkonsistent oder ambivalent wäre, wie Michael Heinrich meint [vgl. Heinrich 1999:16ff.]). Postone et al. weisen zwar zu Recht darauf hin, dass es für die Überwindung der kapitalistischen Arbeit nicht allein damit getan ist, nur ihre akzidenzielle Seite zu ändern, z.B. die Lohnform abzustreifen und die Besitzverhältnisse zu ändern. Aber indem sie auf der Grundlage ihres offensichtlichen Unverständnisses von Historizität den substanziellen Aspekt des Marxschen Arbeitsbegriffs verwerfen, blenden sie zugleich sein emanzipatorisches Potenzial, Medium menschlicher Subjektwerdung sein zu können, aus. Damit kommen sie zwangsläufig zu einer Art messianistischer Vorstellung, dass die Menschheit von *der Arbeit schlechthin* befreit werden müsse. Dabei lassen sie außer Acht, dass dies eine Neuauflage der These vom «Ende der Geschichte» zur logischen Folge hat, welche Marx z.B. in seiner Hegelkritik schon ausführlich kritisiert hatte [vgl. MEW40:568-588]. Das situationistische Projekt der «Beseitigung» der Form, der «Verdinglichung der menschlichen Arbeit» im doppelten, substanziell befreienden Sinne einer Aufhebung der Arbeit «zugunsten eines neuen Typs freier Tätigkeit» [SI2:8/BE:150], ihre tendenzielle Transformation zum Spiel etc., wird im Echiridion unter 3.5.3 diskutiert. (Weiteres zu dieser Diskussion siehe auch: 💻Ex.: Arbeit und Entfremdung.)

Anm111: «Sekundärer Krankheitsgewinn» – revolutionstheoretische Relevanz eines psychoanalytischen Begriffs

Der psychoanalytische Begriff «Krankheitsgewinn» bezeichnet ganz allgemein «jede direkte oder indirekte Befriedigung, die ein Subjekt aus seiner Krankheit zieht». Der «primäre Krankheitsgewinn» zeichnet sich v.a. durch «Befriedigung im Symptom, Flucht in die Krankheit und vorteilhafte Veränderung der Beziehungen zur Umwelt» aus. Dagegen unterscheidet sich der «sekundäre Krankheitsgewinn» durch «sein nachträgliches Auftreten als zusätzlicher Gewinn oder Ausnützung einer bereits bestehenden Krankheit [... und] die Tatsache, daß es sich eher um narzißtische oder mit der Selbsterhaltung verknüpfte, als um direkte libidinöse Befriedigungen handelt.» [Laplanche/Pontalis1996:274]. Der Terminus «sekundärer Krankheitsgewinn» bezeichnet also das Problem, dass der Kranke zunächst aus seinem Leiden nicht wirklich heraus «will», weil er daraus noch unbewusst einen gewissen «Gewinn» bezieht, z.B. Pflege und Zuwendung zu genießen, Lust aus dem Weheklagen zu ziehen usw., so dass die Therapeutik dieses unbewusste Verharren in der Krankheit nicht bedienen darf («Abstinenzgebot»). [Vgl. Fenichel1997Bd.I:182f]. Revolutionäre PsychoanalytikerInnen – wie der geheime «Fenichel-Kreis» in den 1930/40er Jahren in der Emigration – diskutierten in diesem Zusammenhang vor allem das massenpsychologische Problem, wie die relativ lustvolle Teilnahme großer Teile der Proletarisierten an der Erzeugung und Steigerung ihres eigenen und anderen zugefügten Leidens, ihrer eigenen Selbstverknechtung und wechselseitigen Unterdrückung, Misshandlung, Ermordung usw. in Perioden wie kapitalistischem Krieg und faschistischer Terrorherrschaft, antisemitischer deutscher NS-Vernichtungsmaschinerie, aber auch schon in der normalen bürgerlichen Lohnsklaverei und demokratischen Ohnmächtigkeit der Verwalteten usw., psychisch im Einsatz gegen die eigenen Interessen funktionieren kann. Fast nur die «Kritische Theorie» der Ära Adorno, auch psychoanalytisch denkende RevolutionstheoretikerInnen wie Marcuse, knüpften an diese entscheidende sozialpsychologische Problemstellung an. Auch die von Fenichel intern scharf marxistisch und psychoanalytisch kritisierte, aber doch als bedeutend gewürdigte Studie von Erich Fromm: «Die Furcht vor der Freiheit» (1941) muss hier erwähnt werden. Und die SI zog in ihrer eigenen Wiederaufnahme dieser Fragestellung die Konsequenz: «Die meisten Menschen leben in dem von der Macht kenntnisreich aufrechterhaltenen Schrecken vor dem Erwachen zu sich selbst. [...] Früher oder später muss sich die SI als eine Therapeutik definieren» [SI2:48/BE:139].

Anm112: Zum Interessenbegriff

Laut Agnes Heller spricht Marx in Bezug auf das *revolutionäre* Proletariat an keiner Stelle von «Klasseninteresse» schlechthin, da Interessen entweder immer nur Partikularinteressen sein können und ihren Sinn nur in Bezug auf die egoistische Nutzenkategorie haben oder sich auf eine politische Kampfsituation beziehen. Von *einem revolutionären* Klasseninteresse kann nur dann gesprochen werden, wenn – Marx zufolge – «die Herrschaft des Kapitals [...] für diese Masse eine gemeinsame Situation, gemeinsame Interessen geschaffen [hat]. So ist diese Masse bereits eine Klasse gegenüber dem Kapital, aber noch nicht für sich selbst. In dem Kampf, den wir nur in einigen Phasen gekennzeichnet haben, findet sich diese Masse zusammen, konstituiert sie sich als Klasse für sich selbst. Die Interessen, welche sie verteidigt, werden Klasseninteressen. Aber der Kampf von Klasse gegen Klasse ist ein politischer Kampf.» [MEW4:181]. Sich also auf «*das* Interesse der Arbeiterklasse» zu berufen, kann nur zweierlei bedeuten: sich entweder auf solche bloß politischen Kämpfe zu beziehen, die den Kapitalismus nicht zu überwinden trachten, sondern «(sozial-)partnerschaftlich» nach ihrer Etablierung als Klasse streben (statt nach Selbstaufhebung der Klasse mit der Klassengesellschaft als solcher); oder es handelt sich um eine Projektion der Eigeninteressen der Berufsrevolutionäre auf das revolutionäre Proletariat, quasi ständische, korporativistische Interessen einer Funktionärskaste, die sie als Repräsentation «des Proletariats» institutionalisieren und damit ihre machtpolitischen Interessen zum Vorschein bringen (dahingehend, das Proletariat zur Manövriermasse einer Bürokratie zu machen, die mit den überkommenen Herrschaftsapparaten rivalisiert). [Vgl. Heller1980:62-75]. Auf diese Interessenskala bezog sich die SI wie immer in der Perspektive der Totalität des Lohnsystems und wies damit sarkastisch das Geschäft der FunktionärInnen für mehr Verteilungsgerechtigkeit «im Interesse der arbeitenden Menschen» in seine Schranken: «Der Menschlichkeits- und Unmenschlichkeitsgrad wird nach rein quantitativen Variationen der Passivität gemessen. Überall gleich ist die Qualität: wir sind alle proletarisiert, oder wir haben gute Aussichten, es zu werden. Was tun die traditionellen ‹Revolutionäre›? Sie verkleinern die Stufen so, dass einige Proletarier nicht mehr Proletarier als andere sind. Welche Partei hat das Ende des Proletariats in ihrem Programm?» [SI2:56/BE:147].

Anm113: «Das Proletariat ist revolutionär oder es ist nichts»

Vgl. auch George Sand (1804-1876), die Marx am Ende von «Das Elend der Philosophie» zitierte: «Kampf oder Tod; blutiger Krieg oder das Nichts. So ist die Frage unerbittlich gestellt.» [MEW4: 182]. Dieses «Nichts» meint nicht etwa ein leeres, nihilistisches oder existenzialistisches «Nichts» eines philosophischen Nirwana, sondern bezeichnet ein historisches Nichtsein oder Sein als revolutionäre weltgesellschaftliche Klasse des Bewusstseins.

Anm114: Der historische Prozess des Negativen und seine situationistische Ausdrucksform

«Während die Scheinerben des Marxismus in einer mit Positivität vollgestopften Welt den Teil des Negativen vergaßen und damit zugleich die Dialektik ins Museum brachten, verkündeten die Situationisten die Auferstehung eben dieses Negativen und erkannten die Wirklichkeit eben dieser Dialektik, deren Sprache und deren ‹aufrührerischen Stil› (Debord) sie fanden.» [François Bott, «Les situationistes et l'économie cannibale» zit. n. DwS§6(b)].

Und Andreas Benl stellt in seinem hervorragenden Aufsatz «Eine Situation schaffen, die jede Umkehr unmöglich macht» als Resümee fest, die SI habe «einen der anspruchsvollsten Versuche unternommen, ‹Geschichte mit der Möglichkeit, die stets konkret in ihr sichtbar wird› (Horkheimer), zu konfrontieren». [Benl1999: 77].

Anm115: Partikularistische versus revolutionäre Aneignungsbewegung; Zweck, Grenzen und historischer Funktionswandel von «Gewerkschaften»

Dazu Marx: «Gewerkschaften [...] verfehlen ihren Zweck gänzlich, sobald sie sich darauf beschränken, einen Kleinkrieg gegen die Wirkungen des bestehenden Systems zu führen, statt gleichzeitig zu versuchen, es zu ändern, statt ihre organisierten Kräfte zu gebrauchen als einen Hebel zur schließlichen Befreiung der Arbeiterklasse, das heißt zur endgültigen Abschaffung des Lohnsystems.» [MEW16:152]. So propagiert die SI z.B. 1962 die neuen Korrespondenzen und Dokumentationen in Frankreich, den USA etc. «über den ständigen Widerstand der Arbeiter während der Arbeit (gegen die ganze Organisation dieser Arbeit), über die Entpolitisierung und die Interesselosigkeit gegenüber den Gewerkschaften, die zu Mechanismen der Integration der Arbeiter in die Gesellschaft und zu zusätzlichen Instrumenten im ökonomischen Waffenarsenal des bürokratisierten Kapitalismus geworden sind». [SI1:261/BE:113]

Anm116: Traum, Deutung, Realisierung

Zur Erweckung der im Traumzustand befangenen Potenzen formulierte Marx in einem Brief an Arnold Ruge (1802-1880) eine Art Programm, das schon nahezu den Ansatz der Psychoanalyse vorwegnimmt: «Die Reform des Bewußtseins besteht *nur* darin, daß man die Welt ihr Bewußtsein innewerden läßt, daß man sie aus dem Traum über sich selbst aufweckt, daß man ihre eignen Aktionen ihr *erklärt*. [...] Unser Wahlspruch muß also sein: Reform des Bewußtseins nicht durch Dogmen, sondern durch Analysierung des mystischen, sich selbst unklaren Bewußtseins, trete es nun religiös oder politisch auf. Es wird sich dann zeigen, daß die Welt längst den Traum von einer Sache besitzt, von der sie nur das Bewußtsein besitzen muß, um sie wirklich zu besitzen. Es wird sich zeigen, daß es sich nicht um einen großen Gedankenstrich zwischen Vergangenheit und Zukunft handelt, sondern um die *Vollziehung* der Gedanken der Vergangenheit. Es wird sich endlich zeigen, daß die Menschheit keine *neue* Arbeit beginnt, sondern mit Bewußtsein ihre alte Arbeit zustande bringt.» [MEW1:346]. Die verzerrten, auf dem Kopf gehenden Traumbilder von der Sache und der Arbeit wären dabei nüchtern materialistisch auf ihre realen Gehalte zu bringen, historisch auf die communistischen Füße zu stellen. 1963 legt die SI z.B. den «human touch» der Werbung für neue Büro-Vollautomation mit dem Hinweis analytisch bloß, «wie sehr ein solches Bild [von den ‹idyllischen Maschinen› im Kapitalismus und der absoluten ‹Abschaffung der Arbeit› [aufgrund vollautomatisierter Produktion] einen grundsätzlichen Traum der heutigen Gesellschaft ausdrückt (die herrschenden Träume sind die Träume der herrschenden Klasse) – und zwar die Erwartung eines Punktes in der gesellschaftlichen Entwicklung, an dem die passive Betrachtung der Produktionsmaschinen sich ohne fühlbaren Bruch an die passive Betrachtung der Konsumtionsmaschinen angliedert. Im technisierten Nirwana des reinen passiven Zeitkonsums hätte man nur noch dem Tun zuzusehen – und da nur die Maschinen für dieses ‹Tun› sorgen würden, wäre es für immer das ‹Tun› der Maschinenbesitzer (wobei das Eigentumsrecht – das Recht darauf, zu gebrauchen und zu missbrauchen – immer mehr vor der Macht der kompetenten und paternalistischen Programmierer zurücktreten würde).» [SI2:9/BE:150] Die SI traf damit bereits die verschiedensten heutigen High-Tech-Utopien von einer «Abschaffung der Arbeit» an der bürgerlich-idealistischen Wurzel, welche die Kardinalfrage des privaten Klasseneigentums an den gesellschaftlichen Produktionsmitteln schlicht ersetzen durch die Auskunft, «die mikroelektronische Revolution» habe doch nun endlich das Proletariat zur «obsoleten» Kategorie gemacht, «die Krise des Tauschwerts» an den Rand des apokalyptischen Zusammenbruchs getrieben und damit den Weg für den allgemeinen «produktiven Müßiggang», aus dem Stand, bereitet. Mit dieser – schon zu ihrer Zeit mit jeweils anderen technologischen Erscheinungen argumentierenden – idealistischen Traumtänzerei (z.B. von Paul Lafargue: «Das Recht auf Faulheit» 1848) hatten es weder Marx noch die SI, wenn sie historisch-materialistisch die «Realisierung unserer Träume» postulierten.

Anm117: Das «Proletariat, das sich selbst aufhebt»

Abstrakt gefolgert heißt es schon im «Kommunistischen Manifest»: «Wenn das Proletariat im Kampfe gegen die Bourgeoisie sich notwendig zur Klasse vereint, durch eine Revolution sich zur herrschenden Klasse macht und als herrschende Klasse gewaltsam die alten Produktionsverhältnisse aufhebt, so hebt es mit diesen Produktionsverhältnissen die Existenzbedingungen des Klassengegensatzes, die Klassen überhaupt, und damit seine eigene Herrschaft als Klasse auf.» [MEW4:482].

Anm118: Revolutionäres Organisationsprinzip: weder «Repräsentation» als Bürokratie noch «Anarch» als individualistischer «Einziger»

Schon die erste «Internationale Arbeiter Association» machte in ihren Statuten darauf aufmerksam, dass «die Befreiung der Arbeiterklasse [...] das Werk der Arbeiterklasse selbst sein» muss, und gegenüber der Führungsriege der deutschen Sozialdemokratie grenzten sich Marx und Engels schon im Ansatz energisch gegen jegliche StellvertreterInnenpolitik ab: «Wir können also nicht zusammengehn mit Leuten, die es offen aussprechen, daß die Arbeiter zu ungebildet sind, sich selbst zu befreien, und erst von oben herab befreit werden müssen, durch philanthropische Groß- und Kleinbürger.» [MEW19:165]. Die historische Erfahrung der ArbeiterInnenbewegung bestätigt im Nachhinein die Unbedingtheit kompromissloser, vehementer Zurückweisung hierarchischer Organisationsvorstellungen überhaupt, wie auch die SI feststellt: Die bisherige Geschichte der Klassenkämpfe bestätigt, dass alle Formen und Ideologien der «Befreiung von oben» – auch wenn sie noch so «gut gemeint» sind – letztlich immer nur zu ihrem Gegenteil führten, nämlich zur *Repräsentation*. Das Kriterium einer revolutionären Organisierung könne dagegen nur lauten: «Eine vor der Macht der Räte bestehende revolutionäre Organisation – die im Kampf ihre eigene Form wird finden müssen – weiß bereits aus all diesen geschichtlichen Gründen, daß sie die Klasse *nicht repräsentiert*. Sie muß sich selbst nur als eine radikale Trennung von *der Welt der Trennung* erkennen.» [GdS§119].

Auf der anderen Seite müssten, so die SI, aber auch «die einseitigen Auffassungen Stirners über die Beziehungen des Egoisten zur Organisation, die er je nach Laune wählt und verlässt (obwohl sie einen wahren Kern *dieses Aspektes* der Freiheit enthalten)» zurückgewiesen werden. Organisation wird dadurch zur bloßen «passiven und entwaffneten Schattenorganisation« ohne «selbständige Basis». Sie besteht als Organisation nur, um momentan einen einzigen ‹Egoisten› anzulocken, dessen persönliches Spiel mit Recht den groben Soziozentrismus dieser belanglosen Organisation verachtet (tatsächlich kann das stirnerianische Individuum genau so gut dem reaktionärsten Verein beitreten, um aus ihm seinen persönlichen Vorteil zu ziehen). Aber jede freie Vereinigung – ‹ein Band und keine Macht› –, in der mehrere Individuen auf gemeinsamer Basis zusammenkommen, kann nicht der passive Gegenstand einer einzigen Laune sein. Diejenigen, die weder beurteilen noch befehlen wollen, müssen jeden *von sich weisen*, dessen Verhalten sie verpflichten will.» [SI2:220]. Denn umgekehrt, so die SI, besteht die einzig legitime revolutionäre Verpflichtung in «der nicht-hierarchisierten Organisation eines *gemeinsamen Projekts* [...], das nur durch die Selbstdisziplin der Individuen aufrechterhalten werden kann, die sich selbst in der Kohärenz der Theorien und der Handlungen erproben, durch die jeder den Anspruch erheben kann, alle anderen zu verpflichten.» [a.a.O.]. 💻Ex.: Zu Ritual und Sinn der Ausschlusspraxis der SI.

Anm119: «Cosmonautischer» Internationalismus der SI

Gerade auf das entscheidende Kriterium des internationalen Charakters der proletarischen Kämpfe haben Marx und Engels immer wieder hingewiesen, wie z.B. in den Formulierungen für die «Internationale Arbeiter Association»: «daß die Emanzipation der Arbeiterklasse weder eine lokale, noch eine nationale, sondern eine soziale Aufgabe ist, welche alle Länder umfaßt». [MEW16:14].

Daran lässt auch die SI nie einen Zweifel, so z.B. in ihrer «Adresse an die Revolutionäre Algeriens und aller Länder» (Algier, Juli 1965): «Die kommenden Revolutionen finden nur dann in der Welt Hilfe, wenn sie die Welt in ihrer Totalität in Angriff nehmen.» [BE:187 /SI2:192]. Schon am Ende der KünstlerInnen-Phase der SI (1963) schrieb Uwe Lausen: die Aufhebung jeglichen «Vaterlandes» und jeder darauf fixierten Gemeinschaft «wird allerdings von den Situationisten vertreten, wenn sie sich darum bemühen, mit Stützpunkten des unitären Urbanismus zu experimentieren. Die Entfremdung kann nur dort bekämpft werden, wo man sich selber wiederfinden und bilden kann. [...] Selbstverständlich brauchen wir nicht irgendwie zur Natur zurückzukehren, genauso wie wir kein Vaterland zu verlieren haben und weder die alte Gastfreundschaft noch die naiven Spiele wiederherstellen wollen. Es handelt sich vielmehr darum, die unerlässlichen Lebenssituationen herauszufinden, um sie auf höherer Ebene zu reproduzieren.» [SI2:71] Am Versagen der Linken – in diesem Falle angesichts des bewaffneten Emanzipationskampfes in Algerien um 1962 – wies die SI auf: «Die internationalistische Solidarität – falls sie nicht zu einem Moralismus ultralinker Christen herabgewürdigt wird – kann nur die Solidarität der Revolutionäre beider Länder sein», d.h.: die revolutionäre Initiative gegen die Reaktion *innerhalb* des «eigenen» Landes, anstatt «Volksfront»-Allianzen wieder aufzuwärmen und für archaische «Befreiungsfront»-Gemeinschaften zu schwärmen. Die SI zog 1962 das Fazit: «Keine Gruppe konnte diese Gelegenheit exemplarisch benutzen, indem sie das *maximale Programm* der potentiellen Revolte der kapitalistischen Gesellschaft mit einem maximalen Programm der gegenwärtigen Revolte der Kolonisierten verband.» In ihrem traditionalistischen Minimalismus besiegelte diese Linke bloß «die vollständige Trennung zwischen den Arbeitern Frankreichs und Algeriens, von der man verstehen muss, dass sie nicht räumlich, sondern *zeitlich war*»! [SI1:273f] Das klingt zunächst noch abstrakt aber vernünftig. Schon Marx hatte die Leistung der 1. Internationale als die Fähigkeit konkretisiert, «die Gesamtarbeiterklasse zu einem Bunde zu vereinigen und [...] den herrschenden Klassen und ihren Regierungen die cosmopolitische

Macht des Proletariats fühlbar zu machen» [MEW18:439]. Debord erblickt diese Perspektive darüber hinaus «in der Macht der Räte, die jede andere Macht international ersetzen muss», und in ihrer möglichen historischen «Kraft, die der erlebten Zeit den Raum unterwerfen kann. Die proletarische Revolution ist diese *Kritik der menschlichen Geographie*, durch welche die Individuen und die Gemeinschaften die Landschaften und die Ereignisse konstruieren müssen, die der Aneignung nicht nur mehr ihrer Arbeit, sondern ihrer gesamten Geschichte entsprechen. In diesem bewegten Raum des Spiels und der frei gewählten Variationen der Spielregeln», so Debord, treffen und vollziehen perspektivisch experimentell die Proletarisierten und die RevolutionärInnen an jedem beliebigen Ort der Welt «die Entscheidung, den Raum nach den Bedürfnissen der Macht der Arbeiterräte, der *anti-staatlichen Diktatur des Proletariats*, des vollstreckbaren Dialogs vollständig zu rekonstruieren.» [GdS§§117, 178,179]. Der proletarische Internationalismus der SituationistInnen hat also nie seinen *psychogeographischen* Totalitätsanspruch verlassen. (Vgl. Anm. 150,151,165)

Anm120: Zur Marxschen Metaphorik moderner Theorie-Praxis-Revolution

Die ganze Formulierung von Marx lautet: «Die Waffe der Kritik kann allerdings die Kritik der Waffen nicht ersetzen, die materielle Gewalt muß gestürzt werden durch materielle Gewalt, allein auch die Theorie wird zur materiellen Gewalt, sobald sie die Massen ergreift. Die Theorie ist fähig, die Massen zu ergreifen, sobald sie ad hominem demonstriert, und sie demonstriert ad hominem, sobald sie radikal wird. Radikal sein ist die Sache an der Wurzel fassen. Die Wurzel für den Menschen ist aber der Mensch selbst.» [MEW1: 385] (*ad hominem*: am Menschen konkret und für konkrete menschliche Anschauung fasslich, d.h. sinnlich evident und rational begreiflich zugleich).

Anm121: Strategie und Taktik

Strategie ist eine theoriegeleitete Zweckgebundenheit. Sie verbindet viele konkrete Handlungen miteinander und orientiert sie auf ein bestimmtes, gesetztes Ziel hin. Sie ist ein die einzelnen Handlungen übergreifendes theoriegebundenes, reflektorisches Moment. Das unterscheidet sie von der *Taktik*, welche situativ auf die einzelnen Handlungen beschränkt bleibt. Taktik richtet sich immer nur auf die Verwirklichung kurzfristiger Zwecke in konkreten Situationen, wie z.B. das Reagieren auf tagespolitische Ereignisse. Die Taktik ist eher spielerisch-experimentell und intuitiv bestimmt im Unterschied zur Strategie. Losgelöst von der strategischen Theorie wird Taktik allerdings sehr schnell willkürlich (verselbständigter Taktizismus), weil sich die konkreten Zwecke beständig gemäß den situativen Erfordernissen ändern. Die Heterogenität von Strategie und Taktik, was ihren notwendigen Zusammenhang und zugleich ihre jeweils verschiedene Aufgabe beim revolutionären Handeln in einem bestimmten gesellschaftlichen Seinskomplex (sozusagen als gesellschaftliche «Kriegsführung» auf einem besonderen Terrain) kennzeichnet, «entsprungen aus dem Verhältnis des Teils zum Ganzen, ist die einzige reale Grundlage, um dieses Verhältnis theoretisch wie praktisch richtig zu fassen». [OgS2:253]. In der Totalität des Verhältnisses von Ganzem und Teil sowie seinen immanenten Konfliktlinien erweist sich schnell: Die revolutionäre «Theorie hat effektive Existenz nur durch ihren praktischen Sieg», und – wie die SI zuletzt betonte –: «Die revolutionäre Theorie ist die Domäne der Gefahr, die Domäne der Ungewissheit» weil die moderne communistische Revolution «ein Konflikt von universellen Interessen, die die Totalität der sozialen Praxis betreffen», also ein Komplex einer Art Kriegsführung ist, welcher eine proletarische Kriegs*kunst* und ein Kriegs*wissen* erfordert. «Die Gesetze des Konflikts sind ihre Gesetze, der Krieg ist ihr Weg, und ihre Operationen lassen sich eher mit einer Kunst als mit einer wissenschaftlichen Untersuchung oder einer Bestandsaufnahme guter Absichten vergleichen. Die Theorie der Revolution wird nach diesem einzigen Kriterium beurteilt, dass ihr *Wissen* eine *Macht* werden muss.» [DwS§46]

Anm122: Zum Begriff der «Diktatur»

Im Begriff «Diktat» steckt somit sowohl das Sich-Behaupten und Bestimmen als auch die artistische Seite des Zum-Tanzen-Zwingens, wie schon der junge Marx schreibt, man müsse die «versteinerten Verhältnisse dadurch zum Tanzen zwingen, daß man ihnen ihre eigne Melodie vorsingt!» [MEW1:381].

Diktieren leitet sich vom lateinischen Verb «dico» her, das verschiedene Bedeutungen in sich vereint: 1. a) zeigen, weisen; b) festsetzen, bestimmen; c) ernennen; d) (vor)sagen; e) (rednerisch) verteidigen; f) behaupten; g) (be)nennen h) singen; dichten; i) darstellen; 2. «dicto»: a) beständig sagen; b) vorsagen, diktieren.

Anm123: Bestimmung der revolutionären Klassendiktatur: Durchgangspunkt zur permanenten Umwälzung aller bisherigen Gesellschaftsordnung

In «Die Klassenkämpfe in Frankreich» zog Marx nach den europäischen Revolutionsanläufen von 1848ff., die in den bürgerlichen Revolutionsansätzen steckenblieben, erstmals historisch das Fazit:

Der Communismus oder *revolutionäre* Sozialismus «ist die Permanenzerklärung der Revolution, die Klassendiktatur des Proletariats als notwendiger Durchgangspunkt zur Abschaffung der Klassenunterschiede überhaupt, zur Abschaffung sämtlicher Produktionsverhältnisse, worauf sie beruhen, zur Abschaffung sämtlicher gesellschaftlicher Beziehungen, die diesen Produktionsverhältnissen entsprechen, zur Umwälzung sämtlicher Ideen, die aus diesen gesellschaftlichen Beziehungen hervorgehen.» [MEW7:89f]. Bereits angesichts der Konterrevolution, die 1848 in Deutschland sogar schon die Errichtung einer bürgerlich-demokratischen Macht im Keim ersticken konnte, hatte Marx in «Die Krisis und die Konterrevolution» in der «Neuen Rheinischen Zeitung – Organ der Demokratie» die einfache historische Tatsache festgehalten: «Jeder provisorische Staatszustand nach einer Revolution erfordert eine Diktatur, und zwar eine energische Diktatur.» [MEW5:402]. Die Frage ist nur, welche Gesellschaftsklasse sie ausübt.

Anm124: Mit Marx´ kritischer Methode gegen «den Marxismus» als doktrinäre Ideologie

Wie Maximilien Rubel, Herausgeber und Übersetzer der Marx-Schriften in Frankreich, bezieht sich die SI, sozusagen im Rubelschen Sinne, auf «Marx als Kritiker des Marxismus» und kämpft für bestimmte Begrifflichkeiten, erscheinen sie historisch durch bestimmte «repräsentative» Praxis- und Theorieformen auch noch so sinnentlehrt und bis zur Unkenntlichkeit verzerrt. [Vgl. Rubel 1996].

Anm125: Rätebewegung und Rekuperation: «Räte-Ideologie»

Nach dem Scheitern der proletarischen Kämpfe im Pariser Mai 1968 wurde – wie von der SI schon befürchtet und nun von der Nexialistischen Internationalen (NI) Mitte der 1970er Jahre diagnostiziert – dieses Organisationsprinzip wiederum in verstümmelter Form in das Spektakel integriert und damit zum bloßen romantischen *Bild* der Arbeiterräte: «Die sich anbahnende Epoche ist und wird eine Epoche der Räte sein. Auf spektakuläre Weise. Durch alle Poren. Schon sprechen alle Machthaber, die sich gezwungen sehen, einen höheren Grad an Beteiligung anzugehen, von Gesellschaftsvertrag, Mitbestimmung, Ideenmajorität, Generalversammlungen, geteilter Verantwortung, Delegierten, Komitees aller Art.» [NI1980: 91] Die NI meint, dass durch diesen Rekuperationsprozess, durch alle politischen Fraktionen hindurch, vom despotischen Machthaber bis hin zu den Vertretern des Linksradikalismus, eine *Räteideologie* im Entstehen begriffen sei. «Das Aufkommen der Räteideologie als neue Verwaltungsform der alten Welt ist vor allem – zentral – die Enteignung des ganzen akkumulierten Gedächtnisses des Proletariats von seiner eigenen Geschichte, insbesondere von seiner Erfahrung der Räte und der organisatorischen Möglichkeit des revolutionären Werdens.» [NI1980:93]. Die NI war ein in den 1970er Jahren in Frankreich unternommener Versuch, das Erbe der SI anzutreten, der allerdings kurze Zeit nach seiner Entstehung bereits gescheitert ist.

Anm126: Keine Auseinandersetzung der SI mit dem Operaismus

Der *Operaismus* entwickelte sich als linksradikale Strömung in den 1960er Jahren hauptsächlich in Italien aufgrund der damaligen historischen Vorstellung einer Ablehnung «der» Arbeit (das in der Linken nicht zufällig immer wieder so beliebte Kippen des Marxschen Arbeitsbegriffs, wenn auf zeitbedingte neuerscheinende Massenstimmungen gegen die Lohnarbeit mit Hilfe von simplen Parolen gesetzt werden soll) und aufgrund der Strategie der «Arbeiterautonomie» in den Fabriken. Als erste Annäherung an die Herangehensweise des Operaismus empfehlen wir Balestrini1994; siehe auch: 💻Ex.: Europa vor und nach 1968: Spanien, Frankreich, Italien, England.

Anm127: (Un-)Verhältnis der SI zum NS-Philosophen Heidegger

Im «Brief über den Humanismus» (1946) findet sich die berühmte Äußerung Martin Heideggers (1889-1976): «Die Sprache ist das Haus des Seins. Die Denkenden und Dichtenden sind die Wächter dieser Behausung.» [Heidegger1967:145]. Die SI nennt Heidegger bei ihrem Detournement (siehe Enchiridion) allerdings nicht. An anderer Stelle schreibt sie über diesen tiefen Deutschen sarkastisch: «Heideggers Rezept» der «dunkle[n] Zersplitterung der Sprache» war so erfolgreich, «dass viele Schöngeister nicht glauben wollen, dass ein so tiefer Denker wirklich Nazi gewesen sein kann». [SI2:212].

Anm128: Situationistisches Erbe und Verwerfen der lettristischen «Neo-Kunst»

Bei ihrer Diagnose einer «Dienstverweigerung der Worte» innerhalb der literarischen klassischen Avantgarde ist der Einfluss von Isidore Isou auf die späteren SituationistInnen noch spürbar, wenngleich auch nicht mehr seine Naivität. Der Begründer der lettristischen Bewegung Isou beschrieb die Kritik des poetischen Stils als einen Zersetzungsprozess: Charles Baudelaire (1821-1867) hätte die klassische Erzählung zugunsten der poetischen Form zerstört, Paul Verlaine (1844-1896) die poetische Form zugunsten der einzelnen Verszeile, Arthur Rimbaud (1854-1891) den Vers zugunsten des Wortes, Stéphane Mallarmé (1842-1898) schließlich hätte den Klang betont und das Wort vollendet. Dada hätte den Glauben an das Genie und die Überzeugung zerschmettert; seit Dada hocke die Kunst in einem Komposthaufen. Und nach James Joyce (1882-1941), dessen Romane die Kommunikation selbst in Frage gestellt hätten, war für Isou auch echte Kommunikation unmöglich geworden. Die Wörter hätten sich ihrer Bedeutung entledigt und schwebten frei umher – er wolle daher, erklärte Isou, den Buchstaben vor dem Wort retten und als Zeichen in den Äther entlassen. Es könne sich dann ein neues Alphabet für eine neue Sprache bilden, mit der sich eine neue Welt von Ausdrucksformen gestalten lasse, mit der nun sagbar sei, was noch niemals zuvor gesagt wurde. Wenn neue Geschichten erzählt würden, ließen sich diese auch leben, und so könnte eine völlig neue Welt erschaffen werden. [Vgl. Marcus1996:256ff]. Auch wenn sie die Leistungen der von Isou benannten avantgardistischen Tendenzen in jenem Zersetzungsprozess des poetischen Stils ebenfalls anerkennt, so findet die SI allerdings die geometrische Anordnung der historischen Ereignisse, die Isou vornahm, ziemlich lächerlich [vgl. SI1:142f] und seine vorgeschlagene zukünftige Kunst solipsistisch [vgl. SI1:147f]. (Solipsismus: Standpunkt, der nur das eigene Ich mit seinen Bewusstseinsinhalten als das einzig Wirkliche gelten lässt und alle anderen Ichs mit der gesamten Außenwelt nur als dessen Vorstellung annimmt).

Anm129: Situationistische Analogien zum Komplex «Sprache»: Worte und Beutestücke, Begriffsarbeit und Zwangsarbeit

«Die von der revolutionären Kritik geschmiedeten Worte sind wie die Waffen der Partisanen, die auf dem Schlachtfeld zurückgelassen wurden: sie fallen in die Hände der Konterrevolution; und wie Kriegsgefangene sind sie dem Regime der Zwangsarbeit unterworfen.» [BE:192/SI2:199].

Anm130: Das Schicksal revolutionärer Theoriebildung: erst «Totschweigen», dann «Leichenfleddern»

Ähnliches wie bei der Marxschen Theorie lässt sich heutzutage in Bezug auf die SI-Theorie beobachten, wobei das Ausmaß der Rekuperation ihr gegenüber bei weitem nicht so geschichtsmächtig wurde wie bei der Marxschen Theorie.

Anm131: Situationistische Zweckentfremdungen

«Wir benutzen bestimmte Konzepte, die bereits von den Spezialisten benutzt wurden; dabei geben wir ihnen jedoch einen neuen Inhalt und richten sie gegen die Spezialisierungen.» [BE:193 /SI2: 200].

Anm132: Kunst: heterogene Sphäre ideeller gesellschaftlicher Praxis mit ihren homogenen materiellen Ausdrucksmedien

Im folgenden soll unter «Kunst» die gesellschaftlich relativ eigenständige Sphäre verstanden werden, die die verschiedenen Künste, z.B. Literatur, Musik, Malerei, Bildhauerei, Theater, Kino, aber auch Architektur etc. beinhaltet: die ästhetische Sphäre, die einen eigengesetzlichen «Komplex ideologischer Praxis» im gesellschaftlichen Sein bildet [OgS2:679ff.; 619-622].

Anm133: Die Kirschen der Freiheit schillern begrifflich und hängen theoretisch so hoch wie praktisch

«Freiheit» weist allerdings immer jenen Doppelcharakter auf: a) die – im philosophischen Sinne nicht wertend gemeinte – positive Bestimmung der freien Wahl; d.h. «frei *zu*» irgendetwas zu sein, und b) die – ebenfalls nicht wertend gemeinte – negative Bestimmung, «frei *von*» irgendetwas zu sein. Letztere kann das Freisein von äußeren Zwängen, aber auch von Mitteln, Ressourcen etc. bedeuten. In Bezug auf die Handlungsfreiheit ist insbesondere auf die Dialektik der Freiheit hinzuweisen, die v.a. Hegel immer wieder betonte: Jedweder Versuch, Freiheit zu realisieren, negiert oder mindert Freiheit. Jede Handlung vernichtet die Möglichkeit ihres Anders-sein-Könnens, also die ihr zugrunde liegende Freiheit. Denn mit jeder vollzogenen Entscheidung legt man sich fest. Gleichzeitig können durch Handlungsvollzüge auch neue Handlungsspielräume eröffnet werden, die neue freie Entscheidungen zulassen. Insofern lässt sich «Freiheit» streng genommen nicht substantivieren, sondern muss jeweils konkret im dialektischen Wechselspiel von Position (Setzen, Bestimmen etc.) und Negation (Verneinen, Begrenzen etc.) bestimmt werden. Der Verständlichkeit halber, d.h. mit Konzessionen an die Alltagssprache, wird im Text dennoch «Freiheit» in der Substantivform verwendet. Im Hintergrund ist dabei jedoch immer die Fragestellung zu berücksichtigen, wovon und wofür man eigentlich frei ist. So ist einerseits der bei Marxisten sehr beliebte Satz von der «Freiheit als Einsicht in die Notwendigkeit» (Engels) zu kritisieren, wie Lukács dies forderte [vgl. OgS2: 97-107]. Andererseits ist auch das begrifflich leere und abstrakte Gerede von «der» Freiheit zurückzuweisen, wie es in der anarchistischen Ideologiebildung beliebt ist. Dazu Debord: «Die Anarchisten *haben ein Ideal zu verwirklichen*. Der Anarchismus ist die *noch ideologische* Negation des Staates und der Klassen, d.h. der gesellschaftlichen Bedingungen selbst der abgesonderten Ideologie. Er ist *die Ideologie der reinen Freiheit*, die alles gleichmacht und jede Idee des geschichtlichen Übels beseitigt. [...] Die Anarchisten [...] sind im allgemeinen um so mittelmäßiger, als ihre intellektuelle Tätigkeit hauptsächlich in der Wiederholung einiger endgültiger Wahrheiten besteht. Die ideologische Achtung vor der Einstimmigkeit in der Entscheidung hat vielmehr die unkontrollierte Autorität von *Spezialisten der Freiheit* in der Organisation selbst begünstigt», was sich auf die Beziehungen zum Proletariat und postulierten «Volk» immer wieder als entscheidendes Hemmnis auswirke, nämlich «als Weigerung, den Gegensatz zwischen den Bedingungen einer im derzeitigen Kampf gruppierten Minderheit und denen der Gesellschaft freier Individuen in Betracht zu ziehen».[GdS§§92, 93, 94].

Siehe auch: 💻Ex.: Die situationistische Kritik des Anarchismus.

Anm134: «Dionysisches» und «System Unbewusstes»

Ohne sich unmittelbar auf Friedrich Wilhelm Nietzsche (1844-1900) zu beziehen, knüpfte Sigmund Freud (1856-1939) an dessen Vorstellung in «Die Geburt der Tragödie» (1871) von der Spannung zwischen «der dionysischen Macht» (der kleinasiatische Gott Dionysos war auch unter dem lateinischen Namen «Bacchus» bekannt, die Kulte waren orgiastisch und grausam) und «dem apollinischen Prinzip» der Traumdeutung und künstlerischen Formgebung an: durch den großangelegten psychoanalytischen Versuch einer quasi naturwissenschaftlichen Psychologie der Triebenergetik, des «System Unbewusstes» und «Vorbewusstes» und der rationalen Traumdeutung. In der SI sehen wir als eher «dionysisch» gestimmten Exponenten Raoul Vaneigem mit der Bevorzugung des Traum- und Rauschhaften sowie zerstörerischer Massenimpulse als dem tendenziell übergreifenden Moment der revolutionären Praxis hervortreten, demgegenüber als einen um so strenger «apollinisch» artikulierenden Exponenten Guy Debord: hier kommt die sublimierende, organisierende, die sozialen Triebkräfte auf den Begriff bringende Einheit von «Ratio, Rausch, Revolution» wiederholt zum Ausdruck in der Hegelschen Spannung zwischen einem «bacchantischen Taumel der Begriffe» [HW3:46] und der apollinischen «Arbeit des Begriffs», das z.B. die letzte SI-Revue im Rückblick auf den Mai 1968 so in Anschlag bringt: «Damals konnte man in diesem ‹bacchantischen Taumel› der Wahrheit, ‹an dem kein Glied nicht trunken ist› (Hegel), sehen, wie Massen – bereits Massen – durch die Entdeckung der Ware und des Spektakels als Wirklichkeiten des *zu zerstörenden* Pseudo-Lebens berauscht waren» [SI2:380].

Anm135: Musealisierung als Sinngebung im Absterben der Kunst

So Debord: «In dieser Epoche der Museen, in der es keine künstlerische Kommunikation mehr geben kann, sind alle vergangenen Momente der Kunst gleichermaßen zugelassen, denn bei dem heutigen Verlust *aller* Kommunikationsbedingungen leidet kein Moment der Kunst mehr unter dem Verlust seiner besonderen Kommunikationsbedingungen.» [GdS§189].

Anm136: Sakrale Verselbstzweckung im Mausoleum der Kunst

Ähnlich diagnostiziert Benjamin diesen Prozess: Mit dem Aufkommen neuer Reproduktionsmittel, wie z.B. der Photographie, aber auch aufgrund des Hervortretens der Klassenkämpfe, spürte die Kunst das Nahen einer Krise. Als diese «unverkennbar geworden ist, reagierte sie mit der Lehre vom l'art pour l'art, die eine Theologie der Kunst ist». [Benjamin1963:17]. Mit der Entwicklung zu ihrer relativen Selbständigkeit entstand «die Idee einer ‹reinen› Kunst [...], die nicht nur jede soziale Funktion sondern auch jede Bestimmung durch einen gegenständlichen Vorwurf ablehnt.» [Ebd.].

Anm137: Dada und danach

In seinem Pamphlet «Deutschland muß untergehen!» beantwortet der Dadaist Richard Huelsenbeck die Frage «Was ist die deutsche Kultur?» mit: «Dreck».[Vgl. Huelsenbeck1984]. Angesichts der «Schlächtereien des Weltkrieges» wollte Dada die verlogenen und scheinheiligen Werte und Ideale der bürgerlichen Gesellschaft enttarnen und zerstören. «Alles, was mit Geist, Kultur und Innerlichkeit zusammenhing, sollte nach Huelsenbeck ‹gegen angemessene Preise› auf den Veranstaltungen ‹abgeschlachtet› werden.» [Bergius1989:312].

Auf seinem Fotoportrait bei einer Ausstellung ließ George Grosz folgende Sätze montieren: «Dada ist die willentliche Zersetzung der bürgerlichen Begriffswelt» und «Dada steht auf Seiten des revolutionären Proletariats» [zit. n. Bergius:361].

Der französische Avantgardekünstler Marcel Duchamp, im Kunstmodernismus epochemachender Einzelgänger, der sich eher in der Nähe des Surrealismus bewegte, zeigte dann als Kunstwerke gewöhnliche kommerzielle Produkte, solche, wie man sie in jedem Kaufhaus bekommt, z.B. ein Flaschenregal und eine Pissoirschüssel, was er als ästhetisierte Objekte einer Rezeptionstotalität kurzerhand «ready-mades» nannte. Ein Ready-made kann man als einen einfachen industriellen Gebrauchsgegenstand bezeichnen, der aus seiner ursprünglichen Umgebung herausgenommen und zum Kunstobjekt erklärt wurde.

Anm138. Die kapitalistische Kulturreproduktion in der Rekuperationstotalität: Produktivkräfte als Destruktivkräfte

«Der Kapitalismus erfindet neue Kampfformen – Marktplanung, Erweiterung des Distributionssektors, faschistische Regierungen –, stützt sich auf die entarteten Arbeiterführungen und vertuscht durch verschiedene reformistische Taktiken die Klassengegensätze. [...] In der Kultur [...] laufen die teilweise Annektierung der neuen Werte und die absichtlich anti-kulturelle Produktion mit den Mitteln der Großindustrie (Roman, Film), eine natürliche Folge der Verdummung der Jugend in Schule und Familie, als konfusionistische, konterrevolutionäre Verfahren parallel. Die herrschende Ideologie organisiert die Banalisierung der subversiven Entdeckungen und verbreitet sie im Überfluß, nachdem sie sie sterilisiert hat. Ihr gelingt es sogar, die subversiven Individuen zu benutzen: durch Verfälschung ihrer Werke, wenn sie tot sind, und schon zu Lebzeiten durch die gesamte ideologische Konfusion, indem sie sie mit einer ihrer mystischen Lehren, mit denen sie Handel treibt, wie mit einer Droge narkotisiert.» [BE:28f].

Anm139: Antisemitische Hirngespinste werden im kapitalistischen Alltagsleben gesponnen

Bilder, Phantasmata und Stereotypen vom «Juden» als «Shylock» (Shakespeare-Figur eines erpresserischen Geldverleihers), Geldmenschen, Blutsauger, Kinderschächter etc. und «den Juden» bzw. «dem Judentum» als undurchschaubarer, allesbesitzender Weltverschwörungsmacht sind der Möglichkeit nach in den Strukturen und dem Mechanismus der kapitalistischen Produktion, Zirkulation, Gesamtreproduktion und ihren Fetischgestalten strukturell angelegt (das Kapital saugt die lebendige Arbeit aus, usw.: kein Hirngespinst, sondern tatsächliche Spindel für verdrehte Hirne). Verrückte, geschlossene und besessene Welterklärungsantworten auf die Frage «Wer ist an meinem, unserem Unglück schuld?» entspringen als «Alltagsreligion» gerade bei den Lohnabhängigen permanent der Ranküne und den «Furien der Privatinteressen»

(Marx), der bürgerlichen und proletarischen Konkurrenz, ihrer Rankiüne und Ressentiments, die dann leicht gegen Juden als historische Sündenböcke in der bürgerlichen Geschichte Europas gerichtet werden können. Wer den Antisemitismus bekämpfen will, aber über den Kapitalismus und die mit ihm zusammenhängende Konstitution der Subjekte nicht sprechen mag, wird diesen Subjekten gegenüber lediglich zum Moralisieren verdammt sein und letzten Endes dazu, sie ohne und mit bürgerlicher Gewalt «zivilisierend» zu züchtigen und fortgesetzt zu unterdrücken, d.h. endgültig als Objekte zu behandeln. Damit kann die gesellschaftliche Wurzel des Antisemitismus nicht erfasst und schon gar nicht beseitigt werden, denn diese besteht in den Produktionsverhältnissen der bürgerlichen (aber auch aller vormodernen) Produktionsweise. Ohne Selbsterziehung der produzierenden Gesellschaftsklasse zum bewussten Subjekt ist der wechselseitige Bedingungszusammenhang von Kapitalismus und Antisemitismus nicht aufhebbar. Diese Bewusstseinsarbeit muss zugleich an der Bedürfnisstruktur der vom Kapital ausgebeuteten und lohnabhängigen Subjekte ansetzen. Die klassischen linksfreudianischen, communistischen Psychoanalytiker Wilhelm Reich und Otto Fenichel etwa leisteten in den 1930er und 1940er Jahren Pionierarbeit für den Aufweis libidinöser Motive und unterdrückter Massenbedürfnisse bei der Entstehung und Funktionalisierung abgespaltener psychischer Selbsthass- und Triebbefriedigungsprojektionen auf «die Juden», vor allem in Deutschland. [Siehe: Simmel1993; vgl. auch Adorno/Horkheimer1992:177-217]. Dass die rationale Erklärungsarbeit und Analyse nicht aus der Moralität, d.h. von Schuld der als mündig zu behandelnden Subjekte und von der Sühne der Täter entbindet, ist in der Dialektik der «Aufklärung» eingeschlossen: historisches und individuelles Verstehen heißt nicht Verzeihen, historisch-moralisches Sühnen heißt nicht Versöhnung. «Verzeihen» und «Versöhnung» sind religiöse Kategorien, sie fallen letztlich aus der gesellschaftlichen Sphäre der Moralität heraus, wie schon Hegel schlüssig zeigt [vgl. HW3:464,492ff.].

Anm140: Futurismus: Konterrevolution ästhetisch

Futurismus: kunst-avantgardistische Strömung im Ausgang des Ersten Weltkrieges, die sich eng mit dem italienischen Faschismus verband und die «Ästhetisierung der Politik» (Benjamin) am weitesten vorantrieb, so in der Feier der «Schönheit des Krieges» (z.B. Marinetti). Es gab aber auch eine russische, politisch entgegengesetzte Richtung, die mit der Kulturrevolution der frühen Sowjetunion in Verbindung stand (z.B. der Dichter Majakowski, der angesichts der Durchsetzung der stalinistischen Konterrevolution in den Freitod ging). Beide Varianten berauschten sich an den technologischen Modernisierungsschüben und militarisierten Formen einer Massenmobilmachung rückständiger Gesellschaften für «die Zukunft» eines totalen Industriestaats.

Anm141: Dekadente «Abendröte des Kapitalismus» (Lukács) – «Aber welch eine Abendröte!» (Hanns Eisler)

Entgegen der Einschätzung, dass die Kunst bis ca. 1930 die warenförmige Zersetzung der gesellschaftlichen Kommunikation kritisch zum Ausdruck bringen konnte, sieht Lukács in der Zersetzung der künstlerischen Formen durch die beiden Avantgardebewegungen Dadaismus und Surrealismus (ebenso wie im Expressionismus) im wesentlichen kein kritisches Potenzial. Er schätzt diesen Auflösungsprozess der Kunst im modernen Kapitalismus im Gegenteil als einen rein apologetischen «konformistischen Nonkonformismus» ein, da er nur die Zersetzung der vorbürgerlichen Reste durch den kapitalistischen Verwertungsprozess zum Ausdruck bringe, nicht jedoch die revolutionäre Gegendynamik in der bestehenden Gesellschaft, die sogar im «bürgerlichen Erbe» der «großen Kunstwerke» (vor allem des 19. Jahrhunderts aufgrund der Aufstiegs- und Entfaltungsperiode des Kapitalismus) breit angelegt und historisch über sich hinaustreibend sei. Allerdings gesteht Lukács seit Mitte der 1950er Jahre (im Aufsatz «Wider den mißverstandenen Realismus», ursprüngl.: «Zur Gegenwartsbedeutung des kritischen Realismus») der kunstmodernistischen Avantgarde sehr viel mehr an Fortschrittspotenzial zu und löst sich zunehmend vom einseitigen «Lob des 19. Jahrhunderts» hinsichtlich der Form-Inhalt-Kriterien für das ästhetische Urteil. Zweifellos hat der bedeutende marxistische Systematiker einer philosophischen Ästhetik hinsichtlich des großen Mittelmaßes und der Haupttendenz modernistischer und postmodernistischer Kunstproduktion nur des Kaisers neue Kleider beim Namen genannt. Es ist der gesamte Hofstaat dieses Kaisers, der Lukács dafür hasserfüllt und unisono zum toten Hund erklärt. Danach ist natürlich auch Debord als in der Wolle gefärbter Lukácsianer, d.h. Antimodernist, ja Kunstfeind usw. ausgemacht, weil er von kapitalistischer Dekadenz und sogar von «Entartung» spricht, sich über den Scharlatanismus der «Avantgardisten» alteriert usw., und Lukácsianer ist er tatsächlich, was das betrifft – wie Marx! Aber nur nach einer Seite hin. Das wirkliche Problem der marxistischen «Dekadenz»-Theorie liegt woanders. Lukács´ unbeirrbar hoch angesetzte Maßstäbe für revolutionäre ästhetische Formgebung kranken daran – und können aufgrund dessen kaum noch irgendwo verwirklicht sein –, dass er die (aktuelle) Aufhebung der Kunst als getrennte Sphäre weder begreifen noch sich vorstellen kann und alle emanzipatorische Mimesis (künstlerische Reproduktion der gesellschaftlich-historischen Wirklichkeit in einer «Werktotalität») noch in dieser rein-ästhetischen Sphäre festhalten, konzentrieren und vollendet sehen will.

Anm142: «Avantgarde»? Wohl eher Arrièregarde.

Die apologetische Ideologie der Kunst als «Kommunikation des Unkommunizierbaren» ist auch im gegenwärtigen Millennium die vorherrschende und lässt sich anhand einiger Traditionslinien aus dem 20. Jahrhundert exemplifizieren, wie dies Anselm Jappe folgendermaßen darstellt: «Wenn sich die Zerstörung der Formen im absurden Theater, im *Nouveau Roman*, in der neuen abstrakten Malerei oder im *Pop-art* wiederholt, so drückt das nicht mehr die geschichtliche Auflösung der Gesellschaftsordnung aus. Es kommt dabei nur noch eine flache und objektiv affirmative Kopie des Bestehenden heraus [...]. In dieser Situation wird die Zersetzung der künstlerischen Formen dem tatsächlichen Zustand der Welt vollkommen isomorph und kann keinerlei Schock mehr versetzen.» [Jappe1995:151,171].

Anm143: Lukács´ Bestimmung von «Stil» als «siegreiche, allgemein verbreitete und allgemein wirkende Form in einer Zeit»

Zitiert nach Wirkus1975:47. Die auf das Individuum der Neuzeit bezogene Definition von «Stil», die am bekanntesten geworden ist, stammt von Georges-Louis Leclerc (Comte de) Buffon in seinem «Discours sur le Style» 1788: «Der Stil – das ist der Mensch selbst.» Dieses bürgerliche Individuum wird im 20. Jahrhundert von dem «Mann ohne Eigenschaften» abgelöst, dessen Stil Robert Musil in seinem Roman-Essay unter diesem Titel dargestellt hat (1930-1943) und dessen Kennzeichnung Debord in «Die Gesellschaft des Spektakels», These 123, auf die modernen Proletarier überträgt: «les hommes sans qualité» («Menschen ohne Eigenschaft») der modernen Ära erscheinen hier als die zur Klasse des Bewusstseins gewendeten «hommes qualifiés» (qualifizierten Männer) der Ära Buffons, indem sie als ArbeiterInnen den bürgerlichen Revolutionären ihre Fähigkeiten entwenden und den Stil von Dialektikern entwickeln, mit dem sie «der Praxis ihr Denken aufprägen».

Anm144: Zu einem unausrottbaren Vorurteil des Konter-Situationismus

«Unter dieser armseligen und abstrakten Formel ‹die Phantasie an die Macht›» ließ der SI zufolge die Bewegung der Mai-Revolte eine seichte Modeströmung hochkommen, die nicht wusste, «mit welchen Mitteln diese Macht praktisch auszuüben und alles neu zu erfinden ist, und der es aus Mangel an Macht auch an Phantasie fehlte.» [BE:254/SI2:330]. Vielmehr gehe es darum, so die SI, «aus unseren Begierden die Wirklichkeit zu machen». [BE:256/SI2:332]. Dies sei dann «eine präzise historische Arbeit» und damit «genau das Gegenteil der intellektuellen Prostitution, die ihre Illusion der Beständigkeit irgendeiner vorhandenen Wirklichkeit aufpropft». [Ebd.]. Trotz dieser Kritik an jener 1968er-Parole «Die Phantasie an die Macht» wird die SI fälschlicherweise immer wieder mit ihr in Verbindung gebracht; leider geschah dies auch in der Buchreihe «theorie.org» in Josef Hierlmeiers sonst so gelungener Einführung «Internationalismus» [vgl. Hierlmeier2002:52], wo dieser die Darstellung von Karl Heinz Bohrer übernimmt.

Anm145: Revolution und Poesie

Dazu die SI: «Jede Revolution entstand durch die Poesie, wurde zunächst mit der Kraft der Poesie gemacht. Dieses Phänomen ist den Revolutionstheoretikern bisher entgangen, und es entgeht ihnen weiter (man kann es auch nicht verstehen, wenn man noch an dem alten Konzept der Revolution oder der Poesie klebt), während es von den Konterrevolutionären generell bemerkt wurde. Dort, wo die Poesie existiert, macht sie ihnen Angst, und hartnäckig sind sie dabei, sich ihrer durch verschiedene Exorzismen, von der öffentlichen Verbrennung bis zur reinen Stilforschung, zu entledigen. Der Moment der wirklichen Poesie, die ‹die ganze Zeit vor sich hat› , will jedes Mal die gesamte Welt und die ganze Zukunft nach seinem eigenen Ziel neu ausrichten. Solange er andauert, kann es mit seinen Forderungen keine Kompromisse geben. Er bringt die nicht beglichenen Schulden der Geschichte noch einmal ins Spiel.» [BE:163f/SI2: 39f].

Anm146: Abschaffung der Arbeit

Eine Kapitel-Überschrift im «Manifest gegen die Arbeit» der KRISIS-Gruppe etwa lautet: «Ein Programm der Abschaffungen gegen die Liebhaber der Arbeit» [Krisis1999]. Dagegen war die dokumentierte Wandparole der LI (1953), die von situationistischen TeilnehmerInnen der «Bewegung der Besetzungen» 1968 in Paris wieder aufgegriffen wurde, «Ne travaillez jamais!» (dt.: «Arbeitet nie!»), nicht auf eine krude «Abschaffung der Arbeit» gerichtet, sondern propagierte einerseits die allgemeine Verweigerung der Lohnarbeit als «Spur und Zeugnis einer besonderen Lebensweise» [BE:142/SI2:51]. Andererseits wurde die Kritik der Arbeit weiter entwickelt bis zur begrifflich genauen Parole der SI: «abolition du travail aliéné» (dt.: «*Aufhebung* der *entfremdeten* Arbeit»). Diese drückt ein gesellschaftliches Programm der revolutionären Aufhebung und Vergesellschaftung der Arbeit aus, wie z.B. in Debords Bildübermalung 1963 [vgl. Ohrt1990:270].

Anm147: Zurückweichen der Naturschranken schließt Vordringen künstlerischer Produktion und Revolution ein

Marx selbst sagt zum Humanisierungsprozess durch die Arbeit, der sich im Kapitalismus in negativer Form am Menschen vollzieht: «Indem er durch diese Bewegung auf die Natur außer ihm wirkt und sie verändert, verändert er zugleich seine eigne Natur. Er entwickelt die in ihr schlummernden Potenzen und unterwirft das Spiel ihrer Kräfte seiner eignen Botmäßigkeit.» [MEW23:192]. Die SI hebt 1964 diesen Zusammenhang hervor: «Die historischen Bedingungen unserer Zeit aber, die gerade mit dem Überschreiten einer Schwelle im Aneignungsprozess der Natur durch den Menschen und damit mit dem konkreten Projekt einer klassenlosen Gesellschaft verknüpft sind, sind so beschaffen, dass sie eine zwangsläufig revolutionäre Kunst hervorgebracht haben. [...] Die gegenwärtige Krise der Kunst ist mit derjenigen der Arbeiterbewegung seit der Niederlage der russischen Revolution und mit der Modernisierung des Kapitalismus verbunden.» [SI2:132].

Anm148: Zur Dialektik zwischen «Reich der Freiheit» und «Reich der Notwendigkeit»

Marx bestimmt diese Dialektik folgendermaßen: «Das Reich der Freiheit beginnt in der Tat erst da, wo das Arbeiten, das durch Not und äußere Zweckmäßigkeit bestimmt ist, aufhört; es liegt also der Natur der Sache nach jenseits der Sphäre der eigentlichen materiellen Produktion. Wie der Wilde mit der Natur ringen muß, um seine Bedürfnisse zu befriedigen, um sein Leben zu erhalten und zu reproduzieren, so muß es der Zivilisierte, und er muß es in allen Gesellschaftsformen und unter allen möglichen Produktionsweisen. Mit seiner Entwicklung erweitert sich dies Reich der Naturnotwendigkeit, weil die Bedürfnisse; aber zugleich erweitern sich die Produktivkräfte, die diese befriedigen. Die Freiheit in diesem Gebiet kann nur darin bestehn, daß der vergesellschaftete Mensch, die assoziierten Produzenten, diesen ihren Stoffwechsel mit der Natur rationell regeln, unter ihre gemeinschaftliche Kontrolle bringen, statt von ihm als von einer blinden Macht beherrscht zu werden; ihn mit dem geringsten Kraftaufwand und unter den ihrer menschlichen Natur würdigsten und adäquatesten Bedingungen vollziehn. Aber es bleibt dies immer ein Reich der Notwendigkeit. Jenseits desselben beginnt die menschliche Kraftentwicklung, die sich als Selbstzweck gilt, das wahre Reich der Freiheit, das aber nur auf jenem Reich der Notwendigkeit als seiner Basis aufblühn kann.» [MEW25:828].

Die SI knüpft inhaltlich genau da an: «Die materielle Befreiung ist eine Vorbedingung für die Befreiung der menschlichen Geschichte» [SI2:7/BE:149]; und sie konkretisiert diese Feststellung in Bezug auf die Räteorganisierung: «Die ersten revolutionären Maßnahmen werden notwendigerweise die Arbeitszeit und die gesamte versklavende Arbeit auf ein Minimum reduzieren. [...] Die Räte werden mit reizvollen Formen der lästigen Arbeiten experimentieren, nicht etwa, um deren Mühseligkeit zu verbergen, sondern um diese durch eine spielerische Organisation auszugleichen und so weit wie nur möglich zugunsten der Kreativität zu beseitigen», heißt es in den «Ratschlägen für die Zivilisierten, die generalisierte Selbstverwaltung betreffend», die Vaneigem 1969 in der letzten SI-Revue gegeben hat [BE:296/SI2:413]. Es darf gleichzeitig jedoch nicht aus den Augen verloren werden, dass diese Transformation von Arbeit in Spiel schon bei jeder revolutionären Organisierung im Hier und Jetzt beginnen muss, und zwar als Aufhebung der Trennungen, der Spezialisierungen und der Repräsentation, wie die SI deutlich macht: «Wir wollen das Experimentieren, weil wir neue Spiele wollen. [...] Diejenigen, die Experimente im alltäglichen Leben machen, sind auch die revolutionäre Avantgarde [...]. Ein Berufsplagiator kann nicht experimentieren. Ein Berufsrevolutionär kann nichts spielen. Derjenige der zum Spezialisten der neuen Spiele werden will, kann nichts spielen. Heute kann eine Revolution nichts anderes sein als eine Kritik an der Revolution (als einer getrennten Spezialisierung). Diese Kritik an der Revolution muss den Sinn einer Verteidigung des Spiels haben. Ein Revolutionär, der spielt, verkörpert den dialektischen Widerspruch. Der Berufsrevolutionär blockiert diesen Widerspruch, indem er zur neuen getrennten Macht wird.» [SI2:69].

Anm149: «Dérive», dem es aufs revolutionäre Ziel ankommt – statt «Nomadisieren», dem die Bewegung alles ist

Debord grenzt sich mit der wissenschaftlich-methodischen Verfahrensweise des dérive an dieser Stelle gleichzeitig von den surrealistischen Spaziergängen ab, die er aufgrund ihres passivischen Verhaltens als reaktionär erachtet. [Vgl. BE:65 und Kaufmann 2004:151]. Das situationistische dérive ist des Weiteren heutzutage von der Ideologie des «Nomadisierens» abzugrenzen, die nach der SI-Ära entstand und in Teilen der «undogmatischen» Linken Mode geworden ist. Sie geht auf ein lebensphilosophisches Dogma von Gilles Deleuze (1925-1995) und anderen postmodernistischen Professoren zurück, die sich mit ihrem nomadischen Denken von der begrifflichen Strenge und Kohärenz dialektischen Denkens absetzten. Während das «sesshafte Denken» in einem «geschlossenen Raum» (sich) bewegen, die Verbindungen und Kommunikationen regulieren müsse, könne das nomadische Denken von Punkt zu Punkt um des Weges willen (sich) bewegen [vgl. Deleuze/Guattari1992:498f]. Schon Jahre vor dieser postmodernen «Nomadologie» (Deleuze/Guattari) grenzt Debord das situationistische dérive vom nomadischen Umherschweifen ab und bezieht sich dabei auf Hegel: «Hegel bemerkt, daß ‹das Umherschweifen der Nomaden nur formell ist, weil es in einförmige Kreise beschränkt ist›.» [GdS127].

Anm150: Unitärer (Anti-)Urbanismus, Psychogeographie und dérives

In den Jahren des Übergangs von ihrer künstlerdominierten zu ihrer revolutionären Phase machte die SI in Amsterdam (1959) ihr «Büro für einen unitären Urbanismus» auf, das Anfang der 1960er Jahre in Brüssel die situationistische «Kritik des Urbanismus» auf Grundlage eines «Elementarprogramms» ausarbeitete [SI1:87,178,211, 223,240]. Die Konzeption des dérive als antizipatorischer Forschungs- und Lebensweise revolutionär assoziierter Menschen in Zeiten einer Windstille der Klassenkämpfe in der urbanistischen Moderne geht maßgeblich zurück auf den Lettristen und Situationisten Gilles Ivain (Ivan Chtchegloff: «Bericht über den Urbanismus» 1953), der als Erfinder dieses Zugangs zur «Nordwestpassage der Revolution» in psychogeographischer Dimension gelten kann. Für die LettristInnen wie für die SituationistInnen formulierte er wegweisend: «der Ausgangspunkt des Traumes liegt in der Wirklichkeit, und in ihr verwirklicht er sich». [SI1:20].

Anm151: Dérive als Erforschung eines bestimmten urbanen Spielraums

Dazu Debord: «Der Spielraum des Umherschweifens ist mehr oder weniger genau danach bestimmt, ob diese Tätigkeit die Erforschung eines Geländes oder verwirrende emotionale Ergebnisse bezweckt. Nicht zu vernachlässigen ist die Tatsache, daß diese beiden Aspekte vielfach interferieren, so daß es unmöglich ist, einen im reinen Zustand auszusondern». [BE:66/SI1:61].

Anm152: «Negation der Negation» – leicht misszuverstehen

In Abwandlung der Hegelschen logizistischen Vorstellung der «Negation der Negation», als *Aufhebung* im Modus des Denkens, spielt die SI auf Marx an, der in «Das Kapital» Bd. I die «Expropriation der Expropriateure» als Negation der Negation bezeichnet, d.h. die «Verwandlung [...] des kapitalistischen Eigentums in gesellschaftliches». [MEW23:791].

Bei der Hegelschen *Negation der Negation* wird der Widerspruch als der die Reflexion vorwärtstreibende Impuls betrachtet. Die festgestellte Einseitigkeit (Abstraktheit) einer vorgefundenen oder festgelegten Bestimmung (Position) verweist auf einen Mangel oder eine Unbestimmtheit (Negativität), der/die zu überwinden ist. So wird das unberücksichtigte Andere (d.h. andere mögliche Bestimmungen) mit dem vorhandenen Gegenstand konfrontiert (Negation der Position: unbestimmte Negation) und systematisch mit einbezogen (Negation der Negation: bestimmte Negation), wodurch die zuvor vorhandene Trennung (der Position von weiteren möglichen Bestimmungen) überwunden wird, zugleich als Unterscheidung bewahrt bleibt. Dadurch verändert sich das vorher einseitige Ganze zu einer neuen Position und somit zu einer reicheren Totalität auf höherer Stufe (Aufhebung); und von hier aus kann dieser Bestimmungsprozess wieder aufs Neue beginnen. (Um Missverständnissen vorzubeugen: Bei diesem dialektischen Prozess werden nicht etwa Widersprüche zugelassen und die Bestimmungen dadurch willkürlich; wie z.B., dass ein Gegenstand zugleich «rot» und «nicht rot» sei. Sondern wenn Widersprüche angetroffen oder aufgefunden werden, dann werden sie zu Ausgangspunkten des Reflexionsprozesses, der auf *Gesichtspunkte möglicher Bestimmungen* verweist. Widersprüche treten in diesem Prozess v.a. dann auf, wenn z.B. eine vorgefundene Bestimmung mit der Möglichkeit des Andersbestimmenkönnens konfrontiert wird.) Näheres dazu: 💻Ex.: Dialektik und offene Totalität und 💻Ex.: Dialektische Topik.

Anm153: Zur subversiven Kraft des Lachens

Vor allem der sowjetische dissidente Forscher Mikhail Bakhtin (1895-1975) untersuchte das Lachen als Subversion und als untergründige Kultur des «Karnevalesken» in den Klassenkämpfen. [Vgl. Clark and Holquist 1984]

Anm154: Erweckung von Begierden, experimentell auf die materielle Basis einer neuen Wirklichkeit gerichtet

«Die wirklich experimentelle Richtung der situationistischen Tätigkeit besteht darin, ausgehend von mehr oder weniger deutlich erkannten Begierden, ein zeitlich begrenztes, diese Begierden begünstigendes Aktionsfeld zu schaffen.» [BE:48/SI1:16].

Anm155: Chiliasmus: religionsgeschichtliche Sammelbezeichnung für apokalyptische Heilserwartungen eines Gottesreiches auf Erden

Die Vorstellung des *Chiliasmus* ist im Mittelmeerraum und Europa aus dem Christentum hervorgegangen, welches ein «Tausendjähriges Reich Christi auf Erden» nach dessen mutmaßlicher «Wiederkunft vor dem Weltende» herbeisehnte. Sie stützt sich auf die wörtliche Auslegung der Apokalypse [vgl. Bibel, Offenbarung n. Johannes 20,1-10]. Dieses Tausendjährige Reich, in welchem der Satan keine Macht in der Welt hätte, wäre dann nur eine Phase der Ruhe und Unterbrechung des Endkampfes vor der endgültigen Vernichtung des Bösen. Erst danach würde das Gericht über die gesamte Welt hereinbrechen und die Neuschöpfung alles Seienden beginnen [ebd. 11-15].

Anm156: Utilitarismus: eine Form der Ideologie von der bürgerlichen Gesellschaft als der besten aller möglichen Welten

V.a. beim englischen Moralphilosophen Jeremy Bentham (1748-1832) finden wir, wie Marx zeigt, eine «vollständige Subsumtion aller existierenden Verhältnisse unter das Nützlichkeitsverhältnis [...]. Die Nützlichkeitstheorie entwickelt daher allerdings den Zusammenhang sämtlicher bestehenden Verhältnisse mit ökonomischen, aber nur auf eine beschränkte Weise. [...] In der Teilung der Arbeit wird die Privattätigkeit des Einzelnen gemeinnützlich; die Gemeinnützlichkeit Benthams reduziert sich auf dieselbe Gemeinnützlichkeit, die überhaupt in der Konkurrenz geltend gemacht wird. Durch das Hereinziehen der ökonomischen Verhältnisse [...] kamen die bestimmten Exploitationsverhältnisse der einzelnen Klassen herein [...]. Der ökonomische Inhalt verwandelte die Nützlichkeitstheorie allmählich in eine bloße Apologie des Bestehenden, in den Nachweis, daß unter den existierenden Bedingungen die jetzigen Verhältnisse der Menschen zueinander die vorteilhaftesten und gemeinnützlichsten seien.» [MEW3:397ff.]

Anm157: Blanquismus und Bakuninismus: frühe und wiederkehrende Gestalten militanter Organisation des Proletariats

Louis-Auguste Blanqui (1805-1881) nahm an der Februarrevolution 1848 teil, wurde ein Jahr später verhaftet und 1859 durch eine Amnestie befreit. Er propagierte systematisch den zentralisierten bewaffneten Aufstand mit Eroberung der Staatsmacht durch die stellvertretende Geheimorganisation «des Proletariats». Marx hat bewusst seine Formel von der «Diktatur des Proletariats» aufgegriffen, seine Geheimbund- und Repräsentations-Konzeption jedoch strikt verworfen. Blanqui war einer der bedeutendsten Köpfe der proletarischen Revolution im 19. Jahrhundert, für deren politisch-militärische Organisierung er selbst unermüdlich arbeitete, nicht ohne nachhaltige Wirkung auf die Kampfmoral der Klasse-für-sich. Als der Aufstand der Pariser Commune1871 beginnt, ist er wieder mal inhaftiert.

Michail Bakunin (1814-1876) zufolge muss die Revolution durch eine kleine Gruppe von Berufsrevolutionären, die eine Art von revolutionärem Generalstab bilden, vorbereitet werden. (1864 gründete er eine «Internationale Revolutionäre Gesellschaft» als Geheimorganisation – auch «Internationale Brüderschaft» genannt.) Die Aufgabe einer solchen Gruppe bestehe darin, die Bauern, die Arbeiter, kurz: «das Volk», und ihre schlummernden revolutionären Leidenschaften durch revolutionäre Taten zu entfesseln. Jeder Aufruhr, so erfolglos er auch unmittelbar sein mag, ist seiner Ansicht nach nützlich, weil «das Volk» erst im Kampf lerne, seine Kräfte und Energien zu entwickeln. Denn «das Volk», besonders die Bauern, verstünden die Ideen nur in konkreter Form. Es könne daher nicht durch wissenschaftliche Grundsätze oder durch Dekrete, sondern allein durch revolutionäre Taten revolutioniert werden. Siehe: 💻Ex.: Die situationistische Kritik des Anarchismus.

Anm158: Versuchung und Kritik der blanquistischen Repräsentation

Marenssin weiter dazu: «Die Blanquisten glaubten tatsächlich, daß eine kleine Zahl entschlossener und gut organisierter Leute in der Lage sei, im richtigen Augenblick an die Macht zu kommen, diese dann mit aller Entschiedenheit einzusetzen und auch zu behaupten, bis sie die Massen auf ihrer Seite haben. Der Blanquismus hatte insofern recht, als er unter Ausnutzung der günstigen Lage der Bourgeoisie die politische Macht hätte entreißen können. Unrecht hatte er aber, weil er, selbst wenn er erfolgreich gewesen wäre, doch nichts anderes getan hätte, als sich selbst an die Stelle der ohnmächtigen Klasse zu setzen, um sein Programm zu verwirklichen. Und das ist früher oder später allen so ergangen, die den blanquistischen Grundsätzen gefolgt sind.» [Marenssin1998:48]. Nicht zufällig erschien die erste propagandistisch bedeutende Sammlung der grundlegenden Konzepte und Äußerungen sowie Kritiken und Antikritiken der «Rote Armee Fraktion» in der BRD (welche Marenssin aus situationistischer Perspektive kritisiert) nach dem Kommando des «Schwarzen September» in München 1972 unter dem Titel und mit dem Aufsatz des Marxforschers Rjazanov als Vorwort (1920er Jahre, Verlag Van Houden, mit blanqistischem Manifest und Dokumenten): «Zur Frage des Verhältnisses von Marx zu Blanqui», was zugleich als Tarntitel des RAF-Buches diente (Graz o.J.).

Anm159: Kritik am Konzept der Klandestinität

In der bisherigen Geschichte zeigte sich, dass das Konzept der *Klandestinität* einen idealen Nährboden für staatliche Spitzel und «agents provocateur» abgibt. In Anbetracht dessen muss es einer wirklichen proletarischen Bewegung schwerfallen, zwischen den «authentischen Aktionen» und staatlich gelenkten Operationen zu unterscheiden. Je schwerer eine solche Unterscheidung fällt, d.h. je weniger solche Gruppen von den Diensten der Staatsapparate selbst zu unterscheiden sind, desto nutzloser werden sie für das revolutionäre Proletariat [vgl. GdS:296]. In der Regel erweisen sie sich immer wieder als hemmender Faktor für seine Selbstorganisierung, vor allem aufgrund ihrer unbelehrbaren Theoriefeindlichkeit.

Anm160: «Die Postmoderne»: Lyotards Philosophie für «Erwachsengewordene» nach '68

Jean-François Lyotard (1924-1998) – ein vom Katholizismus und der stalinistischen KP Frankreichs geprägter «linker» Professor, der übrigens eine Zeit lang in der Gruppe «Socialisme ou Barbarie» um Cornelius Castoriadis (Cardan) mitgearbeitet hat, mit der sich auch Guy Debord intensiv auseinandersetzte und die insofern einen gewissen Einfluss auf die SI-Theorie ausübte, – hat den Terminus «Postmoderne» 1979 in die philosophische Diskussion eingeführt. Das Wort soll eine Denkhaltung, Philosophie und die ganze ihr zugrundeliegende historische Epoche (im unlösbaren Zusammenhang mit der Vorstellung des «Posthistoire» als dem «Ende der Geschichte» und dem «Poststrukturalismus» als der Vollendung und Auflösung des «Strukturalismus») bezeichnen. Lyotard und andere VertreterInnen des Postmodernismus vertreten die Auffassung, dass emanzipatorische Fragestellungen nach dem von ihnen konstatierten Ende «der Großen (modernen) Meta-Erzählungen» (Liberalismus, Marxismus, Anarchismus etc.) neu zu setzen wären; denn jene (beliebigen und rein subjektiv-willkürlich entstandenen) Erzählungen hätten sich selbst diskreditiert. Als narrative (erzählerische) Konstruktionen einer angeblichen Totalität der Welt, der Geschichte und Gesellschaft sowie «des Menschen» seien diese Großen Erzählungen der Moderne in letzter Instanz nur den Köpfen von totalitären okzidentalen patriarchalen «Meisterdenkern» entsprungen und hätten als Wissens-«Dispositive der Macht» ausschließlich der modernen totalitären Macht der Herrschenden und des «Faschismus in uns» gedient. Dieser – ebenso augenfälligen wie unbestreitbar halben – Wahrheit der Geschichte der bürgerlichen Moderne, die auszusprechen nichts Neues ist und als deren ökonomische Grundlage seit Marx' «Kapital» die Herstellung der Welt-Totalität im fertigen Weltmarkt bekannt ist, setzen die PostmodernistInnen (ausgehend vom Agnostizismus und der Religionskritik ihres Säulenheiligen Nietzsche) nun allerdings keine Kritik (von Ökonomie, Politik, Ideologien, Wissenschaftsverständnis etc.) entgegen, sondern nichts als die Feier des Fragments und die Affirmation des Bestehenden, das angeblich jegliche Möglichkeit von Subjektwerdung aus der Welt geschafft habe. Die PostmodernistInnen sprechen mit euphorischer Fröhlichkeit den «Zusammenbruch der Signifikantenketten» im Verlauf der Bewusstseinsgestalten der kapitalistischen Moderne aus und erklären ihn kurzerhand zum Wesen des gesellschaftlichen Seins (d.h. «Zeichen von Zeichen von Zeichen usw.», die sich auf keinerlei objektiv-realen Seinszusammenhang mehr zurückführen oder herleiten lassen). Die Ideologien, aber zugleich auch die darin enthaltenen wissenschaftlichen und ideologiekritischen Theoriebildungsansätze der Moderne versucht die «postmoderne» Philosophie pauschal zu verabschieden (wobei sie deren realen Niedergang nach mehr oder weniger katastrophischen Erfahrungen im 20. Jahrhundert, besonders in Gestalt des im Stalinismus blamierten «Marxismus-Leninismus», teilweise nur noch zu konstatieren braucht) und dagegen eine «radikale», tatsächlich völlig beliebige Pluralität der warenförmigen Wahl zu exponieren sowie die Möglichkeit eines «neuen Wissens» und einer «neuen Gerechtigkeit» unter den Bedingungen irreduzibler Heterogenität (Vielheit) und radikaler Inkommensurabilität (Unvergleichbarkeit) zu reflektieren: als letzten Endes ausschließlich ästhetische Struktur des Seins («denn nur als *ästhetisches Phänomen* ist das Dasein und die Welt ewig *gerechtfertigt*» so das Nietzsche-Dogma aller PostmodernistInnen). Dabei wurde diese philosophische Richtung zu einer der erbittertsten Feindinnen von «Dialektik» schlechthin und den damit verbundenen Begriffsdifferenzierungen wie z.B. «Wesen und Erscheinung», «Form und Substanz», sowie der gattungsgeschichtlichen «Vernünftigkeit in der Geschichte» (Hegel) i.S.v. humanistischer Ratio überhaupt etc. Der Postsituationist Jaime Semprun, der in seinem Buch «Rive Gauche – ein Pamphlet gegen die Meisterschwätzer» entschieden gegen derartige VertreterInnen der französischen akademischen «Intelligenz» polemisiert, charakterisiert diese folgendermaßen: «All die eifrigen Totengräber der Theorie, der Kritik und des Negativen behaupten, es im Namen von irgendetwas zu sein, das viel subversiver sei als diese alten Geschichten, und nicht nur deswegen, weil sie kein *Interesse* daran finden können. [...] Die Menschen haben nicht auf Lyotard gewartet, um Widerstand gegen die Verdinglichung zu leisten – immer noch schweift die Begierde umher.» [Semprun1979:31f]. Leider blieb diese arg grobklotzige Polemik der bisher einzige situationistische Versuch einer PoMo-Kritik und konnte deshalb mühelos von einem der Kritisierten, nämlich dem Neo-Nietzscheaner Gilles Deleuze, in das für die westeuropäische Linke einflussreiche Theorem der «Wunschmaschinen», die es gelte «explodieren zu lassen», rekuperativ eingespeist werden [vgl. G.Deleuze1977].

Es gibt immer wieder Versuche, die situationistische Theorie als bloße Vorläuferin postmoderner Philosophien zu deuten, so z.B. Sadie Plant: «The Most Radical Gesture – The Situationist International in a Postmodern Age» [Plant1992]. Auch wenn sich einige postmoderne VertreterInnen – allen voran Jean Baudrillard (*1929) [vgl. Baudrillard1978] – bei der SI nach deren Auflösung wie in einem Steinbruch bedienten, um sie zu rekuperieren, so muss doch entgegen Sadie Plant festgestellt werden, dass die Zielrichtung dieser Philosophien zur Revolutionstheorie der SI diametral gegenläufig ist und sie schon deshalb keinerlei Weiterentwicklung der situationistischen Theorie darstellen, etwa als ein «Schillern der Revolte» (wie der postmodernistisch gewendete deutsche Exponent der «Subversiven Aktion», Frank Böckelmann, es Ende der 1970er Jahre in einem einflussreichen Büchlein der BRD-Linken unter diesem Titel versprach). Denn soweit sie nicht überhaupt jede gesellschaftliche Ziel- und Zwecksetzung – ganz in der «antihumanistischen» Tradition des Strukturalismus, der jeglichen Begriff von einem geschichtlich handelnden Humansubjekt streng verbietet – von sich weist, erschöpft sich die poststrukturalistische und postmodernistische Vorstellung von «Emanzipation», mit einem treffenden Wort Lyotards ausgedrückt, darauf, «das fröhliche Delirium des Kapitalismus» zu genießen, indem «man» sich seiner Fragmentierung aller Subjektivität vergnügt anpasst und dem «Prinzip der reinen Beschleunigung» (Lyotard) seiner objektiven Gesetze ein Optimum an individueller Karriere in der Lohnabhängigkeit, dem Geldmachen oder der Prekarität abgewinnt. Siehe auch: Ex.: Dialektische Topik, Ex.: Dialektik und offene Totalität und Ex.: «Kohärenz» in Theorie und Praxis.

Anm161: Zum Datendandy: Datenraum als Straße und Salon

«Der Datendandy sammelt Information nur, um damit zu prahlen, und nicht, um sie zu übertragen. Er ist sehr gut, vielleicht ein bißchen zu gut oder sogar übertrieben gut informiert. Auf zweckgerichtete Fragen treffen unerwünschte Antworten ein. Er kommt ständig mit etwas anderem an. Dem Phänotyp des Datendandys begegnet man mit dem gleichen Schrecken wie seinem historischen Vorgänger, dem Straße und Salon als Spielraum dienten. Die elegante Extravaganz, mit der das detaillierteste Konversationswissen zur Schau gestellt wird, schockiert die zielbewußten Medienbenutzer. Der Datendandy spottet über die maßvolle Konsumtion und die dosierte Einnahme geläufiger Nachrichten und Unterhaltung und läßt sich nicht vom Übermaß oder Overload spezialisierten Wissens aus der Ruhe bringen.» [AgenturBilwet1994:75]

Anm162: Erfolgreich «nicht eine Theorie der SI, sondern die Theorie des Proletariats»

«Die S.I. war lediglich darin erfolgreich, daß sie ‹die wirkliche Bewegung, welche den jetzigen Zustand aufhebt›, ausgedrückt hat, und daß sie sie auszudrücken verstanden hat: das heißt, daß sie es verstanden hat, damit zu beginnen, bei dem subjektiv negativen Teil des Prozesses, seiner ‹Schattenseite›, seiner eigenen unbekannten Theorie Gehör zu verschaffen, der Theorie, die diese Seite der sozialen Praxis hervorbringt, und die sie zunächst nicht kennt. Die S.I. gehörte selbst zu dieser ‹Schattenseite›.» [DwS§3].

Anm163: Praxis der Theorie, Theorie der Praxis, Praxis der Theorie, Theorie der Praxis, usw.

So sind jegliche theoretischen Resultate, die im allgemeinen als «Theorien» bezeichnet werden, nur aufgrund einer kritischen Forschungs- und Darstellungspraxis entstanden. Mehr noch: die allgemeine Grundlage jeglicher Theorie ist die historisch-gesellschaftliche Praxis. Gleichzeitig jedoch ist keine menschliche Praxis möglich – als eine Praxis, die nicht bloß instinkthaft reagiert –, ohne irgendwelche theoretischen Vorstellungen, die sie begleiten und die aus ihr bezogen werden (auch wenn diese in den seltensten Fällen voll bewusst sind, geschweige denn – ohne Verstümmelungen – vollständig in ein System integriert werden können).

Anm164: «Wir haben nur Öl hingebracht, wo Feuer war.»

Obwohl Vincent Kaufmann diese Metapher Debords richtig zitiert, verkehrt er anschließend immer wieder die Stellung des Feuers und des Öls und verdreht damit ihren Inhalt. Um es aristotelisch auszudrücken: so verkehrt er dabei «dýnamis», die potenzielle Kraft, und «enérgeia», die prozessauslösende Kraft, welche etwas in Bewegung bringt. [siehe Kaufmann2004:239ff, v.a.:244].

Anm165: Stützpunkte zwischen zwei Welten, eine katastrophistische Konzeption

Vaneigem legte eine *Stützpunkte-Konzeption* vor, bei der es um folgendes gehen müsse: «a) sich als ein an die Totalität [...] angeschlossenes Ganzes verstehen (jedes Fragment ist Totalität, *und* die Totalität kann nur fragmentarisch sein); b) situationistische Stützpunkte errichten, die [...] ein befreites Leben vorbereiten sollen; c) [...] für einen Stil des Lebens gegen die Lebensweisen [...]; d) neue Begierden auf dem sorgfältig abzusuchenden Feld des heute Möglichen bestimmen; e) sich aller technischen Mittel bemächtigen, die die Beherrschung des Möglichen sichern können. Durch diese wechselseitigen Beeinflussungen wird das Projekt einer permanenten Revolution auf nicht zu erschöpfende Weise entworfen. Unsere Lage ist die zwischen zwei Welten: die eine erkennen wir nicht an, während die andere noch nicht existiert. Es kommt darauf an, den Zusammenstoß vorzubereiten. Das Ende einer Welt zu beschleunigen, die *Katastrophe, bei der die Situationisten die ihrigen erkennen werden.*» [SI1:278f]. Diese Art communistischer Katastrophismus konnte unmöglich nur auf friedlich-schiedliche KünstlerInnenprojekte zurückgreifen, sondern musste von vornherein auf eine gewaltige proletarische Erhebung setzen. Es ging der SI niemals darum, kleine «temporäre autonome (Wohlfühl-)Zonen» zu errichten [vgl. «Die Temporäre Autonome Zone», Bey 1991]. Die Stützpunkte-Strategie der SI konnte einzig auf den Ausbruch des Proletariats-für-sich bauen ebenso, wie solche Stützpunkte durch ihr Vorhandensein die Suche, Plausibilisierung und Propagierung der proletarischen Unzufriedenheit – das Negative im Bestehenden – als Basis ansprechen, aussprechen und zum sozialen Umsturz anreizen sollten.

Anm166: Das Wissen ums Warten – «zu warten verstehen»

Franz Kafka (1883-1924) hat auf den Widerspruch hingewiesen, der sich aus dem Gegeneinander von «Ungeduld» und «Lässigkeit» ergibt, also einem «Zu-wenig-Warten» und einem «Zuviel-Warten»: «Es gibt zwei menschliche Hauptsünden, aus welchen sich alle andern ableiten, Ungeduld und Lässigkeit. Wegen der Ungeduld sind wir aus dem Paradies ausgewiesen worden, wegen der Lässigkeit können wir nicht zurück.» [Kafka1953:39].

Anm167: Topoi: Stützpunkte für Orientierung in erster Annäherung, Topik als provisorisches Hilfssystem praxisnah

Da die Topik, die Methode der Auffindung von Argumenten, ursprünglich für rhetorische Zwecke im politischen Handgemenge entwickelt wurde und zur selbständigen «Bildung des Volkes» [HW18:411] in der Polis-Demokratie, ist sie einerseits ur-demokratisch populär. Andererseits steht sie aber auch immer in der Gefahr, in Klischees und Gemeinplätzigkeit (locus communis) abzugleiten. Hegel fasst zusammen: Topik ist «eine Menge von Örtern, Bestimmungen, die man als eine Tafel mit ihren Einteilungen in der Vorstellung befestigte, um diese Seiten bei allem Vorkommenden anzuwenden. [...] Die Topik ist [...] zum Auffassen und Bestimmen von verschiedenen Seiten [...], aber so, daß [...] das Tableau nicht nur ein Gemälde von äußerlichen Bildern ist, sondern ein System von Gedankenbestimmungen, allgemeinen Vorstellungen; [...] eine tiefere innere Bedeutung [...]» aufweist. [HW20:31ff]. Dabei versichert sich die Topik der gesellschaftlichen Geltung und ermöglicht die inhaltliche Fülle der Gesichtspunkte; sie garantiert eine Rationalität auch außerhalb der Wissenschaft, die gerade dort relevant wird, wo es Fachkompetenzen in ihren Gegenständen und Grundsätzen erst zu bestimmen gilt, oder dort, wo zwingende Beweise (im mathematischen Sinne) nicht möglich sind: im Bereich menschlicher Praxis. Allerdings muss auf die Gefahr hingewiesen werden, dass die Topik zu einer «Schwatzlehre, ein Unterricht in der Kunst, über jede beliebige Frage schablonenhaft etwas zu ‹sagen›» [Mauthner,Bd.II:66] verkommen kann, wenn sie nicht strategisch an die dialektische Begriffsbildung gekoppelt ist. Vgl. 💻Ex.: Dialektische Topik.

Anm168: Zur Auswahl der Revolutionskomplexe im Fokus der SI-Darstellung

Die im Enchiridion vorliegende Auswahl der historischen Komplexe begründet sich zunächst aus der notwendig äußerst knappen, Akzente setzenden Darstellung des Buches selbst heraus. Da wir Autoren nicht kompetent sind, eine Gesamtschau zu liefern, sind die LeserInnen des weiteren aufgefordert, selber hier vermisste Komplexe oder Facetten hinzuzufügen, wie etwa zu Lateinamerika, Afrika usw. SI-Statements zu folgenden Ländern finden sich z.B: grundsätzlich zum Trikont, siehe GdS§113; zu Algerien u.a. siehe SI1:38, 273f; SI2:154-165,188-194; zum Kongo u.a. SI1:253, 257,275;SI2:110f. Der Vietnam-Krieg wurde ausführlicher und exemplarisch auf die sozio-ökonomische Geschichte der Region zurückgeführt in BE:208ff/SI2:261ff.

Ausführlicher und ihren jeweiligen Sachverhalten angemessener finden sich alle im Enchiridion angerissenen Komplexe auf der Website www.theorie.org, dort aber auch etliche weitere. So wurde bspw. aus der Vorsicht heraus, komplexe Sachverhalte nicht unangemessen zu reduzieren, auch der ursprünglich im Enchiridion als Kapitel 4.7 gedachte Abschnitt «Herausforderung Israel» herausgenommen, weil er in der durch die Buchfassung bedingten Kürze noch nicht dem Anspruch des derzeitigen «state of the art» zu genügen scheint. Unter diesem Aspekt warnte uns z.B. ein Gegenleser: «Eine kürzere Würdigung des ambivalenten Verhältnisses der SI zu Israel (die, positivistisch gesehen, natürlich der marginalen Bedeutung des Themas für die SI entspräche) droht als Verkürzung gelesen zu werden.» Siehe ausführlich zu Israel: 💻Ex.: Herausforderung Israel. Allerdings blieb im Enchiridion dennoch einiges zum Thema «Israel» erhalten, und zwar in Kapitel 5.2.2.

Anm169: Orthodoxie

Lenin sagte über «den Marxismus», er sei «allmächtig, weil er wahr ist». Die Organisation, die diese geschlossene ‹Wahrheit›» zu besitzen meint, glaubt damit allmächtig werden zu können. SI-nahe Beispiele für eine communistische Bloßstellung des Stalinismus als auf einer Lüge beruhende Macht sind die Stalin-Monographien von Boris Souvarine und Maximilien Rubel. [Vgl. Souvarine1992 u. Rubel2002].

Anm170: Marx' Einschätzung (1881) zur Möglichkeit einer Revolution in Rußland

Auf die Frage von Vera Sassulitsch, ob für das archaisch strukturierte Russland nicht eventuell auch ein anderer historischer Weg des Übergangs zum Communismus offen stehen könnte als der über kapitalistische Produktions- und Ausbeutungsformen, den die Länder Westeuropas vermeintlich durchlaufen müssten, antwortete Marx: «Ich habe [...] die ‹historische Unvermeidlichkeit› dieser Bewegung *ausdrücklich auf die Länder Westeuropas* beschränkt [...].

Vom historischen Standpunkt aus gesehen ist das einzige ernsthafte Argument, das zugunsten der *unvermeidlichen Auflösung* der Gemeinde der russischen Bauern angeführt werden könnte, folgendes: Wenn man sehr weit zurückblickt, findet man überall in Westeuropa das Gemeindeeigentum eines mehr oder weniger archaischen Typus; es ist mit dem gesellschaftlichen Fortschritt überall verschwunden. Warum sollte es demselben Schicksal allein in Rußland entgehen? Ich antworte: Weil in Rußland, dank eines einzigartigen Zusammentreffens von Umständen, die noch in nationalem Maßstab vorhandene Dorfgemeinde sich nach und nach von ihren primitiven Wesenszügen befreien und sich unmittelbar als Element der kollektiven Produktion in nationalem Maßstab entwickeln kann. Gerade auf Grund ihrer Gleichzeitigkeit mit der kapitalistischen Produktion kann sie sich deren positive Errungenschaften aneignen, ohne ihre furchtbaren Wechselfälle durchzumachen. Rußland lebt nicht isoliert von der modernen Welt, noch weniger ist es die Beute eines fremden Eroberers wie Ostindien.» [MEW19:384f]. Marx führt weitere besondere Eigenschaften der russischen Dorfgemeinde auf, welche es ihr im Prinzip ermöglichen könnten, im Zusammenhang mit einer russischen Revolution und einer proletarischen Revolution im Westen, nicht die kapitalistische Produktionsweise durchlaufen zu müssen. «Die in ‹Kapital› gegebene Analyse enthält also keinerlei Beweise – weder für noch gegen die Lebensfähigkeit der Dorfgemeinde, aber das Spezialstudium, das ich darüber getrieben und wofür ich mir Material aus Originalquellen beschafft habe, hat mich überzeugt, daß diese Dorfgemeinde der Stützpunkt der sozialen Wiedergeburt Rußlands ist; damit sie aber in diesem Sinne wirken kann, müßte man zuerst die zerstörenden Einflüsse, die von allen Seiten auf sie einstürmen, beseitigen, und ihr sodann die normalen Bedingungen einer natürlichen Entwicklung sichern.» [MEW19:243]. Und weiter: «Wenn die Revolution zur rechten Zeit erfolgt, wenn sie alle ihre Kräfte konzentriert, um den freien Aufschwung der Dorfgemeinde zu sichern, wird diese sich bald als ein Element der Überlegenheit über die vom kapitalistischen Regime versklavten Länder entwickeln.» [MEW19:395].

Da diese Einschätzung nicht durchdrang, zugleich aber auch ab Ende des 19. Jahrhunderts ein staatlich künstlich hochgezüchteter Kapitalismus in Russland und eine gewisse Transformation der sklavenartigen Abhängigkeit der Bauern von den Grundeigentümern einherging mit der hochkonzentrierten, rasanten Herausbildung eines ebenso minoritären wie kampfkräftigen Proletariats, verwarfen die russischen «Marxisten», allen voran Lenin und Trotzki, die Marxsche Fragestellung des Übergangs und setzten entschieden aufs westliche Modell der kapitalistischen Akkumulation, nur aus dem Zarismus heraus (explosiv-revolutionär) eben in staatskapitalistischer Form. Siehe: Rubel1984 und 💻Ex.: Räte-Revolution und «Sowjetmacht»: die russische Revolution und was daraus wurde.

Anm171: Hintergründe zur Sowjetrevolution um Kronstadt 1921

Literatur dazu: Oberländer, E. u. Kool, F.(Hg): Arbeiterdemokratie oder Parteidiktatur (Dokumente Bd1: Opposition innerhalb der Partei, Bd. 2: Kronstadt); sowie Artikelserie in «junge welt» 1997 über Kronstadt, von Klaus Gietinger.

Anm172: Hintergründe zum Bauernkrieg im Kampf um die Sowjetrevolution

Literatur dazu: Arschinoff, Peter: Geschichte der Machnobewegung (1918-1921). Münster 1998; Volin: Die unbekannte Revolution. Hamburg 1983.

Anm173: Näheres zur Gefährlichkeit der vom Kronstadt-Sowjet ausgehenden Bewegung für das prekäre Regime der Bolsheviki

Literatur dazu: Guérin1997 und Gietinger1997.

Anm174: Chinesische Revolution und Maoismus – für die SI gipfelnd im «konzentrierten Spektakel» als sogenannte Große Proletarische Kulturrevolution (1965-1969)

Der besondere Weg eines Fünftels der Menschheit in der chinesischen Revolution ist so komplex, dass er hier in der Buchfassung keinen Platz finden kann, wenn wir diesem Topos und Trauma auch nur einigermaßen gerecht werden sollen. Maßgeblich für den Blick der SI auf diese Revolution war die Darstellung des «Insiders» Victor Serge über die fatale stalinistische Weichenstellung um 1927 [Vgl. Serge1975]. Auf die hervorragende Arbeit von 1974 «Zur Theorie der chinesischen Revolution. Die asiatische Produktionsweise und ihre Zersetzung durch den Imperialismus» von Ulrich Vogel ist noch heute als klassischer historisch-materialistischer Überblick hinzuweisen [Vogel1974]. Siehe auch: 💻Ex.: Revolution in China und Maoismus: Die «Kulturrevolution» als Explosionspunkt.

Anm175: Der Spanische Revolutionskrieg als prägende Zäsur für das lettristische und situationistische Revolutionsverständnis und Geschichtsbild

In ihrer lettristischen Vorgeschichte hatten die jungen späteren SituationistInnen in Paris und London noch zahlreiche mehr oder weniger anarchistische Veteranen des Spanischen Revolutionskriegs kennengelernt, die in bestimmten Treffpunkten und Kneipen ihre Erfahrungen weitergaben, welche erst zehn, fünfzehn Jahre zurücklagen. [Vgl.: Mension2002].

Anm176: Hintergründe zum Spanischen Revolutionskrieg 1936-1939

Kaminski1986, Broué1975, Guérin1967, Bernecker1986, etc.

Anm177: «Reife» oder «Unreife» einer konkreten Gesellschaftlichkeit für communistische Produktionsweise – was kann objektiver Gradmesser sein?

Hier haben wir wieder den Topos, dass es kein sogenanntes «Reife»-Kriterium für die Möglichkeit der Aufnahme des Kampfes für Communismus gibt, das getrennt von Willen und Bewusstsein der Menschen zu bestimmen wäre (etwa: die Produktivkräfte einer Gesellschaft sind noch nicht reif genug entwickelt – denn erst müssten die Menschen durch den entwickelten Kapitalismus gargekocht werden...). Sondern: «Von allen Produktionsinstrumenten ist die größte Produktivkraft die revolutionäre Klasse selbst. [...]. Die Bedingung der Befreiung der arbeitenden Klasse ist die Abschaffung jeder Klasse.» [MEW4:181]. Im herausgebildeten kapitalistischen Weltmarkt des 20. Jahrhunderts sind ohnehin in jeder Region hinreichende Ansätze sachlicher Produktivkräfte für einen Beginn der communistischen Weltrevolution an diesem oder jenem Ort da. Von dieser «Basisbanalität» des historischen Materialismus ging die SI wie selbstverständlich aus (vgl. MEW3:35f). So wäre bei höherem Klassenbewusstseinsgrad und gesamtgesellschaftlich-internationalistischem Organisationsgrad um 1937 ein Überspringen der proletarischen und bäuerlichen Revolution von Spanien auf Nordafrika und Europa, gerade auch in die vom stalinistischen Terrorismus der «Großen Säuberungen» gepeinigte SU hinein, eventuell möglich gewesen.

Anm178: Trotz ökonomischer und mentaler Rückständigkeit hoher Grad der Selbstorganisierung: Beispiel der «Kolonne Durruti»

Daraus bezog die SI ihre maximalistische Position für «eine Macht ohne Vermittlung, eine Macht, die die direkte Aktion aller enthält. Das Leitbild dafür wäre die Kolonne Durruti, die von Stadt zu Dorf marschiert, die bürgerlichen Elemente liquidiert und es den Arbeitern überträgt, sich selbst zu organisieren.» [BE:148/SI2:57].

Anm179: Der anarcho-communistische Überschwang direkter Versuche zum Übergang: die communistische Umwälzung in Spanien hatte keine Zeit sich zu entfalten

Zur Überprüfung dieser Einschätzung verweisen wir hier nur auf die Klassiker Broué1975; Kaminski1986; Borkenau1986; Kleinspehn1989; Bernecker1986. Eine grausame Kritik der Naivität und Illusionen hinsichtlich direkten Übergangsversuchen zu communistischer Produktion und Verteilung («Abschaffung des Geldes» in vielen Dörfern usw.) findet sich in der rätecommunistischen Zeitschrift «Der revolutionäre Funke» (Hg: Kommunistischer Zirkel, Berlin 1996) N°9: «Spanien 1936: Der Mythos der anarchistischen Kollektive».

Anm180: Sprachmagie oder Sprachkritik? – Revolution der Sprache in Permanenz

Sensibilisiert durch den Einwand einer Gegenleserin haben die Autoren an dieser Stelle die Begrifflichkeit «die Vergewaltigung der Befreiungshoffnungen und -bestrebungen», zunächst in «der Missbrauch der Befreiungshoffnungen und -bestrebungen», und schließlich in «die tiefe Enttäuschung der Befreiungshoffnungen und -bestrebungen» geändert. Die Diskussion darüber war unter den Autoren kontrovers. Auf den Websites www.theorie.org und www.lareprise.org werden wir einen Exkurs stellen, der den Komplex «Geschlechterverhältnis» tiefer legt, als es in diesem Buch möglich ist. Was hier unter sprachkritischer Hinsicht relevant wurde, zeigt sich dort bspw. an von der SI ausgeblendeten Themen wie «Zwangsheterosexualität», patriarchale Arbeitsteilung etc.: 💻Ex.: Die Kategorien «Natur» und «Geschlecht» und die Sprachkritik. Die Autoren hegen die Hoffnung, dass dieser Exkurs in einen kollektiven kritischen Diskurs zu diesem Thema überführt werden kann, wozu alle LeserInnen herzlich eingeladen und aufgefordert sind.

Anm181: Die Kämpfe um den Kongo – ein situationistisches Leitmotiv der 1960er Dekade

Das Beispiel der «Kongokrise», von dem alle noch betäubt waren, wurde als typisch angeführt: «Im Kongo haben 1960 die belgischen Fallschirmjäger, das Expeditionskorps der UNO und der speziell auf die ‹Bergwerks-Union› [«Union Minière»: belgischer staatsmonopolistischer Konzern, der dann die bodenschatzreiche Provinz Katanga abspaltete, Anm. BBZN] zugeschnittene Staat den revolutionären Schwung des Volkes gebrochen, das glaubte, seine Unabhängigkeit errungen zu haben» [BE: 188/SI 2: 192f].

Anm182: «Umwertung aller Werte» und Überwindung des Nietzscheanismus

Das situationistische «maximale Programm der verallgemeinerten Selbstverwaltung» beinhaltet den Topos, der bei *Friedrich Wilhelm Nietzsche* (1844-1900) mit der «Umwertung aller Werte» bezeichnet wurde, und kann gleichzeitig als eine «Verwirklichung der Philosophie» im Sinne von Marx begriffen werden. Die Diskussion um die Religionskritik Nietzsches – deren Zwiespältigkeit von Lukács als «religiöser Atheismus» charakterisiert wurde – ist bis heute äußerst kontrovers: eine Traditionslinie der Nietzscheanischen Philosophie führte vor allem von Deutschland aus nach rechts in eine reaktionäre «Lebensphilosophie»; in Frankreich wurde Nietzsche eher von links her rezipiert, und dies führte zu einem agnostizistischen Relativismus und Perspektivismus (Schlagwort: Postmoderne), oftmals ebenfalls lebensphilosophisch aufgeladen.

Im Gegensatz zur religiösen Welt, in der «Gott» den Platz einer Repräsentationsinstanz aller Werte einnimmt, geht es bei Nietzsches «Umwertung aller Werte» konsequent darum, den Menschen in den Mittelpunkt zu rücken, in den Mittelpunkt des Lebens überhaupt. Denn der Grundwert der neuen Wertordnung wird «das Leben». Es geht um ein «Jasagen zum Leben noch in seinen fremdesten und härtesten Problemen, der Wille zum Leben im *Opfer* seiner höchsten Typen, der eigenen Unerschöpflichkeit frohwerdend [...], um [...] die ewige Lust des Werdens *selbst zu sein*, – jene Lust, die auch noch die *Lust am Vernichten* in sich schließt.» [Ebd.:1032] Der Mensch stehe im Mittelpunkt dieses großen Schaffensprozesses des Lebens, das ständig über sich hinausdränge. Er ist «ein *Übergang* und ein *Untergang*» [ebd.:281]. Der Weg des Menschen führe auf etwas, das mehr ist als der Mensch, aber nicht zu einem Gott, sondern zum «Übermenschen», so Nietzsche. Der Übermensch werde eine neue und höhere Art des Menschen sein. Der Mensch der Gegenwart dagegen sei «ein Seil, geknüpft zwischen Tier und Übermensch, – ein Seil über einem Abgrunde.» [Ebd.]. Die Bestimmung, über sich hinauszudrängen, komme nicht nur dem menschlichen Dasein zu. Nietzsche versteht sie als Grundzug allen Lebens, ja des Seins überhaupt (abstrakt, d.h. unterschiedslos als biologisches und gesellschaftliches, objektives und psychisches Sein in einem vorgestellt). Daher spricht er allem, was ist, d.h. dem gesamten Sein, den Charakter des «Willens zur Macht» zu. Dieser Prozess des Lebens, des Schaffens und der Zerstörung hat in seiner umfassenden Naturhaftigkeit bei Nietzsche nichts, worauf er zugeht, keinen Zweck und kein Ziel, auch nicht als historisch-gesellschaftliches Sein und Bewusstsein der Menschen. Darum ist er im tiefsten Wesen *nihilistisch*. «Bejahung des Lebens» heißt also bei Nietzsche und den «Lebensphilosophen» letztinstanzlich Bejahung des nihilistischen Charakter «des» Lebens, insbesondere der menschlichen Gesellschaft. Der höchste Ausdruck dafür ist, so Nietzsche, die «ewige Wiederkehr» als äußerste Form des Nihilismus: «Das Dasein, so wie es ist, ohne Sinn und Ziel, aber unvermeidlich wiederkehrend, ohne ein Finale ins Nichts: *‹die ewige Wiederkehr›*. Das ist die extremste Form des Nihilismus: das Nichts (das ‹Sinnlose›) ewig.» [NietzscheWerke, Bd.3:853] Doch als konsequentestem Nihilisten kann es Nietzsche nur darum gehen, auch den Nihilismus selbst zu überwinden oder ihn zumindest an seine Grenze zu führen, und das bedeutet schließlich die «Umwertung aller Werte» [u.a. NietzscheWerke,Bd.2:897]. Denn eben das sinnlose Dasein gelte es zu bejahen und inmitten der Sinnlosigkeit Sinn zu schaffen. «Ein *freigewordener* Geist steht mit einem freudigen und vertrauenden Fatalismus mitten im All, im *Glauben*, daß nur das Einzelne verwerflich ist, daß im Ganzen sich alles erlöst und bejaht – *er verneint nicht mehr.*» Darum ist der tiefste Ausdruck der Haltung Nietzsches die Liebe zum Schicksal, der «amor fati» [vgl. NietzscheWerke, Bd.2:1098]. Daraus folgt aber keine Schicksalsergebenheit, sondern vielmehr die Parole «‹Nichts ist wahr, alles ist erlaubt›» [NietzscheWerke, Bd.2:511], die den Möglichkeitsraum einer experimentellen Praxis eröffnet. Denn wenn als Folge des konsequenten Nihilismus nichts Gegebenes als «wahr» anerkannt wird, dann ist wieder alles möglich. Das «schaffende, wollende, wertende Ich» wird nun «das Maß und der Wert der Dinge.» [NietzscheWerke, Bd.2: 298].

Doch durch die Abstraktheit seiner Begrifflichkeit, wie z.B. «das Leben», «der Mensch» etc., und ihre Einebnung in bloße Natur, aufgrund des naturverfallenen Ausblendens von spezifischer historischer Gesellschaftlichkeit mit ihrem menschlich-teleologischen Moment (Setzung von Zweck und Zielbestimmung durch menschliche Arbeit und Praxis wie auch Theorie), lässt die Philosophie Nietzsches immer wieder die Möglichkeit offen, einen rechten, elitären und vernichtenden Herrenmenschen-Nietzscheanismus daraus abzuleiten (prä- und post-faschistische Philosophen und nationalsozialistische Propagandisten sprechen von «Nietzsche als Schwert des Geistes»; so z.B. Himmler: «Nicht wir sind grausam – die Natur ist grausam.»), ebenso wie einen «Linksnietzscheanismus» bei der Entwicklung einer revolutionär gemeinten Lebensphilosophie.

Dem religionskritisch-lebensbejahenden, revolte-ermutigenden Zug der Philosophie Nietzsches folgen einzelne EssayistInnen der SI (am deutlichsten: Vaneigem) unter den französischen Bedingungen einer überwiegend linken Nietzsche-Rezeption zunächst, wobei sie aber die «Umwertung aller Werte» nicht – wie Nietzsche – einerseits lebensphilosophisch und andererseits ichbezogen und letztlich elitär auflösen, sondern in Richtung Marx wenden, d.h. gesellschaftsbezogen-communistisch und *konsequent historisch*. So gehen diese SituationistInnen den reaktionären und massenverachtenden Weg Nietzsches nicht mit, sondern entwenden ihn gesellschaftskritisch nach vorne. Das fängt bei der Religionskritik an, aus der Nietzsche sein Menschenbild ableitete, er dabei jegliche Ethik und jede Gesellschaftlichkeit als Maßstab fürs Ich verwarf und ein dezidiert amoralisches (nicht unmoralisches!, sondern jenseitig aller Moralvorstellungen) Verhalten der Ich-Monade setzte, die in einer Überwindung der jüdisch-christlichen Moral der Nächstenliebe alles Schwache beseitigen sollte («O meine Brüder, bin ich denn grausam? Aber ich sage: was fällt, das soll man auch noch stoßen!» [NW,Bd.2: 455]). Die SI dagegen hält es hier mit Marx und dessen religionskritischem Postulat: «Die Kritik der Religion endet mit der Lehre, dass *der Mensch das höchste Wesen für den Menschen* sei»; er folgert daraus sofort eine revolutionäre, gesellschaftsbezogene Ethik «mit dem *kategorischen Imperativ, alle Verhältnisse umzuwerfen*, in denen der Mensch ein erniedrigtes, ein geknechtetes, ein verlassenes, ein verächtliches Wesen ist». Die «Umwertung aller Werte» erhält des weiteren dann folgenden Charakter: Die «durch das entfremdete gesellschaftliche Leben aufgezwungenen Werte», von denen die SI an jener Stelle [siehe Enchiridion:180] spricht, entsprechen zunächst jenen, von denen Marx sagt, dass «mit der *Verwertung* der Sachenwelt [...] die *Entwertung* der Menschenwelt in direktem Verhältnis zu[nimmt]» [MEW40:511]. Es ist die Warenökonomie, die schon eine «Umwertung aller Werte» vollzieht, wenngleich erst in negativer und entfremdeter Form als Entwertung der Menschenwelt, in der doch «der Mensch das höchste Wesen für den Menschen» (Marx) sein soll. Alle bisherigen (ebenfalls entfremdeten) ideellen Repräsentationsinstanzen aller Werte, wie etwa Gott in der religiösen Welt, König bzw. Fürst in der staatlich-politischen Welt oder der kategorische Imperativ der idealistischen Ethik, sind letztinstanzlich durch die Repräsentationsinstanz des ökonomischen Wertes wenn nicht gar schon ersetzt, dann doch zumindest ihm untergeordnet. Es braucht also «nur noch» diese letzte Repräsentationsinstanz zugrundegerichtet zu werden und durch eine freie generalisierte Selbstverwaltung ersetzt zu werden, um die «Umwertung aller Werte» zu verwirklichen, welche dann dem Menschen ein freies experimentelles Leben ermöglicht. Der durch die kapitalistische Produktionsweise inkohärent, widersprüchlich und entfremdet vor sich gehende historische Verlauf der «Umwertung aller Werte» kann – situationistisch gesprochen – durch die revolutionäre Organisierung und die Konstruktion von Situationen in eine «Kohärenz der Kritik» umgekehrt werden. Der Nietzscheanische Topos der «Umwertung aller Werte» ist damit unter Rückgriff auf die Marxsche Wertkritik im situationistischen Topos der «umkehrbaren Kohärenz» aufgehoben. [BE:186/SI2:191, vgl. auch 3.2.1 und GdS§§119-121,127, 140- 145,147,206].

Anm183: Traumatisierung durch «das diffuse Spektakuläre»: Reizüberflutung in Permanenz

Laplanche und Pontalis heben die Tendenz zur Desintegration der traumatisierten Persönlichkeit hervor: die traumatisierende Reizüberflutung ist «schließlich und vor allem, nach Freud, ein psychischer Konflikt, der das Individuum daran hindert, die gemachte Erfahrung seiner bewussten Persönlichkeit zu integrieren (Abwehr).» [Laplanche1977:515] Das Spektakel, «das die Verwischung der Grenzen von Ich und Welt durch die Erdrückung des Ich ist, das von der gleichzeitigen An- und Abwesenheit der Welt belagert wird», führt Debord zufolge zur Desintegration dieses Ich und zu regressivem Verhalten oder Zusammenbrüchen: «Wer passiv sein täglich fremdes Schicksal erleidet, wird daher zu einem Wahnsinn getrieben, der illusorisch auf dieses Schicksal reagiert, indem er sich mit magischen Techniken behilft. Die Anerkennung und der Konsum der Waren stehen im Zentrum dieser Pseudoantwort auf eine Kommunikation ohne Antwort.» [GdS§219]. Näheres: 💻Ex.: Traumatisierung, Abwehr, Verdrängung.

Anm184: Polarisierung und Formwandel

So geht z.B. Michael Mauke in «Die Klassentheorie von Marx und Engels» von «zwei Lagern» aus, in welche sich die modernste Klassengesellschaft polarisiert. Statt den eigentlich unsinnigen Terminus «Staatskapitalismus» zu übernehmen [vgl. Mauke:76], spricht er von der «Bürokratisierung des Kapitalverhältnisses» und zitiert dabei Horkheimer: «An die Stelle der ökonomischen Charaktermaske ist die bürokratische Charaktermaske des staatsmonopolistischen Managers getreten.» [Mauke:103f]. Analog dazu baute Hans-Jürgen Krahl die These Horkheimers vom «Integralen Etatismus» weiter aus. [Vgl. Krahl1971].

Anm185: Das US-Abenteuer in Südostasien: Eckdaten

Der *Vietnam-Krieg* oder «Zweite Indochinakrieg» kam in seine Hochphase während der Jahre 1962-1975. Der Vietnamkrieg war in vielerlei Hinsicht ein direkter Nachfolger des französischen Indochinakrieges («Erster Indochinakrieg»), den die Franzosen seit dem Zweiten Weltkrieg um ihre Kolonien in Indochina und gegen die Unabhängigkeitsbewegung unter KP-Führer Ho Chi Minh führten. Ab 1961 wurde der Vietnamkrieg zum ersten (und letzten wirklichen) Fernsehkrieg der USA, was ihr Ansehen und das nationale Selbstwertgefühl der US-BürgerInnen schwer geschädigt hat. Der Beginn der Eskalation mit verstärkter Präsenz von US-Militärs datiert auf Oktober 1961. Februar 1962 wurde eine US-Kommandozentrale direkt in Saigon eingerichtet. Danach begann die Zwangsumsiedlung der südvietnamesischen Bauern in sogenannte «strategische Dörfer», sprich: lagerartige «Wehrdörfer», zu dem strategischen Zweck der Isolierung der in der Bevölkerung sich «wie der Fisch im Wasser» bewegenden Guerilla von ebendieser Bevölkerung, in der Hauptmasse Bauern, deren Kampf für demokratische Unabhängigkeit und soziale Emanzipation die FNL organisierte. Ab Mai 1963 trat die buddhistische Opposition in Südvietnam, u.a. mit spektakulären Selbstverbrennungen, äußerst öffentlichkeitswirksam gegen die US-hörige Regierung auf den Plan. November 1963 wurde das völlig isolierte katholische Regime des südvietnamesischen Diêm-Clans durch eine offen als US-Marionettenregime agierende Reihe von Militärcliquen ersetzt. Am 8. März 1965 landeten die ersten 3.500 US-Marines in Südvietnam. Seit dem Beginn der US-Dauerbombardements auf ganz Vietnam wurden 6 Mio. Tonnen Bomben bis 1971 abgeworfen. (Der Einsatz von Napalm, die Dschungelentlaubung u.a. mittels der Chemikalie «Agent Orange» etc. erfolgte auch für den «Nebenzweck» eines Experimentierfeldes für moderne Waffen- und Kriegführungstechnologie.) Ab Februar 1965 forcierten die USA die «Amerikanisierung des Krieges», so die offizielle Formel für verstärkten direkten US-Bodentruppeneinsatz. September 1967 fanden südvietnamesische Scheinwahlen statt zur Installierung des Thieu-Regimes, das erst 1975 mit dem Ende des Vietnamkrieges unterging. 1968/1969 waren über 540.000 GIs im Einsatz; sogenannte «Body-Count»-Methoden bei der Guerillabekämpfung waren üblich (nach der Devise: «auf 10 getötete Dorfbewohner kommen wahrscheinlich 2 getötete Vietcong»), im März 1968 wurden Massaker bekannt. Die amerikanische Bevölkerung konnte all dies vor dem Fernseher mitverfolgen und sah Bilder der rund 700 Journalisten vor Ort, die verletzte Soldaten, mit Leichen übersäte Straßen und zerbombte Städte zeigten. Dies bildete eine wesentliche Voraussetzung für das Verstärken der Antikriegsbewegung, die ca. 1964 begann. Ab 1969 (im Januar Beginn der Präsidentschaft Nixon) begann der Übergang zur «Vietnamisierung des Krieges», was eine schrittweise Rückführung der US-Soldaten aus Vietnam bei weiterer Eskalierung des Krieges bedeutete, der doch noch «gewonnen» werden sollte. 1970 wurden bei Massenprotesten gegen den Einfall (Luft und Boden) ins neutrale Kambodscha an der Kent State University vier US-Studenten von der Nationalgarde erschossen, an der Jackson State University zwei schwarze Studenten. Diese und andere Repressionsakte der Nixon-Administration riefen eine wachsende Militanz sowohl in der afroamerikanischen Emanzipationsbewegung als auch der sich radikalisierenden StudentInnen- und Jugendbewegung aus den lohnabhängigen Mittelschichten hervor, die sich als internationalistisch verstand. Es ist auch schwierig, genau zu sagen, wer alles noch als «Vietnamkriegsopfer» gilt; noch heute werden Menschen durch nicht explodierte Sprengkörper getötet, Vergiftungen, Verkrüppelungen und Umweltschäden durch weitflächigen Einsatz der sogenannten Entlaubungsmittel wirken bis in die Gegenwart. Das US-amerikanische Desaster «Vietnam» bleibt ein tief einschneidendes Trauma in der inneren und äußeren Identifizierung mit dem «American Dream». 💻Ex.: USA: Explosionspunkt des diffusen Spektakels

Anm186: Die SI zur spezifischen Zusammensetzung des Proletariats in den USA

Die SI lehnte angesichts dieser USA-spezifischen neuen revolutionären Erhebung in so verschiedenen Flügeln oder Segmenten der Klasse-an-sich jede «Randgruppentheorie» ab, wie sie etwa Herbert Marcuse entwickelte und dabei den Topos «Abschied vom Proletariat» in der «Neuen Linken» des Westens mit vorbereitete [vgl. Marcuse1988]. Dagegen stellte die SI fest: «Wir erleben in unserer Epoche mit, wie *die Karten im Klassenkampf neu ausgegeben werden* – was sicherlich weder dessen Abschaffung noch dessen genaue Fortsetzung nach dem alten Schema bedeutet» [BE:160/SI2: 18], und benutzte den amerikanischen Ausdruck «new deal» (die Karten neu mischen), bevor sie zu ihrer Neudefinition der Proletarität kam [vgl. ebd u. 3.4.2]. Am Sockel des US-Proletariats – d.h. auch großer Teile der «industriellen Reservearmee» [MEW 23:670-673f], welche gern als «Subproletariat» bezeichnet werden, flammte der Kampf gegen die älteste Form der Verknechtung in der nordamerikanischen Gesellschaft wieder auf. Als «the black dimension» bezeichnete Raya Dunayevskaya die entscheidende Rolle der African Americans in der Geschichte der USA. Zuerst als amerikanische Sklaven und dann als unterer Teil der Lohnsklaven waren sie stets erste Kraft der Rebellion, Revolte und Revolution gegen das alte und neue, südstaatliche und nordstaatliche System der Sklaverei. Hierin hatte schon Marx die Achillesferse des US-Kapitalismus gesehen und ihre welthistorische Bedeutung zusammen mit anderen Emanzipationsbewegungen gegen verschiedenste Formen der Versklavung der Arbeit hervorgehoben. [Vgl. Dunayevskaya1998:S.87-91f,103-108,191].

Anm187: Klischees über die USA – «Nicht aus den Büchern in die Wirklichkeit, sondern aus der Wirklichkeit in die Bücher gekommen»?

Als Beleg für die in dieser Kürze sicherlich klischeehaft wirkenden Stichworte und Formeln verweisen wir hier nur auf die akademischen Amerika-Studien wie z.B. bei Jerome Karabel «The Failure of American Socialism» [dt. in: Dollars & Träume N°5/1982] und von G. Armanski «Mankind's Second Chance» [in: Dollars & TräumeN°3/1981]. Näheres auch: 💻Ex.: USA: Explosionspunkt des diffusen Spektakels.

Anm188: Die Stelle der «Gadgets» in der Warenwelt des diffusen Spektakels

Eine wesentliche Dimension des diffusen Spektakels macht die SI am «Gadget» fest: «Der auf der Entwicklung des Warenüberflusses angelangte Kapitalismus verteilt seine Glücksvorstellung und folglich die des hierarchischen Erfolgs in unzählige Gegenstände und Gadgets, die ebensoviele Zugehörigkeiten zu verschiedenen Schichten der Konsumgesellschaft auf wirkliche und illusorische Weise zugleich zum Ausdruck bringen.» [BE:185/SI2:190]. Damit sind zugleich zentrale Werte der US-Bürger, nämlich «Pursuit of Happiness» und «Success», erfasst. Die SI analysiert den Gadget-Charakter vor allem an der Rolle des Automobils, seine zunehmende Funktion als Gegenstand der «Prestigekonsumtion» und spektakuläres Bild (Image).

Der situationistische Begriff und das Theorem vom «Gadget» sind hier zwar zentral, aber viel zu komplex, um an dieser Stelle ausführlich dargestellt werden zu können; genaueres dazu: 💻Ex.: Das SI-Theorem von den «Gadgets».

Anm189: Zivilgesellschaft ist im Kapitalismus nicht ohne Barbareigesellschaft zu haben

Marx über «Zivilisation» und ihre unlösbare Identität mit ihrem dazugehörigen Gegensatz, der «Barbarei», im Kapitalismus, so über die Kehrseite «der zivilisatorischen Mission des Kapitals» an den Opfern: «Die tiefe Heuchelei der bürgerlichen Zivilisation und die von ihr nicht zu trennende Barbarei liegen unverschleiert vor unseren Augen, sobald wir den Blick von ihrer Heimat, in der sie unter respektablen Formen auftreten, nach den Kolonien wenden, wo sie sich in ihrer ganzen Nacktheit zeigen. [...] So sehen die Männer ‹des Eigentums, der Ordnung, der Familie und der Religion› aus!» [MEW 9:225]. Im Vietnam-Krieg wurde das Umschlagen der hochtechnologischen Produktivkräfte in barbarische Destruktivkräfte augenfällig. Zum Krieg der USA in Vietnam: Eckdaten in Anm185, sowie näher 💻Ex.: Explosionspunkt des diffusen Spektakels.

Anm190: Keine Diktatur über die Bedürfnisse sondern «Luxus für alle» und mehr als das

Die SI sprach sich stets für alle Bewegungen der Aneignung des gesellschaftlichen Reichtums aus: Nicht nur der Produktionsbedingungen und -mittel insgesamt, sondern auch schon der als Waren produzierten Gebrauchsdinge, ob nützlich oder nicht – wie eben in den Plünderungs-Feten der Aufstände seit Watts. Ihr kommt es vielmehr dabei auf die proletarische Selbstbestimmung des gesamten gesellschaftlichen Gebrauchs, der Werte (nicht bloß im ökonomischen Sinne auf Tauschwerte reduziert) und «des Gebrauchs des Lebens» als neu zu definierendem System an, wobei genau in diesem Prozess erst das Proletariat, als solches sich selbst aufhebend, als «Klasse des Bewusstseins» die gesellschaftlichen Produktions- und Lebensbedingungen (aufgrund ihrer gesellschaftlichen Aneignung) formgebend bestimmen kann.

Anm191: Zu den Weather People und ihrer vorwärtstreibenden Intention in USA

Spätere Ansätze zu einer communistischen «Metropolenguerilla» gingen um 1970 aus der StudentInnen- und Jugendbewegung hervor: Der «Weather Underground» ist dokumentiert in dem Film von Emile de Antonio (USA 1976) «Underground» und mit den Interviews in deutscher Übersetzung von Sven van Reden: «Underground – Studien zum amerikanischen Dokumentarfilm.» [Reden1997]; jetzt auch in der BRD kritisierbar.

Anm192: Die verlorenen Kinder des modernen Proletariats

Das Lebensgefühl und Selbstverständnis dieser jungen späteren LettristInnen und SituationistInnen als «enfants perdus» sowie ihre strikte Verweigerung der Lohnarbeit und ihre erklärte Wildheit des hordenartigen «Umherschweifens» erinnern an die Kennzeichnung der Proletarität beim jungen Marx: «Der Wilde, das Tier hat doch das Bedürfnis der Jagd, der Bewegung etc., der Geselligkeit. Die Vereinfachung der Maschine, der Arbeit wird dazu benutzt, um den erst werdenden Menschen, den ganz unausgebildeten Menschen – das Kind – zum Arbeiter zu machen, wie der Arbeiter ein verwahrlostes Kind geworden ist.» [MEW40:548]

Anm193: Fixierung auf versteinerte Gestalten «der Linken» und Apologetik ihrer erpresserischen «Realität»

Schon die Tatsache, dass linke Köpfe vom Format eines Sartre aus dieser ideologischen Systemfalle nie hinauskamen, «trotz allem» immer die SU, die VR China, Kuba usw. apologetisch schöngeredet haben, oder dass eine Bezugsfigur der ästhetisch-politischen Avantgarde wie der «Vater des Surrealismus», André Breton, nach seiner Rückkehr aus dem US-Exil in Frankreich versauerte und verbauerte, indem er sich in Musealisierung und Okkultismus verzog, zeigt, wie desolat sich für die jungen LettristInnen und SituationistInnen die europäische Situation «nach dem Krieg vor dem Krieg» auf der Schattenseite dieser Gesellschaft darstellte. Zur Verblendung der westlichen Linken siehe insbesondere den Exkurs: 💻Ex.: Revolution in China und Maoismus: Die «Kulturrevolution» als Explosionspunkt.

Anm194: Hegel-Hasser Schopenhauer entging der SI nicht

Der Titel von Arthur Schopenhauers (1788-1860) philosophischem Hauptwerk «Die Welt als Wille und Vorstellung» (1818) wird von der SI in verschiedenen Zusammenhängen immer wieder sarkastisch entwendet, so hier in dem Titel: «Urbanismus als Wille und Vorstellung» [SI2:97]. Übrigens war die boshafte Kennzeichnung «Grandhotel ‹Abgrund›» für geschichtspessimistisches, praxis-scheues und proletariats-erhabenes Philosophieren im Dunstkreis der «Frankfurter Schule» seitens Lukács´ ursprünglich auf den Frankfurter Spießerphilosophen Schopenhauer (den auch schon Nietzsche als seinen großen Lehrer rühmte) gemünzt. Die «machtgeschützte Innerlichkeit» (Thomas Mann) dieses typischen deutschen Denkers der Erhabenheit über den Pöbel und der Praxisfeindlichkeit philosophischer «Kritik» war 1848/49 angesichts des demokratischen Revolutionsversuchs in eine derartige Panik umgeschlagen, dass er seine aristokratische «Unabhängigkeit» nihilistischer Kontemplation einen Moment lang aufgab, als endlich die Truppen der Konterrevolution nahten: «und unser Philosoph beeilt sich, einem preußischen Offizier seinen Operngucker zu überreichen, damit dieser besser auf das aufständische Volk schießen könne.» [Lukács1974:162,198].

Anm195: Situationistische Beispiele für ästhetische Formen gegen Politik und Kunst

J. V. Martins und Michèle Bernsteins «thermonukleare Kartographien», Anti-Bilder als Zweckentfremdungen der Pop-art und als Kunstnegation, die 1963/64 z.T. als Manifestationen eingesetzt wurden, wie das Relief des verkohlten «Europa viereinhalb Stunden nach dem Beginn des Dritten Weltkriegs» [SI2:136] oder ähnliche plastische Darstellungen verschiedener geschichts(ent)wendender Kriegsführungsszenarios (wie: «Der Sieg der Pariser Commune» und «Die Rückkehr der Bande Bonnot» von Michèle Bernstein) waren Teil einer Anti-Bunkersystem-Kampagne der SI und wurden dann bei den «Zwischenfällen in Randers» (gegen die Beteiligung deutscher Truppen im Rahmen von NATO-Manövern 1965) mit richtigem Instinkt vom deutsch-NATO-dänischen Klassenfeind zerstört [vgl. SI2:166-171]. Diese Episode soll nur zeigen, wie die SI an den Komplex Europa mit ihren sparsamen und gezielten Mitteln heranging: als Angriff auf eine umfassende Verbunkerung – nicht nur, in Form des damals von der NATO betriebenen «Doomsday System», ganz materiell als Kriegsvorbereitung begriffen – und nicht nur ohne jeden Anflug von Pazifismus –, sondern vor allem begriffen als Einbunkerung der Lebensmöglichkeiten, ja des bloßen Überlebens, unter dem kapitalistischen Alltagsstumpfsinn – gerade auch mit seinem konsumistischen Komfort, den Gadgets (z.B. Automobilkultur, die Europa zubetonierte), den Club-Méditerrannée- und Weekend-Freizeit-Einfassungen sowie der «modernen» Architektur für die Massen an der Oberfläche des wiederaufgebauten Europa selbst. [Vgl. SI1:253/BE106]. Abbildungen in: «Phantom Avantgarde» [R.Ohrt1990, S.90,274]

Anm196: Situationistisches Beispiel für zeitgemäße Anregungen revolutionärer Agitation und Programmatik

So standen die Villen der reichen Deutschen an der Costa Brava als Wunschbilder, die von den Kriegsgewinner-Deutschen für sich realisiert worden waren, für die Verdrängung des letzten europäischen Krieges und insbesondere des spanischen Revolutionskriegs. Sie blieben «trotz» des Massentourismus wegen der weiterbestehenden Klassen- und Eigentumsverhältnisse für die Lohnabhängigen doch unerreichbar. Die SI schlug den RevolutionärInnen in Franco-Spanien als gemeinsamen Programmpunkt für die Agitation gegen die spanischen und anderen westeuropäischen Ausbeuterklassen die Ankündigung entschädigungsloser Enteignung dieser Immobilien vor [vgl. SI2:175ff]. Näheres dazu: 💻Ex.: Europa vor und nach 1968: Spanien, Frankreich, Italien, England.

Anm197: Gegen die Verdrängung von Antisemitismus, Shoah und Kollaboration in Frankreich

Diese Begriffe nehmen in Sartres erstem politischen Essay, den Überlegungen zur Judenfrage, 1944/45 geschrieben und 1946 erstmalig veröffentlicht, einen zentralen Platz ein. Dieser Text, der ursprünglich «Porträt des Antisemiten» hieß, ist heute noch erschreckend aktuell. Er erschien in einer neuen, erstmals akzeptablen deutschen Übersetzung und mit einem die Vorgeschichte ausführlich nachzeichnenden Nachwort von Vincent von Wroblewsky 1994 als Rowohlt Taschenbuch (Band 2 der Politischen Schriften). Im Anhang dieser Ausgabe sind alle Äußerungen Sartres zu den Themen «Juden» und «Israel» versammelt.

Anm198: Das Schweigen der SI: Ansatzpunkt für geschichtsrevisionistische Rekuperationsversuche «linkskommunistischer» Auschwitzleugner

Auschwitzleugnung ging u.a. einher mit Texten wie «Auschwitz – le grand alibi», nach welchen «die deutsche Arbeiterklasse», von «der internationalen Bourgeoisie» durch den «Komplex Auschwitz» erpresserisch vom Revolutionmachen abgehalten würde.

Im Pariser Buchladen «La Vieille Taupe» waren von 1960 bis 1966 Texte und Bücher der SI zu haben; danach wurde von der SI ein anderer Buchladen für den Verkauf ihrer Texte gewählt [vgl. SI2:314]. «La Vieille Taupe» mauserte sich später zum Tummelplatz diverser GeschichtsrevisionistInnen. Der Buchladenbesitzer (außerdem Verleger des Auschwitzleugners Robert Faurisson) Pierre Guillaume versuchte Debord posthum – als dieser sich nicht mehr dagegen wehren konnte – ebenfalls in das Lager des Geschichtsrevisionismus einzureihen. Aus Debords Schweigen zur «Affäre Faurisson» deutet er nachträglich ein heimliches Einverstandensein Debords. So versucht er auch Debords «Kommentare zur Gesellschaft des Spektakels» (1988) zu mißinterpretieren dahingehend, dass alles Darinstehende irgendwie auch auf den Geschichtsrevisionismus angewendet werden könnte: «Es gibt keinen einzigen Satz in diesem Text Debords, der nicht ganz und gar konkret durch das Schicksal der Revisionisten und, nach dem Los zu urteilen, das ihnen bereitet wird, einzig von ihnen illustriert werden könnte.» [Guillaume1996:26] Solcherlei «Beweise» – es werden noch andere mit derselben «bestechenden Beweiskraft» aufgeführt – können nur dem Kopf eines Verschwörungstheoretikers entspringen. (Der Text Guillaumes «Guy Debord» wurde in der neurechten Postille «Sleipnir» [Sleipnir, Heft 1, 1996] in deutscher Übersetzung abgedruckt.)

Anm199: Zu Moses Hess

Dem «Handbuch des nutzlosen Wissens» entnehmen wir folgende Tatbestände über den Begründer des communistischen Zionismus *Moses Hess* (1812-1875): «Moses Hess ‹erfand› den Kommunismus. Deshalb veröffentlichte die Akademie der Wissenschaften der DDR nur diejenigen seiner Schriften, die sich mit dem Zionismus beschäftigen. [...] Moses Hess ‹erfand› den Zionismus; deshalb veröffentlicht ein Professor der Universität Tel Aviv nur diejenigen seiner Schriften, die sich mit dem Kommunismus beschäftigen. Moses Hess bekehrte in Bonn den Trierer Hegelianer Karl Marx zum Kommunismus und machte ihn zum Redakteur der ‹Rheinischen Zeitung›. Moses Hess bekehrte in Elberfeld den Industriellensohn Friedrich Engels zum Kommunismus. Moses Hess machte Karl Marx mit Friedrich Engels bekannt. Moses Hess übersetzte in Paris Marx´ ‹Das Kapital› ins Französische, schrieb danach die grundlegende Kritik am ‹Kapital› , und Marx sprach nie mehr ein Wort mit ihm.» [Haefs1989] Dem ist hier nichts hinzuzufügen.

Anm200: Zur «deutschen Misere»

Der Artikel von Helmut Peitsch im Historisch-kritischen Wörterbuch des Marxismus zum Stichwort «Deutsche Misere» gibt eine ausgezeichnete Zusammenschau.

Anm201: Die verpreußten deutschen Zustände

«Wir werden eine politische Revolution erleben? Wir, die Zeitgenossen dieser Deutschen? Mein Freund, Sie glauben, was Sie wünschen... Wenn ich Deutschland nach seiner bisherigen und nach seiner gegenwärtigen Geschichte beurteile, so werden Sie mir nicht einwerfen, seine ganze Geschichte sei verfälscht, und seine ganze jetzige Öffentlichkeit stelle nicht den eigentlichen Zustand des Volkes dar. Lesen Sie die Zeitungen, welche Sie wollen, überzeugen Sie sich, daß man nicht aufhört – und Sie werden zugeben, daß die Zensur niemand hindert aufzuhören –, die Freiheit und das Nationalglück zu loben, welches wir besitzen...» [Ruge (Brief an Marx, März 1843) zit. n. GdS:155]. Auf diesen rein politischen Stoßseufzer des linkshegelianischen deutschen Demokraten Ruge antwortete der junge Karl Marx in dem Exil-Briefwechsel 1843 bereits ökonomie- und psychologie-bezogen durch den Hinweis auf die treibenden Widersprüche auch sogar in den verpreußten deutschen Zuständen: «Sie werden nicht sagen, ich hielte die Gegenwart zu hoch, und wenn ich dennoch nicht an ihr verzweifle, so ist es nur ihre eigene verzweifelte Lage, die mich mit Hoffnung erfüllt. [...] Das System des Erwerbs und Handels, des Besitzes und der Ausbeutung der Menschen führt aber [...] zu einem Bruch innerhalb der jetzigen Gesellschaft, den das alte System nicht zu heilen vermag [...]. Von unserer Seite muss die alte Welt vollkommen ans Tageslicht gezogen werden und die neue positiv ausgebildet werden. Je länger die Ereignisse der denkenden Menschheit Zeit lassen, sich zu besinnen, und der leidenden, sich zu sammeln, um so vollendeter wird das Produkt in die Welt treten, welches die Gegenwart in ihrem Schoße trägt.» [MEW1:342f.].

Anm202: Wissen/Macht: Theorie/Praxis

Man könnte dieses Regelsystem näher als «Machtdispositiv» im Sinne Foucaults bezeichnen [vgl. Foucault1978], das sich sowohl in Nietzsches «Willen zur Macht», als auch dem Wort von Wilhelm Liebknecht ausdrückt, dass Wissen Macht sei, und bei der SI wieder in der Formel aufgenommen wird: «Die Theorie der Revolution wird nach diesem einzigen Kriterium beurteilt, daß ihr Wissen eine Macht werden muß». [DwS§46].

Anm203: P. J. Dietzgen oder die historische Möglichkeit der proletarischen «Klasse des Bewusstseins» ohne «Erzieher» und Organisatoren «von außen»

Der Arbeiter-Philosoph *Peter Joseph Dietzgen* (1828-1888; Hauptwerk: «Das Wesen der menschlichen Kopfarbeit») ist wohl das bekannteste Beispiel für das hohe Niveau der selbständigen Theoriebildungsfähigkeiten des Proletariats in jener Ära. (Verschiedene Rätekommunisten haben Dietzgen im 20. Jahrhundert wiederum in antiintellektualistischer Manier zum Prototypus eines quasi-«Proletkult» überhöht: angebliches Beispiel dafür, dass nur die Handarbeit letztlich auch richtige, proletarisch klassenbewusste Kopfarbeit und Weltanschauung hervorbringen könne – so auch H. G. Haasis im Nachwort zu: [Dietzgen 1973].)

Anm204: Zur Kriminalgeschichte einer Parteiphilologie

Über die Geschichte der Nichtveröffentlichung, dann Verstümmelung, Manipulation, Verschleppung und schließlich bis heute nicht vollständig erfolgten Text-Rekonstruktion der Manuskripte und schließlich des ganzen Buches von Marx, Engels und Moses Hess «Die deutsche Ideologie» (1845) informiert Michael Koltan [vgl. Koltan2002].

Anm205: Machtphantasie «Deutschland» und imperiale Strategien ihrer Durchsetzung:

Die bisherigen Anläufe, die überlegenen kapitalistischen Konkurrenten auszuschalten (Entfesselung von bisher zwei Weltkriegen), liefen deutscherseits immer über drei Varianten der «Kerneuropa»-Strategie, welche näher von Wolfgang Michal aufgezeigt werden [vgl. Michal1995]. Vom Liberalen Friedrich Naumann bis Wilhelm II. und Ludendorff wurden die «Mitteleuropa»-Varianten tatsächlich strategisch und mit dem ersten «Griff nach der Weltmacht» durch das Reich militärisch angestrebt. Auch Hitler ging für den zweiten deutschen Griff nach der Weltmacht davon aus: «Deutschland ist erst Deutschland, wenn es Europa ist.»

Anm206: Hintergründe zur proletarischen Revolution und sozialdemokratischen Konterrevolution in Deutschland, November 1918/19

Literatur: ak kassiber1996; Retzlaw1976; Döblin1995; Müller1925.

Anm207: SPD-Reichskanzelei, F. Ebert, G. Noske und die Ermordung Rosa Luxemburgs

Von *Friedrich Ebert* (1871-1925) – Sozialdemokrat und Reichspräsident von 1919-1925 – ist sein Ausspruch überliefert, «Ich hasse die Revolution wie die Sünde», als er gefragt wurde, ob er sich zum Repräsentanten der Sozialdemokratie für die «Arbeitsgemeinschaft» mit der alten Macht hergeben würde, was er dann auch tat.

Gustav Noske (1868-1946): sozialdemokratischer Politiker, warf 1919 mit Unterstützung Eberts den Spartakusaufstand nieder und rechtfertigte dies schon im Voraus mit den überlieferten Worten: «Einer muss der Bluthund sein.» Von 1919 bis 1920 war er Reichswehrminister.

SPD-Noske, der von den Nazis hochgeehrt wurde, steht der SI als Chiffre für die «sozialistische» bzw. linke Konterrevolution schlechthin: «Die erste Aufgabe der revolutionären Organisation, der Preis für ihre Existenzberechtigung ist gewiss die *Kohärenz*, die unerbittliche Kritik, die ‹die Macht der Gewohnheit› – die grösste Kraft der alten Welt bei den Massen – niederwerfen muss. Am meisten müssen in einem revolutionären Augenblick ‹die Gewohnheiten der Linken› bekämpft werden. In diesem Augenblick entwaffnet ihr Noske – oder er tötet euch.» [SI2:174]. Siehe auch: Ex.: «Die deutsche Misere».

Der Verdacht, dass Rosa Luxemburg (1871-1919) im Auftrag der SPD ermordet wurde, wird durch neuere historische Forschungsarbeiten immer mehr erhärtet. Klaus Gietinger untermauert in seiner Arbeit «Die Spur der Mörder führt in die SPD-Reichskanzlei» nicht nur die These einer allgemeinen Verantwortung der SPD-Regierung für Freikorps-Terror und den politischen Mord an Rosa Luxemburg und Karl Liebknecht, sondern auch im Speziellen, dass sich Gustav Noske am bestialischen Doppelmord durch direkte Anweisung dazu mitschuldig machte [vgl. Gietinger1993].

Anm208: Zum (Nicht-)Verhältnis der SI zu Rosa Luxemburg

Es ist seltsam, dass die SI ansonsten sich mit Rosa Luxemburg, ihrer Kritik des bolshevikischen Organisations- und Revolutionskonzepts und ihrer konkreten Praxis, ihrer Kritik der Leninschen Behandlung der «nationalen Frage», vor allem aber mit ihrer eigenständigen Theoriebildung (Fortschreibung der Kritik der politischen Ökonomie, Imperialismustheorie, Krisentheorie) – in: «Die Akkumulation des Kapitals» (1913), «Massenstreik, Partei und Gewerkschaften (1906), «Organisationsfragen der russischen Sozialdemokratie» (1903), «Die Krise der Sozialdemokratie» (Junius-Broschüre 1916) und «Die russische Revolution» (1918) – an keiner uns bekannten Stelle auseinandergesetzt hat. So können wir heute nicht sagen, wie die SI direkt Rosa Luxemburgs Theorie der Massen- und Klassen-Spontaneität in der Frage der Selbstorganisierung des Proletariats und der CommunistInnen bewertet hat.

Anm209: Einmal warf die SI einen genaueren Blick auf die deutschen Zustände, in denen sich das Proletariat verlor

Organisationen wie KAPD, AAUD, AAUD-E, KAUD werden im Aufsatz «Vorbemerkungen über die Räte und die Räteorganisation»

(1969) von dem «Enragé» und SI-Mitglied René Riesel akribisch untersucht [siehe: SI2:397-407]. Es ist sehr bedauerlich, dass gerade dieser wichtige Aufsatz in der Textkompilation «Der Beginn einer Epoche» fehlt.

Anm210: Zum Parteibildungsprozess des Proletariats zwischen den konterrevolutionären Schüben innerhalb der deutschen Misere

Einen neueren Forschungsertrag zu dieser Dimension hat z.B. der sozialdemokratische Forscher Jens Becker vorgelegt [vgl. Becker2000]. Er zeigt: Die Wüste lebte! Aber als Wüste des Parteikommunismus war sie eben für die SI überhaupt nicht von Interesse.

Anm211: Mächte der Repräsentation und Äußerungen der Negation im Tauwetter

So spricht auch Debord von einem Widerspruch, der sich auftat zwischen der «von der stalinistischen Periode in einigen nationalen Arbeiterklassen hinterlassene[n] Macht» und «den Äußerungen der inneren Negation [...], die sich vor der Welt mit dem Arbeiteraufstand in Ostberlin, der den Bürokraten ihre Forderung nach einer ‹Metallarbeiterregierung› entgegensetzte, zu behaupten begannen, und die sogar einmal bis zur Macht der Arbeiterräte in Ungarn führten» [GdS§111].

Anm212: «Nationalsituationismus» als «SPURismus» und Dutschkismus: links-rechtes Schillern der deutschen Revolte

Subversive Aktion war der Name einer Gruppe, die zwischen 1962 und 1965 Kritik- und Aktionsformen entwickelte, die eine prägende Rolle in der darauffolgenden deutschen Studentenrevolte und ihren linkspopulistisch-aktionistischen Fortschreibungsformen spielen sollten. Sie war aus der Münchner KünstlerInnengruppe SPUR hervorgegangen, die bis Februar 1962 zur SI gehört hatte. Bei der SI wurden diese Schwabinger Krach-Gaudi-«AvantgardistInnen» von Anfang an gar nicht erst ernst genommen und abfällig als «les spuristes» bezeichnet. Auf eine «Liquidierung dieser lächerlichen Gruppe SPUR» arbeitete Debord von Anfang an hin. [Vgl. Ohrt190:219].

Der Repräsentant der «Außerparlamentarischen Opposition» (APO) *Rudi Dutschke* (1940-1979) hatte es zugleich mit den Visionen von «der deutschen Nation» und einer «neuen sozialistischen Linkspartei». Die SI sprach, wenn auch nur wenige Male, so doch immer nur mit beißendem Spott über diesen «Marcuse-Anhänger» mit seinem «Anarcho-Maoismus» [BE:288/SI2:370], der – wie alle diese revoluzzernden Deutschen in den Augen der SI – seinen Abschied vom Proletariat nahm. Die tragische Biographie dieses deutschen Linken ist Beispiel für die ganze Miserabilität der deutschen Zustände: Von der Linken wurde er zum «Kopf der Bewegung» gemacht, von der Rechten in den Kopf geschossen, dann verfasste er das Buch «Versuch, Lenin vom Kopf auf die Füße zu stellen» und wurde ein «verkopfter» deutscher Professor auf dem «Marsch durch die Institutionen». Bevor er an seiner Kopfverletzung starb, rief er noch inbrünstig «Holger, der Kampf geht weiter!» am Grabe von Holger Meins, einem Märtyrer der RAF, welche die Theorie stets nur als eine Leidenschaft des Kopfes abgetan hatte (statt wie Karl Marx die Theorie gegen die deutschen Zustände zu setzen als den «Kopf der Leidenschaft» [MEW1:379].) Wir geben diese Vignette hier nur, um noch einmal das ganze Elend der deutschen Linken vor Augen zu führen. Die Verdienste gerade auch des theoretisch anregenden Rudi Dutschke für den verzweifelten Versuch der «antiautoritären Bewegung», «Außerparlamentarischen Opposition» (APO) und ihren Ausläufern in der BRD, die postfaschistischen deutschen Zustände des CDU-Staats und der Republik der Großen Koalition, der Notstandsgesetzgebung und der inneren und äußeren Neuaufrüstung unter dem Brandt- und Schmidt-Regime («Modell Deutschland») aufzumischen und in neue Formen des Klassenkampfes zu übertragen, wollen wir keinesfalls schmälern. Doch anders akzentuierend als Wolfgang Kraushaar [Zusammenfassung siehe Trumann2002:191] möchten wir hier die a-proletarische Schlagseite Dutschkes betonen, die in seiner Wahrnehmung durch die SI bei dieser ganz im Vordergrund stand. Mehr dazu: 💻Ex.: «Die deutsche Misere».

In einem Sammelband von 1976 ihrer Zeitschriften und Dokumente sind fast alle nationalen Bezugsgrößen späterer linksradikaler Verirrungen versammelt: Frank Böckelmann, Rudi Dutschke, Dieter Kunzelmann, Bernd Rabehl und Gruppe SPUR [vgl. Böckelmann/Nagel2002].

Anm213: «Nationalsituationismus» und deutsche «Querfront»-Ansätze

Ein Paradebeispiel dafür ist der Ausstellungskatalog des Werkbund-Archivs Berlin Nov. 1991, der von Wolfgang Dreßen, Dieter Kunzelmann und Eckhard Siepmann herausgegeben wurde: Er packte mannigfaltige Texte der LI und SI mit Dokumenten u.a. von Rudi Dutschke, Fritz Teufel, Rainer Langhans zusammen. Bezeichnend dabei ist v.a., dass er den offen neurechten Ideologen und

Schrittmacher eines «europiden» völkischen Kulturalismus, nämlich Henning Eichberg (Zeitschrift «Wir Selbst» etc.), mit dem Aufsatz «Vergleichender Wandalismus» zu Wort kommen ließ. [Siehe: Dreßen/Kunzelmann/Siepmann1991].

Anm214: «Revolte!»: eine post-situationistische Episode in den aussichtslosen deutschen Zuständen

Der Versuch der Gruppe um die Zeitschrift «Revolte!» ab Mitte der 1970er Jahre, die situationistische Initiative als *Subrealistische Bewegung* in der BRD der «Tendenzwende», des «deutschen Herbstes» und der «Neuen Sozialen Bewegungen» fortzuschreiben, lief subversionspraktisch ebenso ins Leere (d.h. er musste nahezu gesetzmäßig in den vernagelten deutschen Zuständen scheitern, im Befindlichkeitsmuff der deutschen Linken erstickt werden), wie er theoriepraktisch auf verdienstvollste Weise die Ausnahme zur Regel der deutschen Misere und ihrer Linken dargestellt hat. Siehe: Revolte! Nr.1-31, Subrealisten1979.

Anm215: Gesellschaftlicher Zuteilungsmodus von Arbeitsleistung und Bedürfnisbefriedigung

Original heißt es bei Marx: «Jeder nach seinen Fähigkeiten, jedem nach seinen Bedürfnissen» [MEW19:21] und bezieht sich auf «eine höhere Phase der communistischen Gesellschaft» [ebd.]. Diese Marxsche Forderung verkehrend klopfte der leninistische Staatssozialismus das bürgerliche Leistungsprinzip «Jeder nach seiner Arbeitsleistung», interpretiert als Lohnarbeit, für diese Phase fest. Für den modernen Kapitalismus zeigt Vaneigem: «Das Spektakel ist der Ort, wo sich die Zwangsarbeit in ein akzeptiertes Opfer verwandelt. Nichts kann verdächtiger sein als die Formel: ‹Jedem nach seiner Arbeit› in einer Welt, in der die Arbeit eine Erpressung zum Überleben ist; geschweige denn die Formel: ‹Jedem nach seinen Bedürfnissen›, in einer Welt, in der die Bedürfnisse von der Macht bestimmt werden.» [BE:140/SI2:49]. Damit trifft Vaneigem jeden bürgerlichen Pseudosozialismus und vermeint damit auch das Wesen des Nationalsozialismus zu erfassen.

Anm216: Nicht nur «Belagerungszustand» sondern «Ausnahmezustand»

Denn «*état de siège*» – so im Original bei Debord – wird im Französischen, das in der Rechtssprache kein besonderes Wortäquivalent für das deutsche «Ausnahmezustand» kennt, geläufig mit einigen Attributen für die Bezeichnung dieser gesellschaftlichen Kriegseröffnungs-Situation eingesetzt. Darauf weist Giorgio Agamben in seiner kurzen Geschichte des «Ausnahmezustands» in Frankreich seit der Revolution von 1789 hin [Agamben2004:18]. Analog zur These VIII «Über den Begriff der Geschichte» von Walter Benjamin kann inhaltlich auch der implizite Bezug von Debord auf Carl Schmitt deutlich gemacht werden, der als wesentlich für Faschismus die absolute Staatsgewalt sieht: Dieser konterrevolutionäre, aber realistische Dezisionismus des katholischen «politischen Theologen» und bis heute beherrschenden NS- und BRD-Rechtsphilosophen Carl Schmitt wird von Walter Benjamin revolutionär umgedreht (d.h. in seiner «negativen Theologie» für die proletarische Revolution realistisch entwendet), so in der These VIII «Über den Begriff der Geschichte»: «Die Tradition der Unterdrückten belehrt uns darüber, daß der ‹Ausnahmezustand›, in dem wir leben, die Regel ist. Wir müssen zu einem Begriff der Geschichte kommen, der dem entspricht. Dann wird uns als unsere Aufgabe die Herbeiführung des wirklichen Ausnahmezustands vor Augen stehen; und dadurch wird unsere Position im Kampf gegen den Faschismus sich verbessern.» [Benjamin1984:160]

Anm217: Fähigkeit zu Dialog, zu dialektischem Denken, zu Strategie in der Praxis

Nach der Auflösung der Blockkonfrontation und der endgültigen *Durchsetzung des integrierten Spektakels* ist nach der Einschätzung des späten Debord den Herrschenden, der «Oberhoheit des Spektakulären», die Fähigkeit zu strategischem Denken endgültig verloren gegangen, weil ihnen jeder Sinn für dialektisches Denken abhanden kam. («Dialektik für Manager»-Seminare etc. sind ein Surrogat: eine Art von Rhetorik-Schulungen, die auch diese Bezeichnung kaum verdienen.) In den «Kommentaren zur Gesellschaft des Spektakels» zeigt Debord noch 1988: Dialektik gibt es nur, wo es Dialog gibt. Dialektik kann sich auch nur entwickeln, wo zumindest formale Logik erlernt und angewandt wird, und Strategie wiederum gibt es nur auf dem Feld der Dialektik. Folglich sei die endgültige Unfähigkeit der Herrschenden zu beobachten, strategisch zu denken und zu handeln, da sie ja monologisch organisiert sind, die Logik lediglich als binäre Logik den Computern überlassen und sich der pragmatistischen und konstruktivistischen Denke hingeben, da dialektisches Denken «im übrigen auch niemand von ihnen verlangt» (Debord). Dagegen besteht die Möglichkeit aufgrund der Fähigkeiten der einstweilen wieder völlig zerstreuten Proletarisierten, auf ihrer Seite doch wieder zum Dialog und damit zu dialektischem Denken zu gelangen, wieder «lesen zu lernen» und strategisches Handeln zu entwickeln und darüber sich zur

«Klasse des Bewußtseins» zu reorganisieren. [GdS:208, vgl.212, 219-223; siehe auch 💻Ex.: Dialektik und offene Totalität und 💻Ex.: Strategie und Taktik.

Anm218: Das getrennte Denken und das Denken der Trennungen

Ähnlich wie Debord konstatiert schon Marx: «Durch die Teilung der Arbeit ist schon von vornherein die Teilung auch der Arbeitsbedingungen, Werkzeuge und Materialien gegeben und damit die Zersplitterung des akkumulierten Kapitals an verschiedne Eigentümer, und damit die Zersplitterung zwischen Kapital und Arbeit, und die verschiedenen Formen des Eigentums selbst. Je mehr sich die Teilung der Arbeit ausbildet und je mehr die Akkumulation wächst, desto schärfer bildet sich auch diese Zersplitterung aus. Die Arbeit selbst kann nur bestehen unter der Voraussetzung dieser Zersplitterung. [...]

Es zeigen sich hier also zwei Fakta. Erstens erscheinen die Produktivkräfte als ganz unabhängig und losgerissen von den Individuen, als eine eigne Welt neben den Individuen, was darin seinen Grund hat, daß die Individuen, deren Kräfte sie sind, zersplittert und im Gegensatz gegeneinander existieren, während diese Kräfte andererseits nur im Verkehr und Zusammenhang dieser Individuen wirkliche Kräfte sind. Also auf der einen Seite eine Totalität von Produktivkräften, die gleichsam eine sachliche Gestalt angenommen haben und für die Individuen selbst nicht mehr die Kräfte der Individuen, sondern des Privateigentums [sind], und daher der Individuen nur, insofern sie Privateigentümer sind. [...] Auf der andern Seite steht diesen Produktivkräften die Majorität der Individuen gegenüber, von denen diese Kräfte losgerissen sind und die daher alles wirklichen Lebensinhalts beraubt, abstrakte Individuen geworden sind, die aber dadurch erst in den Stand gesetzt werden, *als Individuen* miteinander in Verbindung zu treten. Der einzige Zusammenhang, in dem sie noch mit den Produktivkräften und mit ihrer eignen Existenz stehen, die Arbeit, hat bei ihnen allen Schein der Selbstbetätigung verloren und erhält ihr Leben nur, indem sie es verkümmert.» [MEW3:66f/MEGAProbeband1972:109f].

Anm219: Kritik am Proudhonismus

Pierre Joseph Proudhon (1809-1865) faßte in seiner aufsehenerregenden ersten Schrift «Was ist das Eigentum?» (1840) seine Kritik des Eigentumsrechts in die berühmt gewordene (übrigens schon 60 Jahre vor ihm von Brissot de Varville gebrauchte) Formel: «Eigentum ist Diebstahl», die jedoch nur besagen will, dass das auf Ausbeutung fremder Arbeit beruhende Eigentum «Diebstahl» sei.

Proudhon wollte nicht privatwirtschaftliche Produktionsweise überhaupt, sondern nur ihre beiden «Hauptübel», Geld und Zins, abschaffen, an deren Stelle sein auf dem Prinzip der solidarischen Gegenseitigkeit beruhendes «mutualistisches» Kreditsystem des freien Tauschverkehrs treten soll (Mutualismus: System der gegenseitigen sozialen Hilfsbereitschaft als Grundlage eines Föderalismus, welcher schließlich den Staat ersetzen soll). Während der Wert, so Proudhon, ursprünglich für Gleichheit stand und wieder stehen soll, stehe das Geld für Ungerechtigkeit und Ungleichheit. Das Geld (reduziert auf Gold und Silber) sei «der Despot der Zirkulation», weil es unter den Waren den ersten Platz einnehme und den anderen Waren ihren Wert zuweise. Aus diesem «Privileg» des Geldes heraus erklärte und kritisierte Proudhon den Zins (was in Europa aus historischen Gründen sehr schnell zu antisemitischen Konnotationen führt). Den Zins hielt er für das Hauptproblem am Kapitalismus. In seiner Schrift «Die Widersprüche der Nationalökonomie oder Philosophie des Elends» (1846) stellte er diesem sein Ideal einer «gerechten» Gesellschaft gegenüber: Es ist das Modell einer Gesellschaft, welche nun endlich wirkliche Äquivalente tauschen solle. Da der Wert einer Ware in Arbeitszeit gemessen werde, dürfe Geld nichts anderes sein als ein jeweiliger Arbeitsstundenzettel. Die Arbeitsstundenzettel sollen durch eine Tauschbank verwaltet werden. Damit sei gewährleistet, dass wirkliche Äquivalente getauscht würden, und dies galt Proudhon als Garant für gesellschaftliche Gleichheit und «Gerechtigkeit».

Marx, der 1844 in Paris Bekanntschaft mit Proudhon machte und ihm, wie er später sagte, mit unvorhergesehenen Folgen versuchte, Hegelsche Philosophie beizubringen, kritisierte in «Das Elend der Philosophie» [MEW4:63ff] die Proudhonschen – idealistisch apriori von Hegelschen Systemvorgaben abgeleiteten – Vorstellungen sehr akribisch, u.a. auch deshalb, weil Proudhon bei den philosophisch wenig kundigen französischen Arbeitern den Ruf eines bedeutenden Denkers hatte, während die deutsche sozialistische Emigration ihn als großen Ökonomen feierte: «Herr Proudhon genießt das Unglück, auf eigentümliche Art verkannt zu werden. In Frankreich hat er das Recht, ein schlechter Ökonom zu sein, weil man ihn für einen tüchtigen deutschen Philosophen hält; in Deutschland dagegen darf er ein schlechter Philosoph sein, weil er für einen der stärksten französischen Ökonomen gilt.» [MEW4: 65]. Marx zeigt, dass man den Zins nur dann sinnvoll kritisieren kann, wenn man das Kapitalverhältnis kritisiert; denn der Zins lässt sich nur abschaffen, wenn man seine Voraussetzungen, Waren-, Geld-, und Kapitalproduktion, aufhebt. Dass der Wert, gemessen in Arbeitszeit, den Garanten für die beständige und allseitige Gleichheit aller Dinge und Menschen abgeben würde, entpuppt sich damit als Illusion: «Wenn Herr Proudhon zugibt, daß der Wert der Produkte durch die Arbeitszeit bestimmt wird, so muß er gleichfalls die oszillatorische Bewegung anerkennen, die allein aus der Arbeitszeit das Maß des Wertes macht. Es gibt kein fertig konstituiertes ‹Proportionalitätsverhältnis›, es gibt nur eine konstituierende Bewegung.» [MEW4:94] Aber diese Bewegung ist das prozessierende Kapital. Und «selbst die Gleichheit der Salaire, wie sie Proudhon fordert, verwandelt nur das Verhältnis des jetzigen Arbeiters zu seiner Arbeit in das Verhältnis aller Menschen zur Arbeit. Die Gesellschaft wird dann als abstrakter Kapitalist gefaßt. Arbeitslohn ist eine unmittelbare Folge der entfremdeten Arbeit, und die entfremdete Arbeit ist die unmittelbare Ursache des Privateigentums. Mit der einen muß daher auch die andere Seite fallen.» [MEW40:521]. (Siehe ausführliche Kritik proudhonistischer Vorstellungen in Rakowitz2000.)

Die SI sprach von dem anarcho-sozialistischen Säulenheiligen als: «dieser Proudhon, ein ständiger Befürworter der Ordnung, der die bestehende Ordnung im Privateigentum (durch das Genossenschaftswesen) und überall sonst *verbessern* will; der unpolitische Feind jedes gewaltsamen Kampfes; der rückständige Geist, der mitten im XIX. Jahrhundert keine andere Wahl für die Frau sieht und duldet als die zwischen dem Zustand einer Prostituierten und dem einer Hausfrau; der Mann, der seine ganze Untüchtigkeit als Moralist trefflich zusammengefasst hat, indem er sich gerade gegen das bestehende Minimum an Arbeiterautonomie entschied: ‹Es gibt genauso wenig ein Streikrecht wie ein Recht auf Inzest und Ehebruch.› (Proudhon)» [SI2:228]. An früherer Stelle schrieb die SI, dass «Proudhons ‹Mutualismus› von 1848 [...] danach strebte, sich am Rand des Privateigentums zu organisieren». Im Gegensatz dazu «kann die wirkliche, revolutionäre Selbstverwaltung nur dadurch errungen werden, dass die vorhandenen Eigentumstitel mit Waffengewalt abgeschafft werden.» [SI2:163].

Anm220: Die Welt ist keine Ware! – für den «Idiotismus des Landlebens»

Es sei zumindest erwähnt, dass es in anderen Ländern länger dauerte, bis Landfreaks und Ökokommunen es zur «Politikfähigkeit» brachten. In Frankreich hat z.B. José Bové seine Karriere aus dem postsituationistischen Milieu aufs Land gerettet, wo er heute als alteuropäischer Bauer und Ernährungsberater für das *Antiglobalisierungs-Spektakel* von sich reden macht.

Anm221: «Die Sitten verbessern sich», «die Ideen verbessern sich», die situationistischen Plagiate nehmen daran teil

Mehrmals von SI-Autoren entwendetes Lautréamont-Wort über das Plagiat aus seinen «Poésies II» (1870): «Die Worte, die das Böse ausdrücken, sind dazu bestimmt, eine nutzvolle Bedeutung anzunehmen. Die Ideen verbessern sich. Die Bedeutung der Worte hat daran Anteil. Das Plagiat ist notwendig. Der Fortschritt schließt es mit ein.» [Ducasse1979:46; vgl. GdS§207: direktes Plagiat!].

Laut Goethe z.B. kann ein guter Schriftsteller ohne Plagiieren überhaupt nichts Gescheites zustandebringen, es komme vielmehr darauf an, wie er mit dem von anderen verwendeten (entwendeten) Material künstlerisch umgeht, d.h. ob und wie es optimal auf der Höhe der Zeit zur Geltung gebracht wird. Der jugendliche Dichter Lautréamont revolutionierte die moderne Prosa durch die systematische kunstvolle und witzige Technik des Plagiats im Sinne einer Dekonstruktion der Originalzitate. Der in seinen «Poésies» programmatischen Begründung folgten dann im 20. Jahrhundert vor allem die SurrealistInnen und die SituationistInnen. Siehe auch 💻Ex.: Die Kategorien «Natur» und «Geschlecht» und die Sprachkritik; und im Enchiridion: Fußnote 78.

Anm222: Die «Dreyfus-Affäre»

In seinem empfehlenswerten Buch «Das Shylock-Syndrom – oder: Die Dramaturgie der Barbarei» kennzeichnet der rechte Systemtheoretiker D. Schwanitz die Konstellation in der Dreyfus-Affäre 1897, die spätere historische Konstellationen vorwegnahm: «Das Volk ist zu den Demagogen übergelaufen, während die Sozialisten abseits stehen. Unter dem Einfluss der antisemitischen Hetze der ‹Libre parole› geht der Mob zur ‹Partei der Ordnung› über. Die Ordnung, das ist die, die man erst errichten will durch die Liquidation der Republik. Zum ersten Mal gibt es ein Bündnis zwischen Adel, Klerus und Großbourgeoisie einerseits und den aufgeputschten Massen andererseits. Das ideologische Bindeglied ist der Antisemitismus. Mit ihm treibt die ‹Libre parole› die Massen den Vertretern der alten Ordnung zu. Doch die modernen Agitatoren, die mit einer ganz neuen Skrupellosigkeit operieren, sind bald die Herren in diesem Bündnis. Bei Leuten wie Maurice Barrès und Charles Maurras stehen wir an der Wiege des Faschismus. Sie kombinieren schon das Unmögliche: revolutionäre Radikalität und reaktionäre Ideologie.» [Schwanitz1998,S.189f].

Anm223: Deutscher Parteikommunismus nach Rosa Luxemburgs Ermordung: blind für eigenen Antisemitismus (Hintergründe)

Zum Antisemitismus von links: Olaf Kistenmacher: Vom Judas zum Judenkapital. Antisemitische Denkformen in der KPD der Weimarer Republik. Nachzuhören unter: http://freieradios.nadir.org/reihen/antisem.php.

Ausführlich, besonders zu den spärlichen, unzulänglichen Alibi-Versuchen der Thälmann-KPD, einen «marxistisch-leninistischen Kampf gegen den Antisemitismus» zu dokumentieren: Gruppe M.A.G.M.A.2002.

Anm224: Haltung zur Shoah und zum Staat Israel: Prüfstein communistischer Konkretion

Keinesfalls können die entsprechenden Ansätze zu diesem Thema als gleichwertig angesehen werden, reicht die Fallhöhe doch sehr weit: von Aussetzern, die in Israel einen Vorposten «für den Kommunismus» ausmachen wollen (Joachim Bruhn), über elende Versuche, die Shoah als eine Station «der Modernisierung» (der Wertvergesellschaftung) in die ‹Katastrophe der Moderne› historisch einzureihen (KRISIS), bis hin zu dem komplett wahnsinnigen (paranoiden) Unterfangen, in der Shoah einen Knebel der *internationalen Bourgeoisie* für das *deutsche Proletariat* ausmachen zu wollen (BordigistInnen).

4 Ausführliches Literaturverzeichnis mit Bewertungen

Abkürzungsverzeichnis:

BE	Der Beginn einer Epoche. Texte der Situationisten. Hamburg 1995.
DwS	Situationistische Internationale: Die wirkliche Spaltung der Internationalen. Öffentliches Zirkular der Situationistischen Internationalen. Düsseldorf 1973.
EdÄ	Lukács, Georg: Die Eigenart des Ästhetischen. Band 1 u. 2. (Lukács-Werke Bd. 11 u. 12). Darmstadt u. Neuwied 1963.
FGW	Freud, Sigmund: Gesammelte Werke. Frankfurt a. M. 1999.
GdS	Debord, Guy: Die Gesellschaft des Spektakels. Berlin 1996.
GdS1978	Debord, Guy: Die Gesellschaft des Spektakels. Hamburg 1978.
GuK	Lukács, Georg: Geschichte und Klassenbewußtsein. (Lukács-Werke Bd. 2). Darmstadt u. Neuwied 1977.
HW	Hegel-Werke (in 20 Bänden), Frankfurt a. M. 1995.
HWP	Ritter, J. u. Gründer, K. (Hg.): Historisches Wörterbuch der Philosophie.
KGdS	Debord, Guy: Kommentare zur Gesellschaft des Spektakels. In: ders.: Die Gesellschaft des Spektakels. Berlin 1996.
MEGA	Marx-Engels-Gesamtausgabe, Berlin.
MEW	Marx-Engels-Werke, Berlin.
ND	Adorno, Theodor W.: Negative Dialektik. Gesammelte Werke Bd.6. Frankfurt a. M. 1975.
OgS	Lukács, Georg: Zur Ontologie des gesellschaftlichen Seins. Band 1 u. 2 (Lukács-Werke Bd.13 u. 14). Darmstadt u. Neuwied 1984 u. 1986.
SI1/2	Situationistische Internationale 1958-1969. Gesammelte Ausgaben des Organs der Situationistischen Internationale, Band 1, Band 2. Hamburg 1976 und 1977.
WuS	Viénet, René: Wütende und Situationisten in der Bewegung der Besetzungen. Hamburg 1977.

Die Literaturhinweise sind folgendermaßen bewertet:

✪✪✪ für eine Weiterbeschäftigung mit dem Thema unbedingt erforderlich;

✪✪ sehr lesenswert und in Bezug auf unser vorgeschlagenes Projekt förderlich;

✪ lesenswert;

☠ unser Giftschrank (Gründe: z.B. journalistisch-feuilletonistisch ignorant und/oder mit unverhohlener reformistischer Killertendenz, desorientierend weil vorurteilsfixierend, Mode-Hypes; kurz: Verstellung des Zugangs zur SI bzw. ihrer theoriepraktischen Genealogie sowie revolutionstheoretischen Grundlagen i.a.).

Texte der SI, LI, Texte mit Bezug auf die SI, LI und Texte postsituationistischer AutorInnen oder Gruppen

Andersen, Troels: Asger Jorn. Eine Biographie. Köln 2001.

autonome a.f.r.i.k.a gruppe / Luther Blisset / Sonja Brünzels: Handbuch der Kommunikationsguerilla. Hamburg 1997.

Balestrini, N. und Moroni, P.: Die goldene Horde. Arbeiterautonomie, Jugendrevolte und bewaffneter Kampf in Italien. Berlin 1994. ✪

Beneath the paving stones. Situationists and the beach, May 1968. Edingburgh u. San Francisco 2001.

Benl, Andreas: Eine Situation schaffen, die jede Umkehr unmöglich macht. Guy Debord und die Situationistische Internationale. In: jour-fixe-intiatie berlin (Hg.): Kritische Theorie und Poststrukturalismus. Theoretische Lockerungsübungen. Hamburg 1999. ✪✪

Bey, Hakim: T.A.Z. Die Temporäre Autonome Zone. Berlin 1994. ☠

Bittermann, Klaus: Das Ende einer Karriere – Gérard Lebovici. Aufstieg und Fall eines Verlegers und Filmproduzenten. In: Bittermann, Klaus: Das Sterben der Phantome. Verbrechen und Öffentlichkeit. Berlin 1988.

Böckelmann, F. u. Nagel, H. (Hg.): Subversive Aktion. Der Sinn der Organisation ist ihr Scheitern, o.O. (Verlag Neue Kritik) 2002.

Bracken, Len: Guy Debord – Revolutionary. Venice 1997.

Briegleb, Klaus: «Ur-Erwartungen der Menschheit». Die «situationistische» Avantgarde. In: ders.: Literatur in der antiautoritären Bewegung. Frankfurt a. M. 1993.

Canjuers, P. u. Debord, G.: Vorverhandlungen für ein revolutionäres Einheitsprogramm. In: Subtropen «5/09, 2001. ✪

Charles, Pol: Raoul Vaneigem l'insatiable. Lausanne 2002.

Claus, Jürgen: Unterwegs nach New Babylon: Constant. In: Expansion der Kunst. Beiträge zu Theorie und Praxis öffentlicher Kunst. Reinbek bei Hamburg 1970.

COBRA: Ausstellung, veranstaltet von: Musée cantonal des Beaux-Arts Lausanne, Kunsthalle der Hypo-Kulturstiftung München, KunstHausWien 1997-1998.

Dauvé, Gilles: Kritik der Situationistischen Internationale. In: Ohrt, Roberto (Hg.): Das große Spiel. Die Situationisten zwischen Politik und Kunst. Hamburg 2000.

Debord, Guy: «Cette mauvaise réputation...» Paris 1998.

Debord, Guy: Commentaires sur la société du spectacle. Paris 2001. ✪

Debord, Guy: Correspondance Vol.1, juin 1957 – aout 1960. Paris 1999.

Debord, Guy: Correspondance Vol.2, septembre 1960 – décembre 1964. Paris 2001.

Debord, Guy: Die Gesellschaft des Spektakels. [enthält auch: Kommentare zur Gesellschaft des Spektakels u. Vorwort zur vierten italienischen Ausgabe (1979)]. Berlin 1996. ✪✪✪

Debord, Guy: Gegen den Film. Filmskripte. Hamburg 1978. ✪

Debord, Guy: In girum imus nocte et consumimur igni. Wir irren des Nachts im Kreis umher und werden vom Feuer verzehrt. Berlin 1985. ✪✪

Debord, Guy: La Société du Spectacle. Paris 2002. ✪✪✪

Debord, Guy: Mémoires. Structures Portantes d´Asger Jorn. (Org. 1959) Paris 1993. ✪

Debord, Guy: Panegyrikus. Erster Band. Berlin 1997.

Debord, Guy: Rapport zur Konstruktion von Situationen. Hamburg 1980 (ist auch enthalten in: «Der Beginn einer Epoche»). ✪✪

Debord, Guy: Von der wilden Architektur. (Org.: On wild Architecture, 1973) In: Subtropen 2/02, 2001. ✪

Debord, Guy: Rapport sur la construction des situations. Paris 1997. ✪✪

Der Beginn einer Epoche. Texte der Situationisten. Hamburg 1995. ✪✪✪

Der große Schlaf und seine Kunden. Situationistische Texte zur Kunst. Hamburg 1990. ✪

Dreßen, W., Kunzelmann, D. u. Siepmann, E. (Hg. i.A. Werkbund-Archiv): Nilpferd des höllischen Urwalds. Spuren in eine unbekannte Stadt – Situationisten, Gruppe SPUR, Kommune I. Berlin 1991. ☠

Ducasse, Isidore (Lautréamont): Poesie. Vorwort von Guy E. Debord u. Gil J. Wolman. Hamburg 1979. ✪✪

Dupuis, Jules Francois (Raoul Vaneigem): Der radioaktive Kadaver. Eine Geschichte des Surrealismus. Hamburg 1979. ✪

Eichhorn, Lothar: Die Geschichte der Situationistischen Internationale. Ihre Vorläufer, Methoden, Wandlungen, Poesien und politischen Orientierungen. Frankfurt 2004.

Ford, Simon: The Realization and Suppression of the Situationist International. An Annotated Bibliography 1972-1992. Edinburgh 1994. ✪✪

Galerie van de Loo: Texte zur Kunst 1957-1982. München 1982.

Gallisaires, Pierre (Hg.): COBRA. Nach uns die Freiheit! Hamburg 1995.

Gilcher-Holtey, Ingrid: «Die Phantasie an die Macht». Mai 68 in Frankreich. Frankfurt a. M. 1995.

Gilcher-Holtey, Ingrid: Guy Debord und die Situationistische Interna-

tionale. In: Grimmer, Rolf (Hg.): Kunst – Macht – Gewalt. München 2000.
Gray, Christopher (Ed.): Leaving the 20th Century. The Incomplete Work of the Situationist International. London 1998. ✪
Gruppe SPUR: Ein kultureller Putsch. Manifeste, Pamphlete und Provokationen der Gruppe SPUR. Hamburg 1991.
Home, Stewart: The Assault on Culture. Utopian currents from Lettrisme to Class War. Edinburgh 1991. ☠
Jappe, Anselm: Guy Debord. London 1999. ✪
Jorn, Asger: Gedanken eines Künstlers. München 1997.
Jorn, Asger. Katalog, 2 Bände. Ausstellung in Locarno 1996.
J.U.P.: Situationistinnen und andere. Berlin 2001.
Kaufmann, Vincent: Guy Debord. Die Revolution im Dienste der Poesie. (Org. 2001) Berlin 2004. ✪
Keiner, Marion u. Kräubig, Jens: Künstler der Gruppen COBRA und SPUR. Sammlung Selinka. Ausstellung in Schloß Achberg, Ravensburg. Kornwestheim 1998.
Kellein, Thomas: «Fröhliche Wissenschaft». Das Archiv Sohm. Staatsgalerie Stuttgart. Stuttgart 1986.
Knabb, Ken (Ed.): Situationist International. Anthology. Berkeley 1981. ✪
Lallement, Jimmy: Die Haltungen verbessern sich oder Prolegomena zur Strategie der Begegnungen und der Organisation, die sich als Subversion präsentieren will. Düsseldorf 1974. ✪
Lallement, Jimmy: Vorläufige These über den oszillierenden Charakter. Dialektik der Sinnlichkeit. Düsseldorf 1974.
Law, Larry: Spectacular Times. London (since 1979). ✪
Le Manach, Yves: Halunken! Eure Fabriken, Parteien und Gewerkschaften kennen wir. Düsseldorf 1974.
Levin, Thomas Y.: «Ciné qua non»: Guy Debord und die filmische Praxis als Theorie. In: Gregor Stemmrich (Hg.): Kunst / Kino. Jahresring 48. Jahrbuch für moderne Kunst. Köln 2001.
Marcus, Greil: Lipstick Traces. Von Dada bis Punk. Eine geheime Kulturgeschichte des 20. Jahrhunderts. (Org. 1989) Reinbek bei Hamburg 1996. ✪
Martos, Jean-François: Histoire de l'internationale situationiste. Paris 1989.
Mension, Jean-Michel: Wir haben unsere unfertigen Abenteuer gelebt. Eine Jugend im Paris der fünfziger Jahre. Berlin 2002. ✪
Messer, Thomas M.: Asger Jorn. Retrospektive. Ausstellung Schirn Kunsthalle Frankfurt 1994.
Metzger, Grete u. Hans: Über die Punks und Lettristen. Hamburg 1988. ✪
Nash, Jørgen: Der Galgenvogel. Hamburg 1993.
Nexialistische Internationale: Der Aufstand der Weinbauern in Südfrankreich. Nürnberg 1979. ✪
Nexialistische Internationale: Schriften und Dokumente 1976-1977. Nürnberg 1980. ✪✪
Ohrt, Roberto (Hg.): Asger Jorn. Heringe in Acryl. Heftige Gedanken zu Kunst und Gesellschaft. Hamburg 1993.

Ohrt, Roberto (Hg.): Das große Spiel. Die Situationisten zwischen Politik und Kunst. Hamburg 2000. ✪

Ohrt, Roberto: Der Herr des revolutionären Subjekts. Einige Passagen im Leben von Guy Debord. In: Situationistische Internationale 1957-1972. Museum Moderner Kunst Stiftung Ludwig Wien (Ausstellungskatalog) 1998.

Ohrt, Roberto: Phantom Avantgarde. Eine Geschichte der Situationistischen Internationale und der modernen Kunst. Hamburg 1990. ✪

Organisation der kleinen Horden: Die Große Hungersnot in Irland. Hamburg 1975.

Plant, Sadie: The Most Radical Gesture. The Situationist International in a Postmodernist Age. London 1992.

Potlatch. Informationsbulletin der Lettristischen Internationale (1954-1957). Mit Dokumentenanhang. Berlin 2002. ✪✪

Potlatch 1954-1957. Paris 1996. ✪✪

Raspaud, J.-J. u. Voyer, J.-P.: L'Internationale situationniste: chronologie, bibliographie, protagonistes (avec un index de noms insultés). Paris 1972.

Ratgeb: Vom wilden Streik zur generalisierten Selbstverwaltung. (Org. 1974) Berlin 1975.

Sadler, Simon: The Situationist City. Cambridge u. London 1998.

Sanguinetti, Gianfranco: Über den Terrorismus und den Staat. Die Theorie und Praxis des Terrorismus zum ersten Mal enthüllt. Hamburg 1981. ✪

Savage, Jon: England's Dreaming. Anarchie, Sex Pistols, Punk Rock. (Org. 1992) Berlin 2001. ✪

Semprun, Jaime: Rive Gauche. Ein Pamphlet gegen die Meisterschwätzer. Hamburg 1979.

Semprun, Jaime: Der soziale Krieg in Portugal. Hamburg 1975. ✪

Situationistische Internationale: Die wirkliche Spaltung der Internationalen. Öffentliches Zirkular der Situationistischen Internationalen. Düsseldorf 1973. ✪✪✪

Situationistische Internationale 1958-1969. Gesammelte Ausgaben des Organs der Situationistischen Internationale, Band 1, Band 2. Hamburg 1976 und 1977. ✪✪✪

Situationistische Internationale 1957-1972. Museum Moderner Kunst Stiftung Ludwig Wien (Ausstellungskatalog) 1998. ✪✪

Situationistische Internationale: Über das Elend im Studentenmilieu. Hamburg 1977 [auch in «Beginn einer Epoche» enthalten]. ✪✪✪

Subrealistische Bewegung: Des Kaisers neue Kleider. Über die orientalische Revolution. Hamburg 1979.

Subrealistische Bewegung: Jetzt! Ein subrealistisches Manifest. Hamburg 1979. ✪✪

Subrealistische Bewegung: Zur Kritik der Politischen Ökologie. Hamburg 1980. ✪✪

Vaneigem, Raoul: An die Lebenden! Eine Streitschrift gegen die Welt der Ökonomie. (Orig. 1990) Hamburg 1997.

Vaneigem, Raoul: Das Buch der Lüste. (Orig. 1974) Hamburg 1984.

Vaneigem, Raoul: Handbuch der Lebenskunst für die jungen Generationen. (Orig. 1967) Hamburg 1980. ✪✪

Viénet, René: Wütende und Situationisten in der Bewegung der Besetzungen. Hamburg 1977. ✪✪✪

Voyer, Jean-Pierre: Einführung in die Wissenschaft der Publizität. Leverkusen 1982. ☠

Voyer, Jean-Pierre: Untersuchungen über Natur und Ursachen des Elends der Menschen. Hamburg 1980.

Weitere Literatur

Abl, Gerald: Die Dialektik bei Freud. Salzburg 1993. ✪✪

Adamczak, Bini: kommunismus – kleine geschichte, wie endlich alles anders wird. Münster 2004.

Adams, W. P. e.a. (Hg): Die Vereinigten Staaten von Amerika (Fischer Weltgeschichte Band 30). Frankfurt a. M. 1977.

Adorno, Th. W. und Horkheimer M.: Elemente des Antisemitismus. In dies.: Dialektik der Aufklärung. Frankfurt a. M. 1992. ✪✪✪

Adorno, Theodor W.: Ästhetische Theorie. Frankfurt a. M. 1973. ✪

Adorno Theodor W.: Auf die Frage: Was ist deutsch. In ders.: Stichworte. Frankfurt a. M. 1969. ✪✪

Adorno, Theodor W.: Kulturkritik und Gesellschaft, Bd. II. Frankfurt a. M. 1997. ✪

Adorno, Theodor W.: Negative Dialektik. Gesammelte Werke Bd.6. Frankfurt a. M. 1975. ✪✪

Adorno, Theodor W.: Reflexionen zur Klassentheorie (1942). In ders.: Soziologische Schriften I (Gesammelte Schriften Bd. 8). Frankfurt a. M. 1972.

Agentur Bilwet: Der Datendandy. Über Medien, New Age, Technokultur. Mannheim 1994.

AG Spaß muß sein! (Hg.): SpassGuerilla. Münster 1994.

ak kassiber. material für wissenschaft und widerstand: aneignung 1 – vom kampf gegen die «politik des 4. august» 1914 über die gruppe internationale und den spartakusbund zur gründung der kpd 1918: der kampf um den revolutionären bruch. Berlin 1996.

Albers, D. e.a. (Hg): Klassenkämpfe in Westeuropa – England, Frankreich, Italien (1968-1971). Reinbek bei Hamburg 1971.

Amann, Marc (Hrsg.): go.stop.act! Die Kunst des kreativen Straßenprotests. Frankfurt aM. 2005

Anders, Günther: Besuch im Hades: Auschwitz und Breslau 1966. Nach «Holocaust» 1979. München 1979 ✪

Anders, Günther: Der Mann auf der Brücke. Tagebuch aus Hiroshima und Nagasaki. München 1959 ✪

Antiimperialistischer Kampf / Materialien und Diskussion N°7/1974: «Ikarus fällt – Die ‹Rote Armee› in Japan» Frankfurt a. M.1974

Anweiler, Oskar: Die Rätebewegung in Russland 1905-1921. Leiden 1958.

Arendt, Hannah: Elemente und Ursprünge totaler Herrschaft. Berlin 1986. ✪

Aristarco, Guido: Marx, das Kino und die Kritik des Films. (Vorwort: Georg Lukács, 1965) München, Wien 1981. ✪

Aristoteles: Nikomachische Ethik. Hamburg 1985.

Arschinoff, Peter. A.: Geschichte der Machno-Bewegung (1918-1921). Münster 1998. ✪

autonome gruppe 1. mai: Kapitalismus und Hausarbeit. Betrachtungen über die Reproduktion als Grundlage kapitalistischer Geschlechterspaltung. Stuttgart. ✪

Arnold, V.: Räte-Bewegung und Rätetheorien in der Novemberrevolution. Hannover 1978. ✪

Bader, Ganssmann et al.: Krise und Kapitalismus bei Marx. 2 Bände, Eschwege 1975. ✪

Bakunin, Michael: Staatlichkeit und Anarchie. (Vorwort von Hansjörg Viesel. Mit dem Konspekt und den kritischen Randglossen von Karl Marx [1873, aus MEW 18] im Anhang.) Berlin 1972. ✪

Barthes, Roland: Mythen des Alltags. (Paris 1957) Frankfurt a. M. 1964. ✪✪

Bataille, Georges: Die psychologische Struktur des Faschismus. (1933) München 1997.

Baudrillard, Jean: Agonie des Realen. Berlin 1978. ☠

Baudrillard, Jean: Laßt euch nicht verführen. Berlin 1983. ☠

Becker, Jens: Heinrich Brandler. Eine politische Biographie. Hamburg 2000. ✪

Ben-Itto, Hadassa: Die Protokolle der Weisen von Zion – Anatomie einer Fälschung. Berlin 1998. ✪

Benz, Ernst: Das Recht auf Faulheit. Oder: Die friedliche Beendigung des Klassenkampfes. Frankfurt a. M., Berlin, Wien 1982.

Benjamin, Walter: Allegorien kultureller Erfahrung. Ausgewählte Schriften 1920-1940. Leipzig 1984. ✪✪✪

Benjamin, Walter: Das Kunstwerk im Zeitalter seiner technischen Reproduzierbarkeit. Frankfurt a. M. 1963. ✪✪✪

Benjamin, Walter: Das Passagenwerk (3 Bände) Ungekürzte Volksausgabe (Detlev Holz Verlag Muri), Frankfurt a. M. 1982. ✪✪

Benjamin, Walter: Über den Begriff der Geschichte. In: Opitz, Michael (Hg.): Walter Benjamin. Ein Lesebuch. F. a. M. 1996. ✪✪✪

Bergius, Hanne: Das Lachen Dadas. Gießen 1989. ✪

Bernecker, Walther L.: Der Spanische Bürgerkrieg: Materialien und Quellen. Frankfurt a. M. 1986. ✪

Bittermann, Klaus: Das Sterben der Phantome. Verbrechen und Öffentlichkeit. Berlin 1988.

Blasche, S., Gutmann, M. u. Weingarten, M. (Hg.): Repraesentatio Mundi. Bilder als Ausdruck und Aufschluss menschlicher Weltverhältnisse. Bielefeld 2004.

Borkenau, Franz: Kampfplatz Spanien. Stuttgart 1986.

Bourdieu, Pierre: Die feinen Unterschiede. Kritik der gesellschaftlichen Urteilskraft. Frankfurt a. M. 1987.

Böckelmann, Frank u.a.: Das Schillern der Revolte. Berlin 1978. ☠

Brendel, Cajo: Thesen über die chinesische Revolution. Hamburg 1977.

Breton, André, Césaire, Aimé e.a.(Hg): Das Geheimnis des Comte de Lautréamont. Untersuchungen und Essays. Berlin 1986. ✪

Breton, André: Das Weite suchen. Reden und Essays. Frankfurt a. M. 1981.

Breton, André: Manifestes du Surréalisme. Paris, 1972. ✪

Breton, André: Ode an Charles Fourier. Surrealismus und utopischer Sozialismus. Berlin 1982 ✪✪

Brecht, Bertold: Schriften zur Politik und Gesellschaft 1919-1956. Frankfurt a. M. 1974. ✪✪

Brecht, Bertold: Kleines Organon für das Theater. Die Dialektik auf dem Theater. (Schriften Bd. 7) Berlin / Weimar 1964. ✪

Brinton, Maurice: Die Bolschewiki und die Arbeiterkontrolle. Hamburg 1976. ✪✪

Broué, P. u. Témime, E.: Revolution und Krieg in Spanien. Geschichte des spanischen Bürgerkrieges. Band I und II. (Orig.:1961) Frankfurt a. M. 1975. ✪✪

Brückner, Peter: Psychologie und Geschichte. (Vorlesungen 1980/81) Berlin 1982. ✪✪

Brückner, Peter: Versuch, uns und anderen die Bundesrepublik zu erklären. Berlin 1978. ✪✪

Buber, Martin u. Rosenzweig, Franz (übers. des «Alten Testaments» aus dem Hebräischen): Die Schrift, Bd. 1. Die fünf Bücher der Weisung. Stuttgart 1992.

Burroughs, William S.: Die elektronische Revolution. (Org. 1970) Bonn 1994. ✪

Butler, Judith: Das Unbehagen der Geschlechter. Gender Studies. Frankfurt a. M. 1991.

Butler, Judith: Körper von Gewicht. Die diskursiven Grenzen des Geschlechts. Berlin 1995. ✪

Cardan, Paul (Cornelius Castoriadis): Arbeiterräte und selbstverwaltete Gesellschaft. Frankfurt a. M.1974. ✪

Cardan, Paul (Cornelius Castoriadis): Postskript zur Neudefinition der Revolution. Berlin 1974. ✪

Chadwick, Whitney: Les femmes dans le mouvement surréaliste. Paris 1986.

Chesneaux, Jean. In: Droz, Jacques: Geschichte des Sozialismus. Band VIII – Der Sozialismus in Amerika, Asien, Afrika. Frankfurt a. M. / Berlin / Wien 1975.

Clark, Katerina and Holquist, Michael: Mikhail Bakhtin. Cambridge (Ms) and London 1984. ✪

Clausewitz, Carl von: Vom Kriege. (Org.1832) München 2000. ✪

Claussen, Detlev: Aspekte der Alltagsreligion. Ideologiekritik unter veränderten gesellschaftlichen Verhältnissen. Frankfurt a. M. 2000. ✪

Claussen, Detlev: Antisemitismus und Gesellschaftstheorie. In: Brüsemeister, Thomas u. a. (Hg.): Die versteinerten Verhältnisse zum Tanzen bringen. Beiträge zur marxistischen Theorie heute. Berlin 1991. ✪

Coro, M.: Konkurrenzgesellschaft. zur Basis und Lebenswelt des modernen gesellschaftlichen Individuums. Osnabrück 2004 (www.spruenge.os.th) µ✪✪

Dahmer, Helmut: Analytische Sozialpsychologie (2 Bände). Frankfurt a. M.1980. ✪✪

Deleuze, Gilles: Nietzsche. Ein Lesebuch von Gilles Deleuze. Berlin 1979.

Deleuze, G. u. Foucault, M.: Der Faden ist gerissen. Berlin 1977.
Deleuze, G. u. Guattari, F.: Anti-Ödipus. Kapitalismus und Schizophrenie. (Paris1972) Frankfurt a. M. 1977.
Deleuze, G. u. Guattari, F.: Tausend Plateaus. Kapitalismus und Schizophrenie. Berlin 1992.
Denby, Charles: Im reichsten Land der Welt. Ein schwarzer Arbeiter erzählt sein Leben. Berlin 1981. ✪
Derichs Claudia: Japans Neue Linke. Soziale Bewegung und außerparlamentarische Opposition, 1957-1994. Hamburg 1995.
Derrida, Jacques: Eine gewisse unmögliche Möglichkeit, vom Ereignis zu sprechen. Berlin 2003. ✪
Derrida, Jacques: Marx´ Gespenster. Der verschuldete Staat, die Trauerarbeit und die neue Internationale. Frankfurt a. M. 1995.
Derrida, Jacques: Marx & Sons. Frankfurt a. M. 2004.
Deutsche Gesellschaft für die Vereinten Nationen e.V.: Weltbevölkerungsbericht 1989. Bonn 1989.
Deutscher, Isaac: Die ungelöste Judenfrage. Zur Dialektik von Antisemitismus und Zionismus. Berlin 1977. ✪
Deutschmann, Christoph: Die Verheißung des absoluten Reichtums. Zur religiösen Natur des Kapitalismus. New York u. Frankfurt a. M. 2001.
Döblin, Alfred: November 1918. Eine deutsche Revolution. Erzählwerk in 3 Teilen. Bd.III: Karl und Rosa. München 1995. ✪
Dietzgen, Joseph: «Das Wesen der menschlichen Kopfarbeit» und andere Schriften. Hg. und Nachwort von Hellmuth G.Haasis. Darmstadt und Neuwied 1973.
Dunayevskaya, Raya: Algebra der Revolution. Wien 1981. ✪
Dunayevskaya, Raya: Rosa Luxemburg. Frauenbefreiung und Marx´ Philosophie der Revolution. Berlin / Hamburg 1998. ✪✪
Dundes, Alan: Sie mich auch! Hinter-Gründiges in der deutschen Psyche. München 1987.
Dutschke, Rudi: Zur Literatur des revolutionären Sozialismus von Karl Marx bis in die Gegenwart. SDS-Korrespondenz Sondernummer 1966. Amsterdam 1970. ✪
Dutschke, R. und Krahl, H.-J.: «Das Sich-Verweigern fordert Guerilla-Mentalität.» Organisationsreferat auf der 22. Delegiertenkonferenz des SDS, September 1967 (www.krahlstudien.de). ✪
Ehrenreich, Barbara: Angst vor dem Absturz. Das Dilemma der Mittelklasse. Reinbek bei Hamburg 1994.
Engelmann, Peter (Hg.): Postmoderne und Dekonstruktion. Texte französischer Philosophen der Gegenwart. Stuttgart 1997. ✪
Epiktet e.a.: Wege zum Glück. München 1991.
Erckenbrecht, Ulrich: Marx´ Materialistische Sprachtheorie. Mit einem selektiven Sachregister zu den MEW. Kronberg Ts. 1973.
Erd, Rainer (Hg): Reform und Resignation. Gespräche über Franz Neumann. Frankfurt a. M.1985. ✪
Fanon, Frantz: Die Verdammten dieser Erde. (Vorwort von J. P. Sartre 1961) Reinbek bei Hamburg 1969. ✪
Fanon, Frantz: Das kolonisierte Ding wird Mensch. Leipzig 1986. ✪
Fehér, Ferenc und Heller, Agnes: Diktatur über die Bedürfnisse. So-

zialistische Kritik osteuropäischer Gesellschaftsformationen. Hamburg 1979.
Fenichel, Otto: Aufsätze Bd. I u. II. Frankfurt a. M./Berlin/Wien 1985. ✪✪
Fenichel, Otto: Psychoanalytische Neurosenlehre. Band I-III. (Orig.1945) Giessen 1997. ✪
Fenichel, Otto: 119 Rundbriefe. Band I: Europa, Band II: Amerika. (Hg. v. Reichmayr, J. u. Mühlleitner, E.) Frankfurt a. M. u. Basel 1998.
Feuerbach, Ludwig: Das Wesen des Christentums. Gesammelte Werke Bd. 5, Berlin 1973. ✪
Feuerbach, Ludwig: Das Wesen des Glaubens im Sinne Luthers. Ein Beitrag zum «Wesen des Christentums» (1844). Wien 1999. ✪✪
Foucault, Michel: Der «Anti-Ödipus» – eine Einführung in eine neue Lebenskunst. In: Barck, K., Gente, P. u.a. (Hg): Aisthesis. Wahrnehmung heute oder Perspektiven einer anderen Ästhetik (Essais). Leipzig 1991.
Foucault, Michel: Die Ordnung der Dinge. Eine Archäologie der Humanwissenschaften (Org.: 1966). Frankfurt a. M. 1997.
Foucault, Michel: Dispositive der Macht. Berlin 1978. ✪
Freud, Sigmund: Das Unbehagen in der Kultur. In: FGW Bd. 14, Frankfurt a. M. 1999. ✪✪
Freud, Sigmund: Das Unheimliche. In: FGW Bd. 12, Frankfurt a. M. 1999. ✪
Freud, Sigmund: Die Frage der Laienanalyse. In: FGW Bd. 14, Frankfurt a. M. 1999. ✪✪
Freud, Sigmund: Erinnern, Wiederholen, Durcharbeiten. In: FGW Bd. 10, Frankfurt a. M. 1999. ✪✪
Freud, Sigmund: Massenpsychologie und Ich-Analyse. In: FGW Bd. 13, Frankfurt a. M. 1999. ✪✪
Gabel, Joseph: Ideologie und Schizophrenie. Formen der Entfremdung. Frankfurt a. M. 1967. ✪
Gay, Peter: Freud für Historiker. (Oxford 1985) Tübingen 1994. ✪
Gerstenberger, Heide: Zur politischen Ökonomie der bürgerlichen Gesellschaft. Die historischen Bedingungen ihrer Konstitution in den USA. (Mit Dokumentenanhang) Frankfurt a. M. 1973.
Gilbert, Martin: Endlösung. Die Vertreibung und Vernichtung der Juden. Ein Atlas. Reinbek bei Hamburg 1982. ✪✪
Gietinger, Klaus: Eine Leiche im Landwehrkanal – die Ermordung der Rosa Luxemburg. Mainz 1993.
Gilcher-Holtey, Ingrid: «Die Phantasie an die Macht» – Mai 68 in Frankreich. Frankfurt a. M.1995.
Gramsci, A.: Amerikanismus und Fordismus. In: Gefängnishefte N°22/1934. Dt.: Gefängnishefte (H.1) (hg. von Bochmann, K. und Haug, W. F.). Hamburg 1991. ✪
Gruppe Internationale Kommunisten Hollands: Grundprinzipien kommunistischer Produktion und Verteilung. Intelligenz im Klassenkampf, und andere Schriften. (Hg: Gottfried Mergner) Hamburg 1972. ✪

Gruppe KRISIS: Manifest gegen die Arbeit. Leverkusen 1999. ☠
Guérin, Daniel: Anarchismus. Begriff und Praxis. Frankfurt a. M. 1967.
Gulyga, Arseni: Georg Wilhelm Friedrich Hegel. Frankfurt a. M.1981. ✪✪
Gurland, Arkadij: Marxismus und Diktatur. Frankfurt a. M. 1981. ✪✪
Haefs, Hanswilhelm: Handbuch des nutzlosen Wissens. München 1989.
Haug, Frigga (Hg.): Historisch-Kritisches Wörterbuch des Feminismus. Berlin u. Hamburg 2003. ✪
Haug, Wolfgang Fritz (Hg.): Historisch-Kritisches Wörterbuch des Marxismus. Berlin und Hamburg ab 1994.
Haug, Wolfgang Fritz: Vorlesungen zur Einführung ins Kapital. Köln 1974. ✪
Hegel, Georg W. F.: Phänomenologie des Geistes. (Hegel-Werke Bd. 3) Frankfurt a. M. 1973. ✪✪
Hegel, Georg W. F.: Vorlesungen über die Philosophie der Geschichte. (HW Bd. 12) Frankfurt a. M. 1979. ✪
Hegel, Georg W. F.: Vorlesungen über die Geschichte der Philosophie I-III. (HW Bd. 18-20) Frankfurt a. M. 1979. ✪✪
Hegel, Georg W. F.: Wissenschaft der Logik, I u. II. (HW Bd. 5 u. 6) Frankfurt a. M. 1996. ✪
Heidegger, Martin: Wegmarken. Gesammelte Aufsätze und Vorträge, Frankfurt a. M. 1967. ☠
Heinrich, Klaus: Das Floß der Medusa. In: Schlesier, Renate (Hg.):Faszination des Mythos. Studien zu antiken und modernen Interpretationen. Basel u. Frankfurt a. M. 1985.
Heinrich, Michael: Die Wissenschaft vom Wert. Die Marxsche Kritik der politischen Ökonomie zwischen Revolution und klassischer Tradition. Münster 1999. ☠
Heinrich, Michael: Kritik der politischen Ökonomie. Eine Einführung. Stuttgart 2004. ✪
Heller, Agnes: Das Alltagsleben. Versuch einer Erklärung der individuellen Reproduktion. Frankfurt a.M. 1978.
Heller, Agnes: Theorie der Bedürfnisse bei Marx. Hamburg 1980. ✪✪✪
Helms, Hans G.: Die Ideologie der anonymen Gesellschaft. Max Stirners «Einziger» und der Fortschritt des demokratischen Selbstbewußtseins vom Vormärz bis zur Bundesrepublik. Köln 1966. ✪✪
Helms, Hans G.: Fetisch Revolution. Marxismus und Bundesrepublik. Darmstadt und Neuwied 1969. ✪
Helms, Hans Georg (Hg. und Nachwort): Peter Kropotkin, Die Eroberung des Brotes und andere Schriften. München 1973. ✪
Hennig E., Hirsch J., Reichelt H. u. Schäfer. G. (Hg.): Karl Marx und Friedrich Engels: Staatstheorie. Materialien zur Rekonstruktion der marxistischen Staatstheorie. Frankfurt a. M. / Berlin / Wien 1974.
Herbert, Ulrich: Arbeit, Volkstum, Weltanschauung. Über Fremde und Deutsche im 20. Jahrhundert. Frankfurt a. M. 1995. ✪✪

Herrmann, H. P. e. a. (Hg.): Machtphantasie Deutschland. Nationalismus, Männlichkeit und Fremdenhass im Vaterlandsdiskurs deutscher Schriftsteller des 18. Jahrhunderts. Frankfurt a. M. 1996. ✪
Hierlmeier, Josef: Internationalismus. Eine Einführung in die Ideengeschichte des Internationalismus – von Vietnam bis Genua. Stuttgart 2002. ✪
Hoffmann, Rainer: Maos Rebellen. Sozialgeschichte der chinesischen Kulturrevolution. Hamburg 1977. ✪✪
Hofmann, Werner: Ideengeschichte der sozialen Bewegung. Berlin und New York 1971. ✪✪
Holz, Hans Heinz: Widerspiegelung. Bibliothek dialektischer Grundbegriffe Bd.6. Bielefeld 2003.
Horkheimer, Max: Die Juden und Europa – Autoritärer Staat – Vernunft und Selbsterhaltung (Aufsätze 1939-1941), Amsterdam 1968. ✪✪
Horkheimer, Max u. Adorno, Theodor W.: Dialektik der Aufklärung. Gesammelte Schriften Bd.5. Frankfurt a. M. 1987. ✪✪✪
Horlemann, J. und Gäng, P.: Vietnam. Genesis eines Konflikts. Frankfurt a. M. 1967. ✪
Hsia, Adrian: Die Chinesische Kulturrevolution. Zur Entwicklung der Widersprüche in der chinesischen Gesellschaft. Neuwied und Berlin 1971. ✪
Hubig, Christoph: Mittel. Bibliothek dialektischer Grundbegriffe. Bielefeld 2002. ✪
Huelsenbeck, Richard: Deutschland muß untergehen! In (ders.): En avant Dada: Die Geschichte des Dadaismus (1920), Hamburg 1984.
Huizinga, Johan: Homo Ludens. Vom Ursprung der Kultur im Spiel. Hamburg 1956. ✪✪
Irmer, Klaus: Arbeit und Sexualität. Reflexionsstufen einer kritischen Sexualforschung. Ein Beitrag zur Vermittlungsproblematik von Subjektivität und Gesellschaft, o.O. 1995. ✪✪
Jameson, Fredric: Das politische Unbewusste. Reinbek 1988.
Jameson, Fredric: Lust und Schrecken der unaufhörlichen Verwandlung aller Dinge: Brecht und die Zukunft. Hamburg 1998.
Jameson, Fredric: Postmodernism. Or The Cultural Logic of Late Capitalism. Durham NC 1990.
Jung, Franz: Der Weg nach unten. Hamburg 1988.
Kadritzke, Ulf: Angestellte, die geduldigen Arbeiter. Zur Soziologie und sozialen Bewegung der Angestellten. Köln 1975. ✪
Kafka, Franz: Hochzeitsvorbereitungen auf dem Lande und andere Prosa aus dem Nachlass. Frankfurt a. M. 1953.
Kaminski, Hanns-Erich: Barcelona. Ein Tag und seine Folgen (Ceux de Barcelone. Paris 1937) Berlin 1986. ✪✪
Kaminski, Winfred: Zur Dialektik von Substanz und Subjekt bei Hegel und Marx. Frankfurt a. M. 1978.
Klein, Naomi: No Logo! München 2002.
Kleinspehn, Th. u. Mergner, G. (Hg): Mythen des Spanischen Bürgerkriegs. Grafenau 1989. ✪

Koenen, Gerd: Der unerklärte Frieden. Deutschland, Polen und Russland. Eine Geschichte. Frankfurt a. M. 1985. ✪

Koenen, Gerd: Das rote Jahrzehnt. Unsere kleine deutsche Kulturrevolution 1967-1977. Köln 2001. ✪

Kollektiv A/traverso: Alice ist der Teufel. Praxis der subversiven Kommunikation. Berlin 1977.

Koltan, Michael T.: Die Editionsgeschichte der «Feuerbach-Manuskripte». In: jour fixe initiative berlin (Hg): Geschichte nach Auschwitz. Münster 2002. ✪

Koordination der autonomen Gruppen Spaniens: Aufrufe aus dem Gefängnis von Segovia. Nürnberg 1981. ✪✪

Korsch, Karl: Marxismus und Philosophie. Frankfurt a. M. 1966. ✪

Korsch, Karl: Karl Marx. Frankfurt a. M. 1967. ✪

Korsch, Karl: Die materialistische Geschichtsauffassung – und andere Schriften. Frankfurt a. M. 1971.

Kracauer, Siegfried: Die Angestellten. Aus dem neuesten Deutschland. (Mit einer Rezension von Walter Benjamin), Frankf. a.M. 1971. ✪

Krader, Lawrence: Ethnologie und Anthropologie bei Marx. Berlin u. Wien 1976. ✪

Krahl, Hans-Jürgen: Konstitution und Klassenkampf. Frankfurt a. M. 1971. ✪✪

Kroll, Renate (Hg): Metzler Lexikon Gender Studies Geschlechterforschung. Stuttgart, Weimar 2002

Kühne, Lothar: Gegenstand und Raum. Über die Historizität des Ästhetischen. Dresden 1988.

Kühne, Lothar: Haus und Landschaft. (Gesammelte Aufsätze.) Dresden 1985.

Külow, V. und Jaroslawski, A. (Hg): David Rjasanow – Marx-Engels-Forscher, Humanist, Dissident. Berlin 1993. ✪

Küntzel, Matthias: Djihad und Judenhass. Freiburg 2002. ✪

Kuster, Friederike in: Sabine Doyé e.a. (Hg.): Philosophische Geschlechtertheorien. Ausgewählte Texte von der Antike bis zur Gegenwart. Stuttgart 2002. ✪✪

La Chienlit c´est encore lui! Dokumente zur französischen Mai-Revolte. Herausgegeben im Auftrag eines Komitees der Bewegung des 22.März von Jean-Jaques Lebel, Jean-Louis Brau und Philippe Merlhès. Darmstadt 1969.

Laplanche, J. und Pontalis, J.-.B. (Hg): Das Vokabular der Psychoanalyse. Frankfurt a. M. 1996. ✪

Lazzarato, M., Negri, T. [A.] u. Virno, P.: Umherschweifende Produzenten. Immaterielle Arbeit und Subversion. Berlin 1998.

Lefebvre, Henri: Kritik des Alltagslebens, Bd. I-III. München 1974. ✪

Leibniz, Gottfried W.: Monadologie und andere metaphysische Schriften. (Französisch – Deutsch) Hamburg 2002.

Lenin, W. I.: Staat und Revolution. Lenin Werke Bd. 25. Berlin

Lenin, W. I.: Was tun? Lenin Werke Bd.5. Berlin.

Lin Chun: Wortgewitter. Die britische Linke nach 1945. Hamburg 1996. ✪

Lissagaray, Prosper: Geschichte der Commune von 1871. Frankfurt a. M. 1971. ✪✪

Litván, Györgyi u. Bak, János M. (Hg): Die Ungarische Revolution 1956. Reform – Aufstand – Vergeltung. Wien 1994.

Löhnberg, Eckart: «Das Kapital» zum Selbststudium. Eine Einführung in das Hauptwerk von Karl Marx (2 Bände). Frankfurt a. M. 1975.

Lukács, Georg: Die Eigenart des Ästhetischen. Band 1 u. 2. (Lukács-Werke Bd. 11 u. 12). Darmstadt u. Neuwied 1963. ✪

Lukács, Georg: Die Gegenwartsbedeutung des kritischen Realismus. In: Essays über Realismus. (Lukács-Werke Bd.4) Neuwied und Berlin 1971.

Lukács, Georg: Die Zerstörung der Vernunft. (Lukács Werke Bd.9) Darmstadt u. Neuwied 1974. ✪

Lukács, Georg: Der junge Hegel. Über die Beziehungen von Dialektik und Ökonomie. (Lukács-Werke Bd.8) Neuwied und Berlin 1967. ✪

Lukács, Georg: Geschichte und Klassenbewußtsein. (Lukács-Werke Bd. 2). Darmstadt u. Neuwied 1977. ✪

Lukács, Georg: Grand Hotel «Abgrund» (1933). In: Benseler, Frank (Hg.): Revolutionäres Denken – Georg Lukács. Eine Einführung in Leben und Werk. Darmstadt und Neuwied 1984. ✪

Lukács, Georg: Moses Hess und die Probleme der idealistischen Dialektik. (Wien 1926). (Lukács Werke Bd.2) Darmstadt u. Neuwied 1977. ✪

Lukács, Georg: Zur Ontologie des gesellschaftlichen Seins. Band 1 u. 2 (Lukács-Werke Bd.13 u. 14). Darmstadt u. Neuwied 1984 u. 1986. ✪✪

Luxemburg, Rosa: Politische Schriften. (Hg.: O. K. Flechtheim) 3 Bde. Frankfurt a. M.1969. ✪

Lyotard, Jean-François: Der Widerstreit. München 1986.

M.A.G.M.A., Gruppe: «denn Angriff ist die beste Verteidigung» – Die KPD zwischen Revolution und Faschismus. Bonn 2001.

Märten, Lu: Formen für den Alltag. Schriften, Aufsätze, Vorträge (1903-1946) Dresden 1982.

Marcuse, Herbert: Der eindimensionale Mensch, Hamburg 1988. ✪

Marcuse, Herbert: Triebstruktur und Gesellschaft. Frankfurt a. M. 1995. ✪✪

Marenssin, Emile: Stadtguerilla und soziale Revolution. Über den bewaffneten Kampf und die Rote Armee Fraktion. (Org. 1974) Freiburg 1998. ✪✪

Marx, K. u. Engels, F.: Die deutsche Ideologie. I. Band. Kapitel I: Feuerbach. Gegensatz von materialistischer und idealistischer Anschauung. In: MEGA Probeband: Editionsgrundsätze und Probestücke. Berlin 1972 (vgl. MEW Bd. 3, Berlin 1959).✪✪✪

Marx, K. u. Engels, F.: Manifest der kommunistischen Partei. MEW Bd. 4, Berlin 1977. ✪

Marx, K., Engels, F. u. Weydemeyer, J.: Die Deutsche Ideologie. Artikel, Druckvorlagen, Entwürfe, Reinschriften und Notizen zu I Feuerbach und II Sankt Bruno, Marx-Engels Jahrbuch 2003, hg. von der Internationalen Marx-Engels-Stiftung Amsterdam, Berlin 2004. ✪✪✪

Marx, Karl: Brief an Vera I. Sassulitch. MEW Bd. 19, Berlin 1962. ✪✪

Marx, Karl: Das Elend der Philosophie. MEW Bd. 4, Berlin 1977. ✪
Marx, Karl: Das Kapital I (1867). Urausgabe (Nachdruck Gerstenberg Paperback). Hildesheim 1980. ✪
Marx, Karl: Das Kapital. Kritik der politischen Ökonomie (Bd. I-III). MEW Bd. 23-25, Berlin 1972. ✪✪✪
Marx, Karl: Der achtzehnte Brumaire des Louis Bonaparte. MEW Bd. 8, Berlin 1960. ✪✪
Marx, Karl: Der Bürgerkrieg in Frankreich. MEW Bd. 16, Berlin 1962. ✪
Marx, Karl: Die ethnologischen Exzerpthefte. Hg. von Lawrence Krader. Frankfurt a. M. 1976. ✪
Marx, Karl: Die Klassenkämpfe in Frankreich 1848 bis 1850. MEW Bd. 7, Berlin 1960. ✪✪
Marx, Karl: Die Krisis und die Konterrevolution. MEW Bd. 5, Berlin 1959. ✪
Marx, Karl: Grundrisse der Kritik der politischen Ökonomie (Rohentwurf). (Moskau u. Berlin 1953) Berlin 1974. ✪✪
Marx, Karl: Kritik des Gothaer Programms. MEW Bd. 19, Berlin 1962. ✪✪
Marx, Karl: Le Capital (1875), Traducteur: J. Roy. Paris 1966. ✪
Marx, Karl: Ökonomische Manuskripte 1857/1858 (Grundrisse / Rohentwurf). MEW Bd. 42, Berlin 1983. ✪✪
Marx, Karl: Ökonomisch-philosophische Manuskripte aus dem Jahre 1844. MEW Bd. 40, Berlin 1968. ✪✪
Marx, Karl: Provisorische Statuten der Internationalen Arbeiter-Assoziation. MEW Bd. 16, Berlin 1962. ✪
Marx, Karl: Randglossen zu Adolph Wagners «Lehrbuch der politischen Ökonomie» MEW Bd. 19, Berlin 1962. ✪✪
Marx, Karl: Resultate des unmittelbaren Produktionsprozesses. (Ökonomische Manuskripte 1863-1867, Teil 1: Das Kapital, Ökonomisches Manuskript 1863-65, Erstes Buch, Sechstes Kapitel) MEGA II Bd.4.1, Berlin 1988. ✪✪✪
Marx, Karl: Theorien über den Mehrwert. MEW Bd. 26.1-3, Berlin 1965. ✪
Marx, Karl: Thesen über Feuerbach. MEW Bd. 3, Berlin 1959. ✪✪✪
Marx, Karl: Zur Judenfrage. MEW Bd. 1, Berlin 1974.
Marx, Karl: Zur Kritik der Hegelschen Rechtsphilosophie. Einleitung. MEW Bd. 1, Berlin 1974. ✪✪✪
Mauke, Michael: Die Klassentheorie von Marx und Engels. Köln u. Frankfurt a. M. 1970. ✪✪
Mauthner, Fritz: Wörterbuch der Philosophie. Band I-III, Leipzig 1923-1924. ✪
Mészáros, István: Der Entfremdungsbegriff bei Marx. München 1973. ✪✪
Metzler Philosophie Lexikon. Stuttgart u. Weimar 1999.
Meyer, Kurt: Henri Lefebvre. Ein romantischer Revolutionär. Wien 1973.
Michal, Wolfgang: Deutschland und der nächste Krieg. Berlin 1995.
Müller, Richard: Vom Kaiserreich zur Republik. 2 Bde, Wien 1925. ✪
Müller, Richard: Der Bürgerkrieg in Deutschland. Geburtswehen der Republik. Berlin 1925.

Na'aman. Shlomo: Emanzipation und Messianismus. Leben und Werk des Moses Hess (Quellen und Studien zur Sozialgeschichte Bd.3, hg.vom Internationalen Institut für Sozialgeschichte, Amsterdam) NewYork/Frankfurt a. M.1982. ✪

Neale, Jonathan: Der amerikanische Krieg – Vietnam 1960-1975. Karlsruhe 2004.

Negri, A. u. Hardt, M.: Die Arbeit des Dionysos. Materialistische Staatskritik in der Postmoderne. Berlin 1997.

Negri, A. u. Hardt, M.: Empire. Die neue Weltordnung. New York / Frankfurt a. M. 2002.

Negt, O. u. Kluge, A.: Geschichte und Eigensinn. Geschichtliche Organisation der Arbeitsvermögen – Deutschland als Produktionsöffentlichkeit – Gewalt des Zusammenhangs. Frankfurt a.M.1981.

NGBK (Hg.): legal/illegal Wenn Kunst Gesetze bricht. Art beyond law. Berlin, Stuttgart 2005

Nietzsche, Friedrich: Die Geburt der Tragödie aus dem Geiste der Musik. München / Berlin / New York 1980.

Oberländer, E. und Kool, F. (Hg): Arbeiterdemokratie oder Parteidiktatur (Dokumente. Bd.1: Opposition innerhalb der Partei, Bd.2: Kronstadt) Eingeleitet von O. Anweiler. München 1972. ✪✪

Opitz, M. und Wizisla E. (Hg.): Benjamins Begriffe. Band I und II. Frankfurt a. M. 2000. ✪

Pasternack, Gerhard: Georg Lukács – Späte Ästhetik und Literaturtheorie. Frankfurt a. M. 1986.

Paz, Abel: Durruti. Leben und Tode des spanischen Anarchisten. Biographie. Hamburg 1994. ✪

Péret, Benjamin: Die Schande der Dichter. Prosa, Lyrik, Briefe. Hamburg 1985.

Pilack, René: Arbeit als Chiffre für Antisemitismus. In: Zum Problemkreis des Antisemitismus, o.O. 2000 (www.mxks.de). ✪

Pinguet, Maurice: Der Freitod in Japan. Berlin 1990.

Piper, Annelotte: Japans Weg von der Feudalgesellschaft zum Industriestaat. Köln 1976.

Pontalis, J.-B.: Objekte des Fetischismus. Frankfurt a.M. 1972.

Postone, Moishe: Antisemitismus und Nationalismus (1979). In: Redaktion diskus (Hg.): Küss den Boden der Freiheit. Texte der Neuen Linken. Berlin 1992. ✪✪

Postone, Moishe: Zeit, Arbeit und gesellschaftliche Herrschaft. Eine neue Interpretation der kritischen Theorie von Marx. Freiburg 2003.

Pozzoli, Claudio (Hg): Jahrbuch Arbeiterbewegung Bd. 2. Marxistische Revolutionstheorien. Frankfurt a. M. 1974.

Psychoanalyse: Marxismus und Sozialwissenschaften. Aufsätze. s' Gravenhagen 1972. ✪

Paschukanis, Eugen: Allgemeine Rechtslehre und Marxismus. Freiburg 2003.

Rakowitz, Nadja: Einfache Warenproduktion. Freiburg 2000. ✪

Raeithel, Gerd: Geschichte der nordamerikanischen Kultur in drei Bänden. Weinheim 1992. ✪

Reden, Sven van: Underground – Studien zum amerikanischen Dokumentarfilm über die Geschichte der «Weather People» in den USA. Trier 1997.

Reeve, Charles: Der Papiertiger. Über die Entwicklung des Kapitalismus in China 1949-1971. Hamburg 1975.

Reichmayr, Johannes: Ethnopsychoanalyse. Geschichte, Konzepte, Anwendungen. Gießen 2003. ✪

Reichmayr, Johannes e.a. (Hg): Psychoanalyse und Ethnologie. Biographisches Lexikon der psychoanalytischen Ethnologie, Ethnopsychoanalyse und interkulturellen Therapie. Gießen 2003.

Reinicke, Helmut: Für Krahl. Berlin 1973. (Siehe auch auf: www.mxks.de sowie: sozialistische-studienvereinigung.frankfurt.org) ✪

Reinicke, H.: Registerband zu Hegel-Werke (in 20 Bänden). Frankfurt a. M. ✪✪

Retzlaw, Karl: Spartacus. Aufstieg und Niedergang. Erinnerungen eines Parteiarbeiters. Frankfurt a.M.1976. ✪

Ritter, J. u. Gründer, K. (Hg.): Historisches Wörterbuch der Philosophie. ✪

Rippel, Philipp: Souveränität und Revolte. Die Wiedererweckung Nietzsches und Heideggers in Frankreich. In: Kemper, P. (Hg): ‹Postmoderne› oder Der Kampf um die Zukunft. Frankfurt a. M. 1988.

Rotermundt, Rainer: Verkehrte Utopien. Nationalsozialismus – Neonazismus – Neue Barbarei. Argumente und Materialien. Frankfurt a. M. 1980. ✪

Rubel, Maximilien (Hg): Karl Marx und Friedrich Engels zur russischen Revolution. (Die russische Kommune.) Kritik eines Mythos. München und Wien 1984. ✪✪

Rubel, Maximilien: Stalin. Hamburg 2002. ✪

Sablowski, Thomas: Italien nach dem Fordismus. Regulation und organische Krise einer kapitalistischen Gesellschaftsformation. Münster 1998. ✪

Schieder, Wolfgang: Karl Marx als Politiker. München 1991.

Schneider, Dieter Marc: Pariser Kommune 1871, 2 Bde. Reinbek bei Hamburg 1971. ✪✪

Schürmann, Volker: Muße. Bibliothek dialektischer Grundbegriffe. Bielefeld 2003. ✪

Schwanitz, Dietrich: Das Shylock-Syndrom oder Die Dramaturgie der Barbarei. München und Zürich 1997. ✪

Seiffert, Johannes: Zengakuren. München 1969. ✪

Sennett, Richard: Der flexible Mensch. Die Kultur des neuen Kapitalismus. Berlin 2000.

Serge, Victor: Erinnerungen eines Revolutionärs. Wiener Neustadt 1974. ✪✪

Serge, Victor: Die Klassenkämpfe in der chinesischen Revolution von 1927. Frankfurt a.M. 1975.

Simmel, Ernst (Hg): Antisemitismus. (Psychoanalytische Konferenz in Los Angeles 1944 mit Adorno, Fenichel, Horkheimer e.a.) Frankfurt a. M. 1993. ✪✪

Souvarine, Boris: Staline, aperçu historique du bolchevisme. Première biographie de Staline. (Orig. 1935) o.O. 1992. ✪
Sozialistische Studienvereinigung: Der andauernde Krieg gegen den Irak als Kampf um den Weltmarkt. (www.mxks.de, sowie: http://sozialistische-studienvereinigung.frankfurt.org). ✪✪
Stajano, Corrado: Der Staatsfeind. Leben und Tod des Anarchisten Franco Serantini. Berlin 1976. ✪
Stirner, Max: Der Einzige und sein Eigentum. (Reprint Strömfeld) Frankfurt a. M. 1986. ☠
Strube, Katja: Das Kapital in den Köpfen. In: Hickethier, K. & Bleicher, J.: Aufmerksamkeit, Medien und Ökonomie; Münster 2002, S. 75-86. ✪✪
Suchsland, Inge: Julia Kristeva zur Einführung. Hamburg 1992. ✪
Sun Tse: Die Kunst des Krieges. (Orig. ca. 500 v. u. Z.) München 1998.
Theweleit, Klaus: Objektwahl. (All You Need Is Love...) Über Paarbildungsstrategien & Bruchstück einer Freudbiographie. Basel 1990. ✪
Tökei, Ferenc: Karl Marx, unser Zeitgenosse? Budapest 1990. ✪
Trumann, Andrea: Feministische Theorie. Frauenbewegung und weibliche Subjektbildung im Spätkapitalismus. Stuttgart 2002. ✪✪
Türcke, Christoph: Erregte Gesellschaft: Philosophie der Sensation. München 2002.
Vogel, Ulrich: Zur Theorie der chinesischen Revolution. Die asiatische Produktionsweise und ihre Zersetzung durch den Imperialismus. Frankfurt a. M. 1974. ✪✪
Volin: Die unbekannte Revolution I. Hamburg 1983. ✪
Volpi, Franco (Hg.): Lexikon der philosophischen Werke. Stuttgart 1988.
Wayand, Gerhard: Marx und Engels zu archaischen Gesellschaften im Lichte der neueren Theorie-Diskussionen. Koblenz 1991. ✪
Williams, William A.: Der Welt Gesetz und Freiheit geben. Amerikas Sendungsglaube und imperiale Politik. Hamburg 1984.
Wirkus, Bernd: Zur Dialektik der Aufklärung in der Ästhetik. Struktur- und Methodenprobleme der Ästhetik Georg Lukács´. Köln 1975. ✪
Wolf, Dieter: der dialektische Widerspruch im Kapital. Ein Beitrag zur Marxschen Werttheorie. Hamburg 2002.
Wright, Steve: Den Himmel stürmen. Eine Theoriegeschichte des Operaismus. Berlin u. Hamburg 2005.
i ek, Slavoj: Die Revolution steht bevor . Dreizehn Versuche über Lenin. Frankfurt a. M. 2002.

Zeitschriften, Zeitschriftenartikel und Sonstiges

Aufheben. Brighton 1992-2004 (www.geocities.com/aufheben2/).✪

anschläge Nr.2-6. Bittermann, Klaus (Hg.). Nürnberg 1981-1983.

Behrens, Roger: Rezension der Neuauflage der «Gesellschaft des Spektakels» und Skizze einer Polemik gegen eine vorschnelle Wende zum Utopischen, die im Windschatten der Situationisten ins Fahrwasser des Utopischen zu geraten droht. In: karoshi Nr. 1/1997 (www.si-archiv.tk).

Berardi, Franco (Bifo): Kurzer verzweifelter Essay. In: Die Aktion Nr. 145/147 Hamburg 1995 (www.twokmi-kimali.de).

Blissett, Luther: Guy Debord is really dead (1994) (www.t0.or.at/~oliver/).

Blissett, Luther: Zwei Anmerkungen zur situationistischen Ideologie (www.twokmi-kimali.de).

Böckelmann, Frank: Situationisten, Subversive und ihre Vorgänger. In: Kunstforum Bd. 116/1991 (www.twokmi-kimali.de).

Brinton, Maurice: Paris Mai 1968. Ein Tagebuch. (Dossier zur Mai-Revolte 1968 in Frankreich.) In: Die Aktion, Heft 175/180, Hamburg 1998.

Dauvé, Gilles: Um noch einmal auf die Situationistische Internationale zurückzukommen... In: Wildcat-Zirkular 62, 2002 (www.wildcat-www.de).

Diederichsen, Diedrich: Gespräch mit Roberto Ohrt über dessen Buch «Phantom Avantgarde». In: Texte zur Kunst, 1. Jg. Nr. 1/1990.

Dollars & Träume. Zeitschrift für USA-Forschung. Joseph Weydemeyer Gesellschaft. Hamburg ab 1978.

Eaerthmiller, J. u. Pitcher, U.: Gegen den Staat, in: Phase 2, 04/2002. ✪✪

Forsyth, Lucy: The supersession of the SI? – Paper for a meeting about the S.I. in Manchester 1996. ✪

Gietinger, Klaus: Die Kommune von Kronstadt. Artikelserie in 5 Folgen, in: junge welt, 5.4.-3.5.1997. ✪

Grigat, Stephan: Der Fetisch im Spektakel. Zur Gesellschaftskritik Guy Debords. In: Jungle World Nr. 20/2001. ✪

Groß, Thomas: Feind der Ewigkeit. Guy Debord, Antikünstler, Großstadtrebell, Gesellschaftsfeind und Großmeister des Scheiterns ist tot. In: die tageszeitung 3.12.1994.

Güde, Fritz: Der zerstückelte Leib. Zum 100. Geburtstag Walter Benjamins. In: Kommune 7 u. 8, 1992. ✪✪

Guillaume, Pierre: Guy Debord. In: Sleipnir Heft 1/1996 (www.twokmi-kimali.de). ☠

H.: Zur Kraft der Situationistischen Kritik und ihrer Rezeption in Deutschland. In: Wildcat-Zirkular 62/2002 (www.wildcat-www.de).

Heynen, Hilde: New Babylon: The Antinomies of Utopia. In: Assemblage 29, 1996.

Hilpert, Thilo: Stadtvisionen der Sechziger Jahre. In: ARCH+ Nr. 139/140. Zeitschrift für Architektur und Städtebau, 1997/1998.

Hierlmeier, Moe: Die Aneignung des Lebens. Marx, Brecht und die Situationisten. In: arranca! Nr. 29.

Jacob, Günther: Kapitalismus und Lebenswelt. Theorie des bürgerlichen Individuums bei Marx. Hamburg 1986.

Jappe, Anselm: Sic transit gloria artis. Theorien über das Ende der Kunst bei Theodor W. Adorno und Guy Debord. In: KRISIS Nr. 15/1995. ✪

Jappe, Anselm: Politik des Spektakels – Spektakel der Politik. Zur Aktualität der Theorie von Guy Debord. In: KRISIS Nr. 20/1998.

Kaufmann, Vincent: Guy Debord. In: Jungle World 53/2003.

Kommunistischer Zirkel (Hg): Spanien 1936: Der Mythos der «Anarchistischen Kollektive». in: Der revolutionäre Funke Nr.9/1996. ✪

Levin, Thomas Y.: Der Urbanismus der Situationisten. In: ARCH+ Nr. 139/140. Zeitschrift für Architektur und Städtebau, 1997/1998.

Levin, Thomas Y.: Geopolitik des Winterschlafs: Zum Urbanismus der Situationisten. In: Wolkenkuckucksheim 2. Jg., Heft (www.si-archiv.tk)

Marelli, Gianfranco: Zum letzten Mal Vorhang auf für Guy Debord. In: Schwarzer Faden 2/95.

Mentrup, Mario: Erfinder der Langeweile. In: Konkret 1/96. ☠

Müller, Jost: Die verstellte Einsicht des M. Debord. In Subtropen ´5/09, 2001 (www.si-archiv.tk)

Müller, Jost: Der definitive Bruch mit der Kunst. Fragen praktischer und theoretischer Kritik. In: Jungle World Nr.24/2001 (www.twokmi-kimali.de).

Negator: Klappe und Text, in: karoshi 5/2000. ✪✪

Neuwirth, Stefan: Guy Debord – Die totale Selbstbestimmung. In: Context XXI, 5/2000.

Ohrt, Roberto: Der schiefe Turm von Venedig. Mit Ralph Rumney ist einer der ersten und letzten Situationisten gestorben. Ein Nachruf in: Jungle World Nr. 14/2002.

Ohrt, Roberto: Der Verschleiß der Bilder (www.twokmi-kimali.de).

Ohrt, Roberto: Porträt der Fiktion als mögliche Gegenwart. Guy Debord, die Avantgarde und Socialisme ou Barbarie. In: Subtropen ´5/09, 2001 (www.twokmi-kimali.de).

Otani, Teinosuke: Das Problem der Geldbildung und seine Lösung im «Kapital». Dt. in: Beiträge zur Marx-Engels-Forschung N°27/1989 (www.mxks.de).

Revelli, Marco: Schichtwechsel. FIAT und die Arbeiter(innen) – die Immigration – der Heiße Herbst – der Waffenstillstand – die 35 Tage. Mit einem kritischen Nachwort von Sergio Bologna. in: TheKla 15/1992. ✪

Revolte! Organ der Subrealistischen Bewegung. Zeitschrift gegen das Leben im zwanzigsten Jahrhundert. Hamburg (1973-1982). ✪✪

Rötzer, Florian: Soziale Phantasie – Künstlergruppen in München. Mit einem Exkurs: Die Situationistische Internationale. In: Kunstforum International Bd.116/1991 (www.twokmi-kimali.de).

Rubel, Maximilien: Marx als Theoretiker des Anarchismus. In: Die Aktion, Heft 125/156, Hamburg 1996. ✪✪

Schlichting, Jonnie: Die Gesellschaft des diffusen Spektakels. Guy Debord und die Situationisten. In: direkte aktion Nr 82.

Schrage, Dieter: Widerstand im Spektakel. Die Situationistische Internationale. In: Context XXI 3-4/2000 (www.twokmi-kimali.de).

Schneider, Oliver: Wege aus dem Spektakel? Eine Untersuchung von Methoden von Situationisten und Culture Jammern. Berlin 2003 (www.si-archiv.tk) ✪

Schritkopcher, Zwi: Die Situationisten (1958-1972). Auftakt zum Westlichen Communismus. In: Übergänge zum Kommunismus N°3 und 4, Hamburg 1997. ✪✪

Schuber, Elke: Öl hingebracht, wo Feuer war. Einer (Wieder-)Entdeckung wert: die Texte der «Situationistischen Internationale». In: Süddeutsche Zeitung Nr. 234/1995.

Seibert, Thomas: Das Subjekt der Revolten. In: Die Beute Nr. 8, 4/95.

Seibert, Thomas: Die Gesellschaft des Spektakels, das Alltagsleben und die Kunst der Entwendung. In: arranca! Nr.22/2001 (www.twokmi-kimali.de).

Seibert, Thomas: «Leaving the 20. Century». Die Situationistische Internationale von 1957 bis 1972. In: Schwarzer Faden o.A.

Troublemaker, Gende R.: Die Situationistische Internationale (Teil II). In: «Brüche» Nr. 19/1995.

Vaneigem, Raoul: Personality Politics. The Spectacularisation of Fairmile. In: Do or Die – Voices from Earth First! N°7, Brighton (UK) 1998.

wildcat: [Übersetzung der kritischen Darstellung und Auseinandersetzung der englischen Zeitschrift «Aufheben» mit den Krisentheorien von «Socialisme ou Barbarie», der SI, Ernest Mandel, Paul Mattick u.a. Linkskommunisten sowie Regulationstheoretikern.] In: Wildcat-Zirkular N°17 und 18, 1998. ✪✪

Wollen, Peter: Zwischen Marxismus und Surrealismus (www.twokmi-kimali.de).

Zweifel, Stefan: Gesellschaft des Spektakels. Guy Debord und die «Situationisten». In: Neue Zürcher Zeitung 3.5.2003 (www.twokmi-kimali.de). ☠

5 Glossar

Vorbemerkung:
Die folgenden Begriffserklärungen sollen in erster Linie zur Lektüreerleichterung von «Situationistische Revolutionstheorie – Vol.I: Enchiridion» dienen. Begriffe, die innerhalb einer Begriffserklärung mit einem Pfeil (→) versehen sind, finden sich ebenfalls als eigenständiges Schlagwort im Glossar.

Mit den **unterstrichenen** Begriffen, welche die von der SI häufig gebrauchten Begriffe kennzeichnen, kann dieses Glossar außerdem als ein *Auftakt zu einem situationistischen Wörterbuch* angesehen werden – oder bescheidener: zumindest als ein erster elementarster Grundansatz dafür. Die direkten terminologischen Bezüge (Stellen, Zitate) im situationistischen «Gesamtwerk» können auf diesem beschränkten Raum nicht «mitgeliefert» werden. Vor allem sollte klar sein, dass die angegebenen Definitionen lediglich zur begrifflichen *Vorverständigung* dienen und keine endgültigen Resultate darstellen. Denn «eine Definition ist immer offen, nie definitiv; die unsrigen gelten historisch, für einen gewissen Zeitabschnitt, der mit der präzisen historischen Praxis verknüpft ist». [BE:189/SI2:195]. Zudem muss daran erinnert werden, dass Begriffe *Kampffelder* darstellen, dass sie entweder «für die herrschende Organisation» [BE:161/SI2:37] arbeiten oder für die Subversion, die revolutionäre Poesie [vgl. Vol.I: Enchiridion 3.5.3].

absolut (lat. absolutus: losgelöst): 1) unbedingt, d.h. nicht durch irgendwelche Bedingungen eingeschränkt oder erst durch sie möglich; 2) vollkommen (i. Ggs. zu: relativ); 3) notwendig (i. Ggs. zu: bloß hypothetisch).

Abstraktion, abstrakt, abstrahieren (lat. abstrahere: wegziehen, wegreißen): Bei einer denkerischen Abstraktion wird von möglichen Eigenschaften oder anderen Gesichtspunkten abgesehen, um einen Gegenstand oder Sachverhalt zunächst möglichst unter einem einzigen Gesichtspunkt zu betrachten. Insofern ist das daraus resultierende Abstrakte etwas Einfaches i. Ggs. zu etwas Komplexem (Zusammengesetzten) – und nicht etwas Kompliziertes, wie man umgangssprachlich meint, – und der Gegensatz zum → Konkreten. Das Realabstrakte – i. Ggs. zum rein denkerisch gebildeten Abstrakten – ist das Ergebnis einer Handlungspraxis, bei der während der Handlung von bestimmten Aspekten abgesehen werden muss, damit die Handlung überhaupt zustande kommen kann (z.B. im Tauschakt, worin beim eigenen zum Tausch angebotenen Produkt von seiner Gebrauchswertseite real abstrahiert werden muss). Die Realabstraktion wird im wirklichen Verhalten der Menschen vollzogen, unabhängig davon, ob sie das wissen oder nicht. Der Mangel des Abstrakten insgesamt liegt in seiner Einseitigkeit. D.h.: wenn beim Abstrakten (also beim Resultat von denkerischen und handlungspraktischen Abstraktionen) unreflektiert stehen geblieben wird, es fixiert oder in immer weitere Abstraktionen vorangetrieben wird, ist es Ausdruck eines Mangels. Die Vielfältigkeit wird auf Einfältigkeit heruntergebracht (Reduktionismus), Einseitigkeiten werden zementiert, Möglichkeiten werden verhüllt. Leere Abstraktionen, z.B. als bloße Begriffshülsen, als Reduktionismen oder als Ausdruck eines begrifflichen Mangels und der Einseitigkeit, sind bei Hegel, Marx et al. abgewertet (so wie sie auch schon im Alltagsbewusstsein als praktisch wertlos gelten), im Gegensatz zu «vernünftigen Abstraktionen» (oder auch «verständigen Abstraktionen»), die in der Regel Ausgangsstadien oder notwendige Zwischenetappen im Prozess einer reflektierten → Konkretion bilden, um zur konkreten, d. h. begriffenen → Totalität als analysierte und wieder (synthetische) Zusammenfassung vieler → Bestimmungen zu gelangen.

abstrakte Arbeit: eine Seite (ein Moment, ein Aspekt) des Doppelcharakters aller Arbeit (gegenüber den Moment «konkrete Arbeit», welche die gebrauchswertbildende Arbeit darstellt); in warenproduzierenden Gesellschaften tritt sie historisch (und deshalb auch erkenntnismäßig) hervor als die Grundlage der gesellschaftlichen Form von Austauschbarkeit beliebiger Arbeitsprodukte in der Form von Waren. In dieser Form tritt zur materiellen Gegenständlichkeit des (als stofflicher Gegenstand und/oder Dienstleistung irgendein menschliches Bedürfnis befriedigenden) → Gebrauchswerts die rein gesellschaftliche Gegenständlichkeit des → Tauschwerts hinzu und wird zum übergreifenden Moment des Arbeitsprodukts und der gesellschaftlichen Arbeit. Denn die abstrakte Arbeit ist nichts als die gemeinsame, gesellschaftlich gleiche Verausgabung von menschlicher Arbeitskraft und die dadurch erzeugte Beziehung aller Arbeitsprodukte untereinander und zur gesellschaftlichen Gesamtarbeit, insofern von jeder konkreten Eigenschaft der besonderen Arbeitsprodukte und der sie produzierenden Einzelarbeiten abgesehen (real abstrahiert) wird. Abstrakte Arbeit ist ein im Austauschprozess erscheinendes, realisiertes, aber schon im gesellschaftlichen Zusammenhang des Produktionsprozesses-für-den-Austausch konstituiertes Geltungsverhältnis: Im

Tauschakt der PrivatproduzentInnen gilt die verausgabte konkrete Arbeit als ein bestimmtes Quantum wertbildender abstrakter Arbeit (d.h. gleicher physiologischer menschlicher Arbeitsverausgabung von «Muskel, Nerv, Hirn» schlechthin) und damit auch als Bestandteil der gesellschaftlichen Gesamtarbeit. Die abstrakte Arbeit ist derjenige Aspekt im Doppelcharakter aller menschlichen Arbeit, der erst in der kapitalistischen Produktionsweise (totaler Warenproduktion, «Marktgesellschaft») bestimmend hervortritt, beherrschend wird und auch so wahrgenommen wie begriffen werden kann. Als gesellschaftliche Seinsform, nicht allein bloße Anschauungsform (d.h. nicht nur bloße Bewusstseins-, Denkkategorie) ist sie nicht einfach zu verdammen, sondern → aufzuheben, denn ihre weltgesellschaftliche Dominanz ist auch erst die historische, materielle gesellschaftliche Grundlage für eine communistische Ökonomie-der-Zeit: als historisch-materielle Möglichkeit für eine mit Willen und Bewusstsein von den frei gesamtgesellschaftlich planenden ProduzentInnen vorab minimierbare Verausgabung notwendiger Arbeitskraft und Arbeitszeit, ohne dass die Umwegstruktur über konkurrierende Privatarbeiten und ihre erst nach der Produktion erfolgende Arbeitszeitquanta-Vergleichung im Austausch (auf einem «Markt») hinter dem Rücken der produzierenden Gesellschaft noch nötig ist.

Affekt: Zustand heftiger Erregung. Dieser außergewöhnliche Gemütszustand, sei er angenehm oder unangenehm, verschwommen oder näher bestimmt, ist (nach der Triebtheorie von S. Freud) letztlich eine qualitative Äußerungsform der Quantität an Triebenergie und ihrer Variationen. Jeder Trieb wird auf den beiden Ebenen Affekt und Vorstellung ausgedrückt. Die schon in einigen älteren Philosophien (vor allem in der «Ethik» von Spinoza) ausgedrückte Einsicht, dass sich ein Affekt durch einen ihm entgegengesetzten Affekt beherrschen oder «zügeln» lässt, hat S. Freud als trieb-energetisch «ökonomische» Dialektik von «Besetzung und Gegenbesetzung» durch Triebquanta therapeutisch weiterentwickelt. Affekte sind immer gerichtet und damit reaktiv, wie z.B. Lust oder Unlust, Zorn, Ekstase, Furcht und Hoffnung, Panik, Neid und Eifersucht oder Scham. Affekt und Leidenschaft sind voneinander zu unterscheiden; denn Affekte haben stärker körperliche Auswirkungen (z.B. Schwitzen, Erröten) als → Leidenschaften. Affekte sind mehr vorübergehende, Leidenschaften dauerhaftere Zustände des Ich, und letztere sind nicht ausschließlich reaktiv.

Affirmation (lat. affirmare: befestigen, bekräftigen, bestätigen, behaupten): Bejahung, Zustimmung, Bekräftigung, Verfestigen; Ggs. zu → Negation.

Agens (lat. agere: machen, in Bewegung setzen, antreiben): (aristotelischer) Terminus für das Wirkende bzw. das Tätige als Prinzip.

Agnostizismus (griech.: a-gnoein: nicht wissen; lat. agnosia: das Nichterkennen): erkenntnistheoretische Lehre, welche die Erkennbarkeit der Welt insgesamt oder in wesentlichen Bereichen bezweifelt. Zunächst bietet der Agnostizismus die Alternative zum Theismus und Atheismus, sich angesichts fehlenden Wissens bewusst eines Glaubens in der einen oder anderen Richtung zu enthalten. Des weiteren steht der Agnostizismus in der Traditionslinie des Skeptizismus, welcher vom Zweifel ausgeht und die Erkennbarkeit der Welt auf die der Vernunft zugängliche Erfahrungswelt beschränkt, Wirklichkeiten jenseits ihrer für zweifelhaft hält und schließlich als Agnostizismus gänzlich leugnet. Doch im Unterschied zum radikalen Skeptizismus bleibt aus der Sicht des Agnostizismus die Möglichkeit sicheren Wissens unbestritten, auch wenn nicht ausgemacht ist, was als «sicheres Wissen» zu gelten hat. Einzig sicher gilt ihm folgender sokratischer Satz: «Ich weiß, daß ich nichts weiß».

***Akkomodation*:** Angleichung, Anpassung, Anbequemen an die jeweils vorgegebenen bestehenden Verhältnisse und Regeln (mit verächtlichem Wertungsakzent: «zum Anpasser werden», sich doch noch verbiegen und einfügen, «seine Jugend verraten» etc.).

Akkumulation (lat. accumulare: anhäufen, aufhäufen): Wachstum des Kapitals durch Rückverwandlung von → Mehrwert in Kapital. Der einzelne Kapitalist (Firma, Aktiengesellschaft, Staat) wird durch die Konkurrenz zur Akkumulation gezwungen. Er muss sich an dem Wettlauf um eine beständige Steigerung der → Produktivkraft (der Arbeit) beteiligen, damit er in der Preiskonkurrenz auf dem Weltmarkt mithalten kann.

Allegorie (griech. allêgoria: Andersreden, bildliche Redeweise): bildhafte Redeweise, die hinter der wörtlichen Bedeutung einen auf Vergleichsebene vermittelten Sinn zum Ausdruck bringt (z.B. Justitia mit verbundenen Augen, Waage und Schwert). Im Unterschied zum Symbol, das letztendlich in seiner Bedeutungsentsprechung zu enträtseln ist, beruht die Allegorie auf der wechselseitigen Bedeutung und Erhellung beider Entsprechungen, beider Seiten des unauflösbar dunkel bleibenden einheitlichen Bildes als eines unauflösbaren Bilderrätsels. Allegorese ist damit die Interpretation eines Textes durch Unterlegen bzw. Herausdeuten eines allegorischen Sinnes; dieses Verfahren wurde meist in der Theologie bei der Bibelauslegung mit → apologetischer Absicht angewandt. Allegorische Dichtungsarten sind die Fabel und die Parabel. Aber schon für die Erzählstruktur und Sinnstruktur des Mythos, für die nie endende «Arbeit am Mythos», seiner Ausdeutung, ist die Allegorese grundlegend.

Alltag (im spektakulären Kapitalismus): Sphäre des begrenzten, → bornierten, banalisierten menschlichen Werkeltaglebens und zugleich das Reich diffuser (weitgehend unbewusster) Unzufriedenheit und Stimmungen von Unbehagen («etwas fehlt»; «das kann´s doch nicht sein» etc); → entfremdete Lebenswelt; Bereich, in dem das Individuum als ein seiner Gesellschaftlichkeit weitgehend beraubtes (franz. vie privée: a) Privatleben, b) beraubtes Leben) oder auf bloßes Familienleben, «Weekend», Urlaub, «Freizeit» usw. reduziertes Einzelwesen erscheint (Privatheit) und in dem es sich lediglich «vegetativ» reproduziert (sprichwörtliche «Monotonie des Alltags»). Der moderne, bürgerliche Alltag stellt sich als «Tummelplatz» von wenig bis unhinterfragten → Ideologien, Traditionen, Konventionen, Gestaltungen des Scheins und zugleich als Bereich unmittelbarer, spontaner Gesten dar (ständige Versuche, «aus dem Alltag auszubrechen»). Er → erscheint damit als vermittelte Unmittelbarkeit (vgl. → Unmittelbarismus), als Pseudokonkretheit (vgl. → konkret), d.h. als Kreuzung unterschiedlichster, widersprüchlicher Momente und ideologisch erstarrter Entwicklungstendenzen. Das bewusstseinsbildende Denken des modernen Alltags ist → abstrakt und zugleich unmittelbarkeitsfixiert i. Ggs. zum reflektierten (→ Reflexion), → kritischen Denken. Allerdings ist das Alltagsdenken, das Alltagsbewusstsein, durch welches alle «höheren» Bewusstseinsformen (wie wissenschaftliches, künstlerisches Denken usw.) geprägt bleiben, von dem sie selber notwendig ausgehen und zu dem sie (als Praxisorientierung, «Anwendbarkeit» und Konkretion) zurückkehren müssen, in seinen spontanen und durch unendliche menschliche Erfahrungen gesättigten Erkenntnisleistungen nie zu unterschätzen: muss doch das unbedingt zwingende Kriterium für das Überleben im Alltag jederzeit die effektive Praxis sein, also dahingehend auf «die richtige» Erkenntnis der unmittelbaren Wirklichkeit gerichtet sein. «Sie wissen das nicht, aber sie tun es.» Diese Marxsche Feststellung des warenfetischistischen Handelns der modernen Menschen («Alltagsreligion») bringt das ganze Dilemma des Alltagslebens in der hochvergesellschafteten bürgerlichen Produktionsweise, seine Leistung und seine Kurzsichtigkeit (und → Borniertheit) auf den Punkt.

Anamnese (griech. anámnêsis: [Wieder-]Erinnerung): das In-Worte-Bringen und das begrifflich Zugänglichmachen von Vergangenem; meist gebraucht als psychoanalytischer Begriff für die Bewusstmachung von Unbewusstem, aber auch als philosophischer

Terminus für die historisch-bewusste Form des Erinnerns: z.B. «Er-Innerung» (Hegel), «Eingedenken» (W. Benjamin).
an sich: siehe → Dialektik.
apologetisch (griech. apologeísthai: verteidigen, rechtfertigen): eine Ansicht, Lehre, → Ideologie o.Ä. verteidigend, rechtfertigend. (Mit herabsetzendem Wertungsakzent: «eine schlechte Sache schönredend, ein Versagen oder Verbrechen bagatellisierend».)
Äquivalentform, äquivalent: Form unmittelbarer Austauschbarkeit mit anderen Waren. In der Wertform-Analyse bei Marx steht in der Wertgleichung die Äquivalentform (in entwickeltster Gestalt: das Geld) als passiver Wertausdruck oder «Wertspiegel» der aktiv sich darin ausdrückenden oder spiegelnden «relativen Wertform» (Naturalform eines Arbeitsprodukts) gegenüber. Die «allgemeine Äquivalentform» ist historisch und logisch das Geld.
Ästhetik (griech. aisthetikos: das Wahrnehmbare betreffend; aisthesis: die sinnliche Erkenntnis): ursprünglich und wörtlich heißt Ästhetik die Lehre von der Sinneserkenntnis, vom sinnlich Erscheinenden oder von der Wahrnehmung. Erst als Mitte des 18. Jahrhunderts eine besondere Wissenschaft der Gesetzmäßigkeiten des Schönen gefordert und dieser Vorschlag rasch aufgegriffen wurde, sind die Bedeutungskomponenten «schön» und «geschmackvoll» hinzugetreten. Eine philosophische Ästhetik versucht die Frage zu beantworten, wie «das richtige» Geschmacksurteil zustandekommt (objektive, subjektive Kriterien für Schönheit und ihren Grad – als offene Frage).
Attentismus (franz. attendre: warten): 1) in der Politik: passiv abwartende Haltung; 2) Ideologie der Handlungsabstinenz; 3) Haltung, die sich zunächst aus dem Konflikt zweier kämpfender Parteien heraushält, um anschließend ihr Urteil von dessen Ausgang abhängig zu machen. Besonders in der Geschichte der Sozialdemokratie und des Linkskommunismus bestand «revolutionärer Attentismus» in der verhängnisvollen «Zuversicht», dass «der objektive Geschichtsverlauf», sprich: die automatisch wachsende ökonomische und politische «Reife» des Kapitalismus und der Arbeiterklasse, das «Hinüberwachsen» des hochmonopolisierten Kapitalismus in den «Sozialismus» bzw. die spontane revolutionäre Machtübernahme des revolutionären → Proletariats in einer als «Zusammenbruch» vorgestellten ökonomischen Krise des «sterbenden, überrreifen, faulenden» Kapitalismus sich irgendwann und irgendwie schon noch erfüllen werde. Dem Attentismus liegt bei «MarxistInnen» ein mechanischer Ökonomismus zugrunde, dem der Mangel bzw. die Verachtung von dialektischer, historischer, materialistischer Subjekttheorie entspricht.

Aufhebung: Hegelscher Begriff zur prozessualen Überwindung → dialektischer Widersprüche. Aufhebung (schon in der deutschen Alltagssprache) beinhaltet in sich selbst drei unterschiedliche Bestimmungsmomente: a) *Bewahrung, b) Beseitigung* und c) *(Wiederein-)Setzung* auf einer «höheren», reflektierteren Stufe. Der Begriff Aufhebung steht damit für die prozessuale Einheit von → Negation und → Affirmation als Teil eines höheren Ganzen (vgl. → Totalität); d.h. im Moment des Übergangs von einer Entwicklungsstufe zur nächst höheren treten Bewahrung und Zerstörung gemeinsam auf (siehe auch → Dialektik).
Auschwitz: siehe → Shoah.
avanciert: in eine höhere bzw. vordere Position aufgerückt.
Avantgarde (franz.: Vorhut): ursprünglich militärischer Begriff, spielte dann bei den französischen Utopisten zwischen dem 18. und dem 19. Jahrhundert eine soziale und politische Rolle und wurde seit Beginn des 20. Jahrhunderts zum einen von künstlerischen Erneuerungsbewegungen übernommen und zum anderen von marxistischen Organisationen meist in der Wortkombination «Avantgardepartei» auf eine orthodoxe politische Führungselite eingeengt. Die Lettristische Internationale (LI) und die Situationistische Internationale (SI) versuchten die Avantgardekonzeption → aufzuheben und ersetzten sie durch das Konzept der → enfants perdus.
Bestimmen, Bestimmung: als ein → dialektischer Grundbegriff birgt *bestimmen* folgende unterschiedliche Bedeutungen und Verwendungsweisen in einem, die je nach eingesetztem Kontext mal mehr mal weniger hervortreten: Herausfinden, Eingrenzen, Zuordnen, Definieren, Festlegen, Entscheiden, Verursachen und Prädestinieren (Vorherbestimmen). 1) In der alltäglichen, aber auch in der ökonomischen Praxis: a) als Dominanzverhältnis («wer bestimmt über wen oder über was?»), z.B. Fremdbestimmung, Mitbestimmung, Selbstbestimmung; b) als praktische Zweckbestimmung, ideelle Setzung (z.B. Projektentwurf, Planerstellung), Zuordnen, Entscheiden, Namengeben; Bedingen; c) als zukünftige, sich evtl. verwirklichende Bestimmung («dieses Päckchen ist für dich bestimmt»); oder mystisch: schicksalhafte Bestimmung, Vorsehung; 2) im wissenschaftlichen Bereich: a) Herausfinden, Eingrenzen, Zuordnen; Identifizierung von etwas zunächst Unbestimmtem; b) Definieren, Festlegen; Kategorisieren, Systematisieren; c) Verursachen, Ursache-Wirkungs-Determination; 3) im dialektischen und kritisch-philosophischen Sinn: a) das Verleihen von Form, Wesen und/oder Sinn; das Zu- oder Absprechen von Merkmalen und Eigenschaften usw.; b) jede Bestimmtheit enthält ihre → Negation;

jede positive Bestimmung ist zugleich negative Bestimmung («omnis determinatio est negatio»), d.h., jede Bestimmung ist somit zugleich Verneinung von anderen möglichen Bestimmungskandidaten (und zwar nicht nur im denkerischen, sondern auch im handlungspraktischen Sinn zu verstehen); Doppelbewegung eines → Abstraktions- und Konkretionsprozesses (wobei hier Verkehrungen stattfinden können, v.a. dann, wenn es sich nicht um verständige oder vernünftige → Abstraktionen handelt); siehe auch → Dialektik, → Aufhebung.

Borniertheit (frz. borner: beschränken, eingrenzen): 1) (in Bezug auf Sachen und Sachverhalte:) Beschränktheit , enger Horizont; 2) (in Bezug auf Personen:) Engstirnigkeit, beschränkter Gesichtskreis.

Bourgeoisie (franz. bourgeois: Bürger): Von den beiden Hauptklassen der kapitalistischen Gesellschaften – Bourgeoisie und → Proletariat – stellt die Bourgeoisie die herrschende, besitzende Klasse dar, welche die gesellschaftliche Raum-Zeit (z.B. → Urbanismus, Arbeitszeittakte, → Freizeit) maßgeblich zu gestalten in der Lage ist (vor allem deshalb, weil sie in Besitz der gesellschaftlichen Produktionsmittel ist und sich damit die Früchte der Lohnarbeit aneignen kann). Der Begriff «bourgeois» (vom Stadtbürgertum der mittelalterlichen Städte abgeleitet) ist von dem des «citoyen» zu unterscheiden (der sich aus dem republikanischen Ideal, dem altgriechischen Modell des demokratischen freien bzw. sklavenbesitzenden Polisbürgers und dem historischen Sieg des kapitalistischen Großbürgertums in der Französischen Revolution 1789-1795 entfaltet hat): während der «homme citoyen» (freier politischer Mensch) den Bürger in der Sphäre der «Öffentlichkeit» in seiner Funktion als demokratischen Staatsbürger bezeichnet, ist der Begriff «homme bourgeois» (Mensch als Bürger) auf die ökonomische Sphäre und die «Privatsphäre» des «Haushaltes» (Oikos) im weiteren Sinne gerichtet. Er umfasst alle privaten Angelegenheiten: die persönlichen Besitz- und Hauswirtschaftsangelegenheiten und Geschäfte, den Erwerb und Konsum des Einzelbürgers als selbstbestimmt-freies und vertraglich gleiches Rechtssubjekt. Für die modernen LohnarbeiterInnen, die keine Verfügung über die gesellschaftlichen Produktions- und Lebensmittel besitzen und deshalb nur mit ihrer eigenen Arbeitskraft als Ware Erwerbsgeschäfte machen können, ist dieser Bürgerstatus sowohl rechtlich-politisch (als Wahlbürger, citoyen) als auch ökonomisch-privat lediglich als realer aber verkehrter Schein spürbar: als tagtägliche Freiheit, die Arbeitskraft und damit die eigene Persönlichkeit an diese oder jene Firma zu verkaufen, sowie als Gleichheit und

Selbstbestimmung, bei demokratischen Wahlen diejenigen BourgeoisvertreterInnen zu wählen, welche die Interessen der auszubeutenden und zu schröpfenden Gesellschaftsklassen für die nächsten vier Jahre → repräsentieren werden.

consumer capitalism (engl. etwa: Kapitalismus der KonsumentInnen): um 1980 v.a. von F. Jameson eingesetzte Bezeichnung für den modernen bis «postmodernen» «Spätkapitalismus» der zweiten Hälfte des 20. Jahrhunderts, wie er sich vor allem in USA, Westeuropa, Japan etc. entwickelt hat und der Warenkonsumtion, dem Dienstleistungssektor und der Kulturindustrie eine wachsende, alle Bereiche des Alltagslebens prägende Bedeutung gegeben hat. Demzufolge wird tendenziell der produzierende Mensch im kapitalistischen Verwertungsprozess verdeckt oder überblendet durch den «Konsumenten» im gesamten Alltagsbewusstsein (→ Alltag), was das Verhältnis zwischen «Arbeitswelt» und «Welt der Freizeit» auf der Erscheinungsoberfläche und im Wahrnehmungsvermögen verschoben hat.

dechiffrieren: entschlüsseln (von Zeichen, Chiffren, Symbolen, Codes, Gesten); bei der SI v.a. im Zusammenhang mit der theoriepraktischen Technik verwendet, die unbewussten gesellschaftlichen Begierden und verdrängten oder verschobenen revolutionären Intentionen der Menschen aus ihren Gesten und entstellten Äußerungen zu entschlüsseln, um sie «an den Tag zu bringen», auf den Begriff zu bringen, ihnen in theoretischer und ästhetischer Sprache «Gründe zu geben» und sie dem Klassenkampf für eine communistische Gesellschaftlichkeit in bewusster Weise zugänglich zu machen.

defetischisieren: → Fetischismen, → Verdinglichungen aufbrechen; d.h. alles scheinbar «ewig-Natürliche» und als «unveränderlich» Stillgestellte in den gesellschaftlichen Verhältnissen, also die gesellschaftliche Pseudonatur in Hinsicht auf ihr geschichtliches Gewordensein, ihr von-Menschen-Gemachtsein und ihre gesellschaftliche Vermitteltheit und Funktion zu hinterfragen, zu erklären, zu enträtseln und zu → kritisieren.

denotativ, Denotation: nur den begrifflichen Inhalt eines Zeichens betreffend, ohne Berücksichtigung von Nebenbedeutungen, die es als Begleiterscheinungen bei SprecherInnen oder HörerInnen wachruft. Die *Denotation* ist somit jene Bedeutung, die auf den im Wort gemeinten Gegenstand hinweist (z.B.: Mond als «Erdtrabant, der durch das von ihm reflektierte Sonnenlicht oft die Nächte erhellt»), nicht aber die Stimmungs- und Wertungsakzente erfasst (z.B.: «der Mond» als «Vater der mythischen Motive», dessen Bild in traditionellen Gesellschaften bei den durchschnittlichen Menschen Sehnsucht etc. auslöst); → Konnotation.

depravieren: etwas im Wert herabsetzen, bestimmter Aspekte berauben, vermindern, verderben. In gesellschaftlicher Bedeutung: des individuellen Platzes und Ansehens sowie Selbstwertgefühls innerhalb einer sozialen Hierarchie berauben, «herunterkommen», abstürzen lassen usw.
dérive, la (franz.): 1) (im engeren Sinn:) mit den Bedingungen der städtischen Gesellschaft verbundene experimentelle Verhaltensweise: Technik des eiligen Durchquerens abwechslungsreicher Umgebungen (→ Psychogeographie); 2) (im besonderen Sinne auch:) die Dauer einer ununterbrochenen Ausübung dieses Experiments; 3) (im weiteren Sinn:) bewusstes und strategisches Umherschweifen im Sinne einer kollektiv organisierten Erkundung bisher unentdeckter (subversiver oder revolutionärer) Nutzungsmöglichkeiten im Bestehenden. Das dérive schließt Techniken des «Driftens», der Ziellosigkeit nicht aus, geht aber nie in diesen Bewegungsformen auf. (Strikt zu unterscheiden vom → Nomadisieren).
desillusionieren: enttäuschen im Sinne von → defetischisieren. D.h.: die Selbsttäuschungen über individuelle und politische Möglichkeiten von Subjekten zerstören, die sich über die quasi-naturhafte Eigengesetzlichkeit der komplexen Wirkungszusammenhänge des blinden, in letzter Instanz ökonomisch determinierten gesellschaftlichen Seins im Kapitalismus hinwegsetzen möchten. Zugleich bedeutet Desillusionierung, den Alltagsglauben an die scheinbare «Naturhaftigkeit» der vorgefundenen gesellschaftlichen Verhältnisse aufzubrechen und diese als historisch gewordene, von Menschen gemachte und gesellschaftlich änderbare aufzuzeigen; den täuschenden «Nebelschleier» von Illusionen, → Fetischismen, «Selbstverständlichkeiten», Fatalismus, Phantasmata und → Unmittelbarismen zu zerfetzen.
determinieren: bestimmen, bewirken, festlegen, begrenzen, bedingen (siehe auch → Bestimmen).
überdeterminieren: wenn mehrere Ursachen für ein Ereignis oder mehrere Bedeutungen für ein Symbol oder eine Äußerung gleichzeitig in Erscheinung treten, ist dieses überdeterminiert. So sind die Traumbilder überdeterminiert, weil sie als Traumsymbole Knotenpunkte von mehreren Bedeutungen darstellen, wo viele Traumgedanken zusammentreffen (z.B. im Traum erscheinende «Frau» repräsentiert die Mutter, die Schwester, die Lehrerin, die Freundin und die Frau, die mir gestern Abend auf der Party begegnet ist etc.). Die Psychoanalyse entdeckte bei der Entwicklung der Technik wissenschaftlicher Deutung solcher unbewussten Symbolbildung in Träumen den Unterschied und Gegensatz zwischen → manifestem und → latentem Trauminhalt. Auch historisch-soziale Kräfte

können in ein interessenmäßig und klassenmäßig als überdeterminiert zu deutendes Handlungsgeschehen münden, wie vor allem konkrete soziale Revolutionen (bürgerliche und proletarische Klasseninhalte und ideologische Vorstellungen der verschiedenen Beteiligten decken sich vorübergehend und widersprechen sich zugleich, drücken sich ineinander auf komplexe Weise aus). Als analytisches Konzept warnt der Begriff «Überdeterminierung» davor, falsch-vereinfachend Ereignisse geradlinig monokausal auf eine einzige Ursache oder auf einen unterkomplex vorgestellten Ursprung zurückführen zu wollen, bzw. vor dem Missverständnis, dass Symbole, Phantasmata und bildhaft-projektive Äußerungen o.Ä. sich mechanisch in eine einzige Bedeutung auflösen lassen würden (Reduktionismus, Subsumtion von Nichtidentischem unter Identisches, falsche bzw. «blutige» Abstraktion, Rationalismus und Rationalisierung). Siehe auch: → Denotation, → Konnotation.

Detournement (franz. le détournement): 1) Plagiieren, Entwenden, Zweckentfremden, Aneignen, Wiedereinsetzen; 2) → Plagiat, Zweckentfremdung. Das Detournement im Sinne der SI versucht auf der Ebene der Theoriebildung, als Umkehrung der etablierten Beziehungen zwischen den Begriffen, alle vergangenen kritischen Folgerungen, die zu → Ideologemen erstarrt sind, wieder der → Subversion zuzuführen. Es ist somit eine revolutionsstrategische Wiederaneignung von → rekuperierten Begriffen. Gleichermaßen kann das Detournement auf dem gesamten Feld der Praxis als eine spielerisch-experimentelle Zweckentfremdung und Aneignung kultureller Gegenstände betrachtet werden, das auf allen kulturellen Gebieten, wie etwa im Bereich des Alltagslebens, ideologiekritisch und → defetischisierend zu intervenieren versucht.

Dialektik (hier als Auftakt in der Hegelschen Tradition): Zunächst müssen drei sehr verbreitete Missverständnisse ausgeräumt werden: 1) Dialektik ist keine formale Methode, kein dem Gegenstand der Erkenntnis übergestülptes logizistisches Verfahren, sondern sie ist, von ihrem bisherigen, langwierigen philosophiegeschichtlichen Entwicklungsprozess her zusammengefasst, als «Gang der Sache selbst» (Hegel) zu begreifen. D.h.: a) sie ist einerseits als ein kritisch reflektiertes und selbstreflektierendes, der historischen Entwicklung der Sache immanentes Rekonstruktionsverfahren zu begreifen, als ein praxisfundiertes und Praxis übergreifendes, → reflektierendes Begreifen der → Totalität, d.h. des (historisch-gesellschaftlichen) Menschen mit widersprüchlichen, sich ständig verändernden → Erscheinungen (Verhältnissen zwischen Natur und Mensch, Gesellschaft, Kultur). Das sich schon in der elementaren gesellschaftlichen Struktur jeder Arbeit konstituierende → Subjekt und

Objekt des Denkens und Handelns befinden sich dabei in ständiger wechselseitiger Abhängigkeit im Medium der Praxis; b) involviert in die Widersprüche der historisch-gesellschaftlichen Praxis und deren Verhältnisse ist Dialektik andererseits eingreifende und immanente → Kritik. 2) Oftmals wird behauptet, die Hegelsche Dialektik ließe kontradiktorische Widersprüche zu (z.B.: etwas sei zugleich sterblich und nicht sterblich). Wenn jedoch kontradiktorisch widersprechende Aussagen und Prädikationen (Eigenschaftsbestimmungen oder -zuweisungen) auf gleicher Ebene (z.B. im selben → Modus) zugelassen wären, ließe sich alles und in willkürlicher Weise behaupten; Erkenntnis wäre dann nicht möglich. Die Dialektik widerspricht sich aber in keiner Weise mit der formalen Logik; sie ist (darüber hinaus und) vielmehr als ein Umgang mit widersprüchlichen Gesichtspunkten (→ Topoi) und Modi, als eine Praxis innerhalb verschiedener Widerspruchsformen (Aporien, Antinomien, Paradoxien, Antagonismen, Konflikte etc.) zu begreifen. (Bspw. kann ein Gegenstand unter bestimmten Gesichtspunkten brauchbar sein und zugleich unter anderen Gesichtspunkten völlig unbrauchbar erscheinen; hier widersprechen sich nicht die zugeschriebenen Eigenschaften des Gegenstandes, sondern die Hinsichten und Bereiche, unter denen der Gegenstand als brauchbar gilt. Durch eine → kritische Untersuchung und → Reflexion von Bedingungen und Voraussetzungen können unter bestimmten Umständen solcherlei Widersprüche aufgehoben werden (→ Aufhebung) oder auf etwas den Widersprüchen zugrunde liegendes zurückgeführt werden. 3) Die Hegelsche Dialektik wird oftmals schablonenhaft dargestellt als ein Dreischritt von These über Antithese zur Synthese; wenn sie schon der Einfachheit halber in ein Dreierschema gezwängt werden soll, dann muss sie vielmehr den drei zyklischen (und nicht voneinander zu trennenden) Stufen des *Ansichseins* über das *Fürsichsein* zum *Anundfürsichsein* folgen. Bsp.: Etwas ist *an-sich* gegeben, als *unmittelbarer* und *real möglicher* Kandidat des Wissens oder des Handelns, als Vorfindliches und noch nicht Bestimmtes, Benanntes, Gekennzeichnetes, Gebrauchtes etc. Die Art und Weise, in welcher der Gegenstand *für-sich* als Objekt für das Handeln und Denken des Subjektes erscheint (*für-uns*), setzt bereits eine elementare → Bestimmung voraus. Er muss im elementarsten Sinne identifiziert sein; das bedeutet, er muss zunächst von anderen Gegenständen *unterschieden* sein. Er muss *unterscheidbar* sein von anderem. Diese ersten → abstrakten Bestimmungen, die unter verschiedenen Gesichtspunkten (und Topoi) in unterschiedlichster Weise vorgenommen werden können und sich hinsichtlich dieser Gesichtspunkte (und Schauplätze) widersprechen können, spannen ein heterogenes Feld von Bestimmungsmöglichkeiten und wirklichen Bestimmungen auf. Die Ebene des Fürsichseins ist also die Ebene der Vielheit (Heterogenität) an Bestimmungen und Bestimmungsmöglichkeiten; hier stellen sich v.a. Widersprüche zwischen möglichen und wirklichen Bestimmungen ein. Wenn wir nun z.B. darüber reflektieren, welche dieser Bestimmungen sinnvoll, nützlich, geschmackvoll, geschickt etc. sind und welche Regeln, Kriterien u.ä. wir dafür zu Grunde legen, sind wir auf der Ebene des *Anundfürsich*. D.h., der Bestimmungsakt, der zu den ersten Bestimmungen und Unterscheidungen führt, wird dabei selber Gegenstand der Selbstvergewisserung, Reflexion, Gegenstand der Kritik. Der zunächst unmittelbar angetroffene ansichseiende Gegenstand kann zwar (vorläufig) bestimmt sein, aber die Auswahl der Gesichtspunkte, die Bestimmungsregel usw., die wir dafür herangezogen haben oder aufsuchen, die Bedingungen, unter denen wir zu jenen und nicht etwa zu anderen Bestimmungen gelangten, sind ihrerseits noch unbestimmt. Sie befinden sich allesamt auf der Ebene des *Ansichseins,* und somit kann der dialektische Prozess wieder von vorne beginnen, nun allerdings auf höherer Stufe (→ Aufhebung, → Kritik, → Reflexion).

Bei Marx besteht auf der Ebene der theoretischen Reflexion eine entscheidende kritische Wendung der Dialektik darin, die verkehrten Spiegelungen von Prozessen und Relationen in Kategorien von Systemen und Strukturen, die sie als Dinge erscheinen lassen (→ Verdinglichung), rückgängig zu machen, durch Einsetzen dieser Kategorien (Erscheinungsformen) in eine Satzform, die gerade diese Spiegelung reflektierend beschreibt (spiegelt), die also nicht das Resultat, sondern den Prozeß der Vergegenständlichung reflektiert und damit sowohl den Anfang als auch das Resultat als geschichtlich variabel darstellt (als Voraussetzung emanzipatorischen Handelns). Der so fungierende «dialektische Satz» hat die Form: «(problematischer, zu analysierender Bestand) erscheint zunächst als (ideologische Kategorie)»; z.B.: «Zunächst erscheinen (die Subjekte des Austauschprozesses) als (Eigentümer von Waren)». Die Verwendung der dialektischen Satzform intendiert, die → Bornierungen des normalen («prädikativen») Sprechens aufzubrechen durch die ausdrückliche Einfügung des Prozessmomentes («zunächst», «jetzt» u.a.) und der Differenz von noch verhülltem Wesen und vorfindlicher Erscheinungsform («erscheint als») in die Satzstruktur (als Ausdruck des kritischen Reflexionsprozesses). Synonym für «erscheinen» werden u.a. «figurieren», «repräsentiert werden», «sich darstellen», «funktionieren» gebraucht; analog für «ideologische Kategorie» kommen u.a. vor: «Begriff», «Form»,

«Gestalt», «Figur», «Charakter», «Rolle», «Hülle», «Schleier», «Funktion». Gegenüber der Grundsituation des bornierten Bewusstseins stellt sich nun die Aufgabe der Reflexion als Kritik der verschleiernden Funktion der Kategorien (Äußerungen von «Daseinsformen und Existenzbestimmungen»), als Auflösung der Verflechtung von gesellschaftlichen mit sprachlichen Bornierungen – mit dem Ziel, gegen alle Tendenzen der Verselbständigungen, Fixierungen und → Entfremdungen die historische Prozessualität aufzuzeigen und die → ideologischen Grenzen immer wieder (zunächst theoretisch und schließlich auch praktisch) zu überschreiten. Die Funktion der dialektischen Kritik steht damit schlussendlich im Orientierungshorizont der Praxis des sich revolutionsbezogen selbstorganisierenden → Proletariats mit dem Ziel seiner Selbstaufhebung, d.h. des bewussten Durchsetzens des Communismus als «wirklicher Bewegung» (Marx). Damit ist in der Marxschen Fassung das bloß kontemplative philosophische Reflektieren des «Ganges der Sache selbst» der Hegelschen Dialektik hin zur aktiven Veränderung der «wirklichen Bewegung» aufhebend «umgestülpt» worden.

Diffundieren (lat.): 1) Eindringen, Einsickern; 2) Ausströmen, Auseinanderfließenlassen; 3) Verbreiten, Ausbreiten, Zerstreuen; Sichauflösen.

Diskurs (lat. discurrere: auseinanderlaufen, ausbreiten, mitteilen, erörtern): Prozess gesellschaftlicher sprachlich und kommunikativ argumentierender Äußerungen; der Begriff Diskurs wird verschiedenartig verwendet: 1) als ein auf der Grundlage von Argumenten vollzogener Dialog; 2) als eine Form von Kommunikation, in der die Kommunikation selbst zum Thema gemacht wird, v.a. um die darin offenen oder verborgenen Geltungsansprüche in den Mittelpunkt zu rücken, als Voraussetzung für einen «herrschaftsfreien Diskurs»; 3) als ein von Machtverhältnissen bestimmter und durchzogener Prozess historisch spezifischer gesellschaftlicher, kultureller Äußerungen und Ausdrucksformen allgemeiner Art (z.B. verfestigte sprachliche, symbolische, gegenständliche, wissenstraditionelle «Dispositive der Macht»). Klassische «Rhetorik», moderne «Diskurstheorie» und postmoderne «Dekonstruktion» sind als akademische Wissenschaftsdisziplinen zur Untersuchung dieser Text- und Machtdispositive entstanden, weil sie für die zunehmend verdrängten und verdeckten, immer «zivilisierteren» und raffinierteren Austragungsformen der konkurrenz- und Klassenkämpfe im ausgehenden 20.Jahrhundert eine bedeutende Funktion erfüllen («Definitionsmacht», «Konstruktion von Wirklichkeiten» usw.).

disparat (lat. disparare: absondern, trennen): ungleichartig, unvereinbar, sich widersprechend, nicht zueinander passend; auseinanderlaufend.
disponibel (lat. disponere: einteilen, planen): (frei) verfügbar.
disponible Zeit: 1) gesellschaftlich: über die Arbeitszeit und die notwendige Reproduktionszeit der Arbeitskraft hinaus verfügbarer Zeitfonds für die Entwicklung der ProduzentInnen als gesellschaftliche Individuen; 2) individuell: frei verfügbare Zeit i.Ggs. zu Lohnarbeitszeit und (→ spektakulärer) → «Freizeit»; Zeit der Muße, Bedingung für die Möglichkeit von Genuss, Ausbildung von Genussfähigkeit, der Entwicklung individueller Fähigkeiten insgesamt, selbstbestimmtem Arbeiten, Experimentieren, Spielen, sich Bilden, Entwickeln etc., zur freien Entfaltung der Persönlichkeit und ihrer gesellschaftlichen Beziehungen durch selbstbestimmte Kontakte, Kennenlernen, Auseinandersetzung, Zusammengehen, Zusammenspiel, Zusammenarbeit, Abenteuer, Experimente und Genuss mit anderen Menschen. Dagegen bilden die bloß leere Zeit, die «Freizeit» des Kapitalismus, d.h. das warenförmige «Ausgehen», die «Parties» und «Partnerbörsen», die vorgegebenen traditionellen Rituale, die Pseudo-Innovationen des «Spass»-Animationsbetriebs, die bildungsbürgerlichen Beschäftigungstherapien und musealen «Events», die Pseudo-Reisen usw. und die allgegenwärtige Langeweile die notwendigen Ergänzungen zur entfremdeten Arbeit, deren Ausdrucksformen und Funktionen zu ihrer individuellen Reproduktion.
Distribution (lat. distribuere: verteilen, austeilen, zuteilen): Verteilung der produzierten Güter in einer Gesellschaft, aber auch schon der Produktionsmittel, -ressourcen und -bedingungen selbst. Wenn nun einerseits von den Produktions- und Eigentumsverhältnissen abgesehen wird oder andererseits diese in Staatseigentum überführt werden sollen (wobei Verstaatlichung mit Vergesellschaftung gleichgesetzt und verwechselt wird), bildet dies die Grundlage für vulgäre «sozialistische» Vorstellungen von «sozialer Gerechtigkeit» als bloßer Verteilungsgerechtigkeit, die illusionär und demagogisch die Umverteilung der Lebensmittel (und zwar meist in Form des Geldes) fordern.
Emanzipation (lat. ex manus capere: aus der Hand nehmen; emancipare: ein Kind aus seiner Gewalt entlassen, für selbständig erklären): allseitige Entwicklung der Fähigkeiten und Möglichkeiten des Menschen (→ disponible Zeit); Befreiung von natürlichen, psychischen, historischen, ökonomischen, politischen, kulturellen und sonstigen gesellschaftlichen und persönlichen Zwangsverhältnissen.

Enchiridion (altgriech.): Handbuch als kurzgefasstes «Lehrbuch» für eilige LeserInnen (aber auch «Waffe», «Dolch»); Manual und Kompendium für raschen, treffsicheren Gebrauch.

enfants perdus (franz. verlorene Kinder): wie → Avantgarde ist auch «enfants perdus» ein Begriff aus der Militärsprache, doch bezeichnet dieser eine Einheit, die auf feindlichem Gebiet, hoffnungslos von ihren Linien abgeschnitten, das Gelände erkunden muss: auch als «verlorener Haufen» bezeichnet, unter Umständen sogar als «Himmelfahrtskommando», jedenfalls als versprengtes, partisanenartiges Kampfkontingent. Die LI und die SI gebrauchten diesen Begriff, um anzuzeigen, dass es in der spektakulären kapitalistischen Gesellschaft für RevolutionärInnen keine Verbindung zu einem «gesicherten Terrain» mehr geben kann. Seit der Auflösung der alten ArbeiterInnenbewegung, dem Scheitern der letzten revolutionären Anläufe und spätestens nach dem Zweiten Weltkrieg mit seinem hinterlassenen Trümmerfeld in Europa, der SU, Japan usw. hatte der alte Avantgardebegriff – aus der Sicht der LI und der SI – ausgedient und musste → aufgehoben werden.

Entfremdung: gebrochenes, verkehrtes Verhältnis des historisch sich entwickelnden, gesellschaftlichen Menschen zu (vorgefundenen und selbsterzeugten) Gegenständen, d.h.: Natur, Bedingungen und Produkten seiner eigenen Arbeit, gesellschaftlichen Sachverhalten, anderen Menschen und sich selbst (als Selbstbild wie als gesellschaftliche Norm). 1) Als *Selbstentfremdung* bezeichnet Marx die Entfremdungsaspekte des Menschen gegenüber seiner eigenen inneren Natur (die immer zugleich historisch bestimmt ist, als ein «Ensemble der gesellschaftlichen Verhältnisse» seiner Zeit), seinen natürlichen und kulturell-gesellschaftlichen Bedürfnissen (die ineinander verschränkt sind und sich historisch ständig neu entwickeln), von seinen inhärenten Fähigkeiten und Möglichkeiten im einzelnen Individuum sowie von seinen menschlichen Entwicklungsmöglichkeiten (Kooperation und Kombination des gesellschaftlichen Gesamtarbeiters), d.h. von seinem → Gattungswesen, seiner Zugehörigkeit zur sich (selbst) formenden menschlichen Gattung in den Auseinandersetzungen mit anderen Individuen und Klassen. Weil das inhärente Maß, die gesellschaftlichen Normen durch das menschliche Selbst immer neu gesetzt werden, bedeutet Selbstentfremdung in erster Linie die Fixierung und Unterwerfung oder Regression unter historisch vorgegebene, unreflektierte Normen (allererst: Geschlechterrollen). 2) Die *Entfremdung der Sache* umfasst die Momente der Entfremdungen des Menschen von seiner äußeren, ihn umgebenden Natur und von den Bedingungen und Produkten seiner Arbeit, seinen Werken (indem diese sich den ProduzentInnen gegenüber als fremde Mächte, als «Religion», «Monopol» und «Kapital» verselbständigen). Die Elementarform jeglicher Entfremdung bildet die entfremdete Arbeit, sie besteht im wesentlichen in der → *Trennung* eines wesentlich Zusammengehörigen, basierend auf dem historischen Geradesosein eines gesellschaftlichen Reproduktionszusammenhangs, seiner Formbestimmtheit (Produktionsverhältnisse). So kennzeichnet Marx das System der kapitalistischen Industrie im Kapital strukturell als Entfremdung der Lohnarbeiter von ihren Möglichkeiten und Fähigkeiten: «Sie verkrüppelt den Arbeiter in eine Abnormität ... durch Unterdrückung einer Welt von produktiven Trieben und Anlagen». Im Blickpunkt der Entfremdungskritik stehen insgesamt die Hemmungen, Verhinderungen bzw. die Manipulation (gemäß → partikularistischen Interessen) der → Emanzipation, der individuellen und gesellschaftlichen Möglichkeiten der Persönlichkeitsentfaltung der gesellschaftlichen Individuen, d.h.: die Verhinderung der selbstbestimmten, freien Entwicklung ihrer Fähigkeiten und ihrer Bedürfnisse, ihre Möglichkeit eines ungehemmten Andersseinkönnens, insgesamt der Aneignung ihrer Geschichte mit ihrer freien Entfaltung als Selbstzweck auf Grundlage einer Maximierung von → disponibler Zeit.

Entwendung, entwenden → Detournement.

Erscheinung / Wesen / Schein: Als *Erscheinung* wird i.A. eine sinnlich wahrnehmbare Äußerung, als fertige wie als werdende Gestalt eines Seienden auf der Grundlage seines *Wesens,* verstanden. Die Erscheinung umfasst sowohl Unwesentliches (Akzidentielles), d.h. Einzelnes, Zufälliges, Veränderliches, Flüchtiges, als auch Wesentliches, d.h. Allgemeines, Notwendiges, relativ Beständiges. Das *Wesen* ist damit weder als von der Erscheinung getrennt zu fassen, als irgend etwas, das «hinter» den Erscheinungen läge, noch als eine Schicht oder Sphäre «eigentlicher» Wirklichkeit. Sondern die Differenzierung zwischen Wesen und Erscheinung stellt die seiende Grundlage für einen wissenschaftlichen Forschungsprozess dar und beinhaltet zugleich den Anspruch auf Wissenschaftlichkeit (denn – so fragt Marx immer wieder herausfordernd: wenn Wesen und Erscheinung unmittelbar zusammenfielen, wozu bedürfte es überhaupt einer Wissenschaft?). Unwesentliche Bestandteile müssen erst durch die wissenschaftliche Analyse von wesentlichen gesondert werden, wodurch das Erkennen im Idealfall von der Erscheinung zum Wesen vordringt (welche Momente jedoch als wesentlich charakterisiert werden oder identifiziert werden können, hängt von vielerlei Faktoren ab, wie z.B. von der Aufgabenstellung und vom Stand der Produktivkräfte. Beispiele: Aristoteles konnte in seiner Zeit unmöglich das Wesen des Werts, des Geldes, den Doppelcharakter der Arbeit und insbesondere die abstrakte, gleichsetzbare menschliche Arbeit als Wertsubstanz erkennen, da in seiner Produktionsweise der Sklaverei die menschliche Arbeit nicht als gleiche erschien; und die klassische bürgerliche Ökonomie konnte unmöglich das Wesen des Kapitalprofits, die Mehrwertproduktion erkennen, da ihr «die Arbeit» als bloßer Vorschußkostenfaktor Lohnarbeit und der Mehrwert als diffuser Gewinn, nach Aufteilung in vielerlei Gestalten auf Grundeigentümer und verschiedenste Kapitaleigentümer, erschien). Des Weiteren sind Erscheinung und *Schein* zu unterscheiden: mit Schein wird die Unmittelbarkeit der Erscheinung bezeichnet, d.h. der Schein ist dasjenige, was einem Subjekt unmittelbar widerfährt, in das es unmittelbar verwickelt ist, dem es sich nicht entziehen kann, über dessen Wesen es sich hinwegtäuscht. Der Schein ist unmittelbare Realität und zugleich der Inbegriff der Täuschung (realer, aber verkehrter Schein). Das Ziel eines wissenschaftlichen Forschungsprozesses insgesamt ist es, den Schein nach und nach zu durchdringen, das einem Schein zugrundeliegende Wirkende, das Wesentliche als «das innere Band» (Marx) mittels verständiger → Abstraktionen in seiner treibenden Widersprüchlichkeit zu erfassen, um damit die Erscheinung in ihrem Sosein begreifen zu können.

essenziell (lat. essentia: Wesen der Sache, Sosein): wesentlich (siehe → Erscheinung).

Etymologie (griech. etymología: Lehre vom Wahren): wissenschaftliche Untersuchung und Erforschung der Herkunft, Geschichte und Grundbedeutungen von Wörtern.

Expropriation der Expropriateure: Expropriation heißt Ent- bzw. Aneignung, und der Begriff «Expropriateurs» steht für die historischen kapitalistischen Aneigner der individuellen, familialen sowie kleineigentümerischen und unterlegenen privatkapitalistischen Produktionsinstrumente, Produktionsmittel und Produktionsbedingungen. Ursprünglich und nach wie vor grundlegend dafür ist die Aufhebung des Eigentums an Grund und Boden als Basis der Subsistenzproduktion (Selbstversorgung freier Bauern; sie wurde insbesondere durch den großangelegten Raub des bäuerlichen Gemeindelandes seitens der Großgrundbesitzer zerstört als historische Einleitung der Expropriation), wodurch diese vielfältigen zersplitterten und wenig entwickelten Produktionsmittel in stofflich-technologisch nur auf gesellschaftlicher Stufenleiter anwendbare Produktionsmittel verwandelt worden sind und ständig weiter zusammengefasst werden (mehr und mehr auch als Monopole und Staatsmonopol, bürgerliches Staatseigentum; alle Formen fortschreitender Konzentration und Zentralisation der Kapitale): zu privatem *Klassen*eigentum an den *gesellschaftlichen* Produktions- und Lebensbedingungen. Darum bedeutet die historisch nun als nächster, endgültiger Vergesellschaftungsschritt anstehende «Expropriation der Expropriateurs» logisch zunächst soviel wie eine Enteignung der BesitzerInnen von *gesellschaftlichen* Produktionsmitteln und deren Aneignung durch die *gesellschaftlichen* ProduzentInnen (gesellschaftliche GesamtarbeiterIn). Dabei konnten bisher anfänglich zweierlei Bewegungsformen in diese Richtung auftreten: eine Überführung der Produktionsmittel aus der privaten Machtsphäre der KapitalistInnen (Unternehmen, Firmen) a) in die Sphäre öffentlicher Organe der Gesamtheit der Kapitalistenklasse, die in historischen Grenzfällen auch durch eine Bürokratie repräsentiert werden kann (Staat als ideeller und tendenziell sogar reeller Gesamtkapitalist, d.h. Verstaatlichung, Kommunalisierung etc.); b) in den gemeinsamen Besitz sämtlicher Produktionsbeteiligten auf der Ebene von Produktionskooperativen oder Produktionskommunen. Für eine moderne communistische «enteignende Aneignung» erwiesen sich allerdings beide Formen nicht als hinreichend,

Denn jegliche communistische Produktion und Verteilung auf der Höhe der Zeit hat zur Voraussetzung die Sprengung des Weltmarktganzen als *Form* (Tauschwerteproduktion). Damit stattdessen eine freie Assoziation von freien und selbstbestimmt produzierenden Individuen funktionieren kann, muß diese Form ersetzt werden durch vorab im Weltmaßstab geplante Gebrauchswerteproduktion *durch die ProduzentInnen selbst*. Dazu müssen Formen der Bestandsaufnahme der menschlichen Bedürfnislagen und Naturverträglichkeit entwickelt werden. Das bedingt die Umformung der schon im Kapitalismus entwickelten Medien bzw. Technologien, um diese gesamtgesellschaftliche Arbeitszeitrechnung zwecks Minimierung der gesellschaftlich durchschnittlich notwendigen Arbeitskraftverausgabung und damit einer communistischen «Ökonomie der Zeit» (Marx) machen zu können. Dieser ökonomischen Aneignung (als praktischer Kritik) entspricht die politische Übergangsform einer «anti-staatlichen revolutionären Diktatur des Proletariats» (SI). Das bedeutet, dass heute jegliche Expropriation der kapitalistischen Expropriateurs einerseits bewusst und entschieden *anti-bürokratisch* sein muss. Zum anderen muss sie notwendig beinhalten: Die experimentatorische, spielerische Praxis der frei und selbstbestimmt kooperierenden Individuen mit dem Ziel und Zweck, sowohl die notwendigen Arbeiten als auch ihre Produkte tendenziell nur noch «jedem Individuum nach seinen Bedürfnissen» nach planmäßiger gesellschaftlicher Übereinkunft und glückender Koordination und Kombination der individuellen Leidenschaften und Vorlieben zuteilen zu können. (Siehe auch → Detournement, → travail attractif).

Fatalismus (lat. fatum: Götterspruch, Schicksal, Unheil): Schicksalsgläubigkeit im Sinne einer völligen Ergebenheit in eine als unabänderlich gedachte und hingenommene Macht des Schicksals; das Fatum gilt den Schicksalsgläubigen als unbeeinflussbar.

fermentieren: zur Gärung bringen, veredeln.

Fetisch (lat. facere: machen, tun; portug. feitiço: Zauberwerk, Zaubermittel): Im allgemeinen Sinne bezeichnet das Wort Fetisch einen «magischen» Gegenstand, obgleich er von Menschen gemacht ist (z.B. eine besondere Art von Götzenbildern, mittels derer eine Person Macht oder Einfluss auf eine andere Person ausüben zu können glaubt). In der Marxschen → Kritik (der politischen Ökonomie) bezeichnet er i.A. den Sachverhalt, dass bloßen Dingen und gegenständlichen Formen (Waren, Geld, Gold o.ä.) soziale Regulierungsfunktion zukommt, sich insofern wirkmächtige gesellschaftliche Entwicklungsverläufe «hinter dem Rücken» der Beteiligten vollziehen, indem diese ihre eigenen Produkte, tote Dinge, mit der lebendigen Macht der gesellschaftlichen Beziehungen der produzierenden Personen belehnen. Bei fetischisierten Verhältnissen scheint es (vgl. → Erscheinung), als ob sie selbstverständlich notwendig, «natürlich» und ewig wären, weshalb sie von den Menschen auch so reproduziert werden, obwohl diese Zusammenhänge einzig und allein aufgrund ihrer eigenen menschlichen Tätigkeiten bestehen und deshalb auch durch bewusste Änderung dieses menschlichen Zusammenwirkens aufgehoben werden können. Als Fetischgestalten stellen sich bestimmte gesellschaftliche Verhältnisse der Personen als gesellschaftliche Verhältnisse von Dingen untereinander und zugleich dadurch als Machtverhältnisse zu Personen dar («Sachzwänge»); damit → erscheinen bestimmte gesellschaftliche Beziehungen als gesellschaftliche Natureigenschaften von Dingen (siehe → Quidproquo und → Verdinglichung). In den fetischistischen gesellschaftlichen Erscheinungsformen verkehrt sich das Verhältnis der ProduzentInnen zu den Ergebnissen der gesellschaftlichen Gesamtarbeit in eine mystifizierte Macht der Machwerke über die Machenden (Subjekt-Objekt-Verkehrung; vgl. → Subjekt). Für die darin verwickelten Menschen erhalten diese Formen die Geltung einer Pseudonatur und unmittelbar verblendende Selbstverständlichkeit (als Evidenz), so dass sie erst durch → Kritik für Wahrnehmung und Handeln aufgebrochen und auf ihr geschichtliches Gewordensein und ihre gesellschaftliche Vermitteltheit zurückgeführt werden können.

Fordismus: Als Fordismus wird diejenige gesellschaftliche Formation (hier i.S.v.: kapitalistisches Akkumulationsregime oder -modell mit der ihm entsprechenden Alltagskultur) bezeichnet, die sich in den 1920er Jahren auf der Grundlage einer bestimmten, in den USA ihren Ausgang nehmenden Revolutionierung der großindustriellen Produktivkräfte einstellte (und die epochal mit dem Namen des US-Automobilfabrikanten und bekennenden Antisemiten Henry Ford verbunden ist). Die Basis dafür bildet ein Zusammenspiel aus neuen Produktionsverfahren, Massenproduktion mit Fließband und extrem höherentwickelter Arbeitsteilung, normiertem Massenkonsum (Auto, Radio bzw. TV etc.) und entsprechend neuer Freizeitgestaltung sowie mit extrem starrer modernisierter Normierung der heterosexuellen Geschlechterrollen und Ich-Identitäten (Körperbilder, Selbstkontroll- und Hygienemuster, → Idiosynkrasien etc.).

Freizeit: Zeit zur Reproduktion der Ware Arbeitskraft, d.h. 1) a) frei *zur* Konsumtion der Waren, die man zusammen mit allen anderen Arbeitskräften produziert hat und nun individuell zu dem (den Reproduktionskosten der Arbeitskraft während der «notwendigen Arbeitszeit» fürs Kapital entsprechenden) zugemessenen Anteil in Form des Lohns (als potenziellem «Warenkorb») in völlig freier Wahl auf dem freien Markt frei nach individuellem Geschmack und in individueller Selbstbestimmung und Gestaltung kaufen und genießen darf, sowie b) frei zur Wiederverwendung im kapitalistischen Produktionsprozess (für die Mehrwertproduktion des Kapitals), indem man sich nach geglückter Konsumtion erneut bzw. weiterhin im Konkurrenzkampf auf dem Arbeitsmarkt einem selbstbestimmt frei gewählten Kapital (Firma, Staat) als (wiederhergestellte, fitte) Arbeitskraft verkaufen kann; 2) die *Freizeit* ist andererseits frei *vom* unmittelbaren Verwertungsprozess am «Arbeitsplatz», weshalb in ihr der Einlösung des bürgerlichen Versprechens von «Freiheit und Glück» als Genuss des ganzen Warenkorbs und der Gestaltung, Kreativität und Selbstverwirklichung als Privatpersönlichkeit und AktivbürgerIn nichts entgegensteht (außer der geringen Kaufkraft des Lohns und der elementaren Notwendigkeit, erst mal wieder zu Kräften und zur Besinnung zu kommen nach dem Arbeitstag bzw. den verschiedenen Jobs sowie der Arbeit-an-der-Freizeit selbst). Die SI analysiert die *Freizeit* als vom → Spektakel besetzte Zeit. Lukács weist zur gleichen Zeit darauf hin, dass trotz allem in ihr auch die Möglichkeit revolutionärer Nutzung und Ausweitung → disponibler Zeit für die Entwicklung der gesellschaftlichen Individualität in selbstbestimmter Assoziation mit anderen Menschen reell angelegt ist, und zwar mehr als jemals zuvor in der Geschichte.

für sich siehe → Dialektik.
fungieren: eine bestimmte Funktion ausüben, eine bestimmte Aufgabe haben, erfüllen oder ausführen.
Gadget (engl.: Vorrichtung, Ding mit gewissem «Pfiff», kleines Geschenk mit «gewissem Etwas»): ursprünglich kleine Werbebeigabe; die SI verwendet den Begriff darüber hinaus zur Kennzeichnung des modernen Prestigekonsums im diffusen → Spektakel des → consumer capitalism, wo eine gewisse Verschmelzung oder (scheinbare, tendenzielle analytische) Ununterscheidbarkeit von Gebrauchswert und Tauschwert bei Waren zu beobachten ist, die – wie das Automobil – teilweise schon überwiegend dem «tokenism», d.h. dem Vorweisen und «Heraushängen» einer höheren Stufe im hierarchischen Konsum dienen sollen.
Gattung: Der Begriff Gattung bezeichnet zunächst nur die durch Verallgemeinerung entstandene, übergeordnete Zusammenfassung von besonderen Arten oder Spezies (so z.B. Tier als Verallgemeinerung von Affe, Hund, Vogel, Fisch, Eidechse, Biene, Amöbe etc.). Dabei ist die Bezeichnung insofern relativ, als Gattungen im Zuge einer weiteren Verallgemeinerung wiederum als besondere Arten einer übergeordneten Gattung → fungieren können. Gattung und Art, Allgemeines und Besonderes sind insofern stets aufeinander verwiesene → Reflexionsbestimmungen.
Gattungswesen Mensch: der Mensch als konkretes Wesen kann nicht als bloßes Einzelwesen bestimmt werden, sondern nur als ein gesellschaftlich-historisches → Wesen; denn sowohl hinsichtlich seiner natürlichen wie seiner sozialen Wesensbestimmungen kann er sich immer nur in und aus den lebenspraktischen Bezügen der Gattung (hier: Spezies) behaupten und verwirklichen. Im Gegensatz zu allen uns bekannten Tieren ist die Spezies «Mensch» potenziell in der Lage, ihre Lebenstätigkeit selbst zum Gegenstand ihrer Begierde und ihres Bewusstseins (siehe auch → Reflexion) zu machen, und zwar in planvoller und experimenteller Weise, indem sie mittels Arbeit (d.h. v.a. qua → teleologischer Setzung), Werkzeugentwicklung, Kooperation und (sprachlicher und symbolischer) Kommunikation tendenziell ihre (Um-)Welt ihren menschlichen Bedürfnissen weitgehend anzupassen (statt sich selbst bloß einseitig der Umwelt anzupassen), Produktivkräfte (weiter-)zuentwickeln, → Kultur hervorzubringen und letztendlich ihre Geschichte selbst zu gestalten vermag. (Dass auch bestimmte Tierarten Vorformen und Einzelaspekte dieser Aufzählung ebenfalls – z.T. weit perfekter als Menschen – hervorbringen können, tut hier nichts zur Sache. Vielmehr geht es gerade um den komplexen Zusammenhang *aller* dieser Momente, den offensichtlich bisher nur die menschli-

che Gattung, das Gattungswesen «Mensch» mit Willen und Bewusstsein hervorgebracht hat, welcher in Gestalt der bis auf die gegenwärtige Höhe entwickelten Industrie, Technologie und Wissenschaft, Kultur und Kunst etc. und ihrer sich darin abzeichnenden menschlichen Fähigkeiten und Möglichkeiten zu dechiffrieren ist: «die Industrie als das aufgeschlagene Buch der menschlichen Wesenskräfte» (Marx).)

Gebrauchswert: In einem allgemeinen Sinne wird mit Gebrauchswert eine Gegenstand-Bedürfnis-Relation bezeichnet; die Nützlichkeit eines Gegenstandes stellt seinen Gebrauchswert dar, d.h. dass er potenziell konsumierbare Eigenschaften, Qualitäten besitzt und diese vom Bedürfniswesen Mensch als solche wahrgenommen, erkannt oder anerkannt werden. Der Gebrauchswert verwirklicht sich nur im Gebrauch oder in der Konsumtion und existiert im Prinzip unabhängig davon, ob Gegenstände getauscht werden oder nicht. (Bestimmte Gebrauchswerte müssen noch nicht einmal Arbeitsprodukte sein, um menschliche Bedürfnisse zu befriedigen: so «Naturprodukte», die lediglich von Hand gepflückt direkt im Mund landen.) Da das konkret nützliche Gebrauchsding in der Regel ein Produkt *konkreter menschlicher Arbeit* ist, die – wie vermittelt auch immer – stets ein gesellschaftlicher Akt des Zusammenwirkens ist, stellt der Gebrauchswert in der Regel auch schon eine *gesellschaftliche Gegenständlichkeit* dar, die allerdings naturhaft-stoffgebunden im allgemeinsten Sinne (da irgendein konkretes menschliches Bedürfnis befriedigend) bleibt. Doch Gegenstände, die getauscht werden sollen, also schon von vornherein für andere (d.h. konkret andere Gebrauchswerte-Produzierende, die diese ihrerseits für den Tausch mit anderen produzieren) und damit für den Austausch, als *Waren* produziert werden, verkörpern aufgrund der von ihrer konkreten Natur abstrahierenden, *reinen Gesellschaftlichkeit* des Austauschprozesses, in welchem die ProduzentInnen sie ausschließlich als Produkte → *abstrakter Arbeit* (nur an den gesellschaftlich durchschnittlich notwendigen Arbeitszeitquanta für ihre Produktion sie bemessend) einander gesellschaftlich gleichsetzen, eine *rein gesellschaftliche Gegenständlichkeit*: → *Tauschwert*. Doch diese Realabstraktion «Tauschwert» (siehe → Abstraktion), als Erscheinungsform des ökonomischen Werts, bleibt real auch immer an konkrete Arbeitsprodukte, konkrete Bedürfnisse befriedigende Gebrauchswertkörper gebunden. Tauschwerte benötigen in letzter Instanz zu ihrer Realisierung immer Gebrauchswerte als ihr Substrat; im Tauschverhältnis und schließlich im gesamten Prozess der kapitalistischen Reproduktion → fungiert der Gebrauchswert damit als unabdingbarer *Träger ei-*

nes Tauschwertes und bleibt untrennbar eine Bestimmung der Ware (was zu mannigfaltigen Widersprüchen der Warenproduktion im allgemeinen und zu Krisen der kapitalistischen Warenproduktion im besonderen treibt).

gender mainstreaming: 1) weltanschauliche Haltung und politische Einstellung, nach der bei allen gesellschaftlichen Vorhaben die unterschiedlichen Lebenssituationen und Interessen von Frauen und Männern von vornherein und regelmäßig zu berücksichtigen seien, da es keine geschlechtsneutrale Wirklichkeit gebe; 2) politisches Programm zum Vorantreiben der «Chancengleichheit» im Rahmen der kapitalistischen Konkurrenz und der bürgerlichen Gleichheit der Rechtssubjekte, das nicht auf die Durchführung von Sondermaßnahmen für Frauen beschränkt sein will, sondern zur «Verwirklichung der Gleichberechtigung» aller bürgerlichen Subjekte ausdrücklich sämtliche allgemeinen politischen Konzepte und Maßnahmen nutzen möchte, indem die etwaigen Auswirkungen auf die Situation von Frauen bzw. von Männern bereits in der Planungsphase aller ökonomischen und politischen («sozialen») Konzepte aktiv und erkennbar integriert werden («gender perspective»).

Genozid: «Völkermord»; genauer: Mord an einem Teil der Menschheit, der zuvor als ein bestimmtes «Volk» abgesondert (→ abstrahiert) wird oder als abgesondert erscheint. Genozidale Exzesse finden in Form verschiedener Äußerungen von Fremdenhass (Xenophobie), Rassismus, als Pogrome «von unten» oder«ethnische Säuberungen» usw. von staatlicher Seite statt und reichen bis zum eliminatorischen Antisemitismus, der jedoch schon in seiner Genese, Qualität und Quantität mit irgendeinem Genozid → inkommensurabel ist.

Historizität: Geschichtlichkeit in einem → defetischisierenden Sinne. Marx u.a. begründen in der geschichts*theoretischen* Aufhebung der Hegelschen Geschichts*philosophie* (d.h. in der Überwindung seines geschichtslogizistischen und damit teleologischen Systems, also dem Ordnen geschichtlicher Sachverhalte nach einem festgelegten Begriffssystem und der Deutung der Weltgeschichte als gleichsam logisch sich vollziehendem, zielgerichteten «Fortschritt des Geistes im Bewußtsein der Freiheit») eine gesellschaftswissenschaftliche Methode der Analyse und Kritik, welche radikal von der gleichsam «naturgesetzlichen» (Marx), nur sehr teilweise von menschlich-gesellschaftlichem Willen und Bewusstsein teleologisch bestimmten Geschichtlichkeit aller Forschungsgegenstände ausgeht (Marx: «Wir kennen nur eine einzige Wissenschaft, die Wissenschaft der Geschichte») und sich zwar auch durch Logik partiell abstrahierend vom Resultat her betrachtet abbilden lässt, nie aber in dieser Denkreproduktion aufgeht, schon gar nicht apriori. Historizität – die sich materialistisch stets als immanent «positive Wissenschaften» zugleich mit ihrer transzendierenden Kritik alles historisch Gewordenen und Bestehenden begreift – ist außerdem nicht zu verwechseln mit dem Positivismus und dem Historismus – einer bis heute herrschenden Geschichtsphilosophie und Geschichtsschreibungsmethode, die in mehreren Varianten (und deren Mischformen) auftreten: a) als ein völliger Relativismus, der auf der Grundlage positivistischer historischer Anschauungen von den jeweils betrachteten Zeitaltern das Wort redet, in welche es sich so weit wie möglich «einzufühlen» gelte, b) als eine Kreislauflehre notwendig aufeinanderfolgender Zeitalter mit ihrer ewigen «Kontinuität» von Aufstiegs- und Untergangszyklen analog den Jahreszeiten, c) als Prozess steten Fortschreitens oder (je nach geschichtsphilosophisch optimistischer oder pessimistischer Anschauung) Rückschreitens der Geschichte (mit oder ohne prognostiziertem Ende). Gegen diese bürgerliche und sozialdemokratische sowie staatssozialistische «Geschichtsschreibung der Sieger» hält Walter Benjamin fest: «Für den materialistischen Historiker ist es wichtig, die Konstruktion eines historischen Sachverhalts aufs strengste von dem zu unterscheiden, was man gewöhnlich seine ‹Rekonstruktion› nennt. Die ‹Rekonstruktion› in der Einfühlung ist einschichtig. Die ‹Konstruktion› setzt die ‹Destruktion› voraus. Damit ein Stück Vergangenheit von der Aktualität betroffen werde, darf keine Kontinuität zwischen ihnen bestehen. [...] Es ist die Gegenwart, die die Geschichte in Vor- und Nachgeschichte polarisiert. [...] Der historische Materialismus muss das epische Element der Geschichte preisgeben. Er sprengt die Epoche aus der dinghaften ‹Kontinuität der Geschichte› ab. [...] Für den materialistischen Historiker ist jede Epoche, mit der er sich beschäftigt, nur Vorgeschichte derer, um die es ihm selber geht. [...] das destruktive Moment in der materialistischen Geschichtsschreibung ist als Reaktion auf eine Gefahrenkonstellation zu begreifen, die sowohl dem Überlieferten wie dem Empfänger der Überlieferung droht. Dieser Gefahrenkonstellation tritt die materialistische Geschichtsauffassung entgegen; in ihr besteht ihre Aktualität, an ihr hat sie ihre Geistesgegenwart zu bewähren.»

Holocaust (biblisch: ein gottgefälliges, d.h. «vollständiges» Brandopfer darbringen; griech. holókauston: völlig verbrannt); griech. hólos: siehe → Shoah

Ideologie: In einem allgemeinen Sinne bezeichnet der Begriff Ideologie historisch ideelle Konfliktformen als Formen der gedanklichen Bearbeitung der Wirklichkeit, die dazu dienen, die gesellschaftliche Praxis der Menschen bewusst und aktionsfähig zu machen. In einem engeren Sinne bezeichnet er einen (meist interessenbedingten) Mangel an Reflexion, was zu verkehrtem und damit auch zu «falschem» Bewusstsein führt. Ob jeweils mehr in ihrer Dimension als Bewusstmachen der Wirklichkeit oder mehr in ihrer Dimension als ideelles Ausfechten der klassengesellschaftlichen Interessenskonflikte entfaltet, immer handelt es sich bei Ideologie um eine *Funktion* im gesellschaftlichen Sein, der selbst in letzter Instanz kein Sein zuzuschreiben ist (andernfalls wäre die Unterscheidung von Sein und Bewusstsein sinnlos). Da Ideologie jedoch als ideelle Bedingung (neben den stofflich-materiellen Bedingungen des Seins) ein praxisbestimmend übergreifendes Moment in allen Sphären des gesellschaftlichen Handelns der Menschen darstellt, wirkt sie – in vielfältigen Komplexen mit deren Eigengesetzlichkeiten als besondere Formen ideologischer Praxis (vom ökonomischen Common Sense, dem Alltagsdenken und den Wissenschaften über das Recht und die Politik bis zu Ethik und Ästhetik; wobei im «strukturalistischen Marxismus» sogar von den «ideologischen Staatsapparaten» gesprochen wird) vermittelt über die Durchsetzung der menschlichen Interessen und funktional der Austragung ihrer Klassenkonflikte – die Realität gestaltend auf das gesellschaftliche Sein sogar entscheidend ein.

Ideologem: Element oder Versatzstück von → Ideologie; (die Forderung nach allseitiger «Entideologisierung» ist z.B. selbst ein solches Ideologem, siehe → Ideologisierung).

Ideologisierung: etwas in seiner gesellschaftlich-bewusstseinsmäßigen Ausdrucksform und Funktion zu einer Ideologie machen; Stillstellung, Fixierung und Verkehrung eines emanzipatorischen, → defetischisierenden Prozesses (z.B. experimenteller Praxis, revolutionärer Theoriebildung) und der → Reflexion. Das Postulat der «Entideologisierung» dagegen ist selbst Bestandteil einer speziellen Ideologie: der Illusion und Doktrin sogenannter «Wertfreiheit», d.h. Erhabenheit einer Theorie oder Methode über jegliche gesellschaftlichen Klasseninteressen und ihre Konflikte. Die wissenschaftlich-communistische Abweisung des illusionären und unaufrichtigen Anspruchs auf «Wertfreiheit der Wissenschaft» und auf «Entideologisierung» setzt allerdings zugleich um so strenger das unbedingte wissenschaftliche Postulat, die Methode und Haltung voraus, bei der Erforschung, Untersuchung, Analyse und synthetischen Darstellung des Gegenstandes jegliche eigenen Interessen- und Effektivitäts-Anliegen, somit auch alle subjektiven Wertungen und → Idiosynkrasien, zunächst unmittelbar strikt herauszuhalten, zurückzuweisen, so dass deren objektiv-historische gesellschaftlich-ökonomische Bedingtheit in der Folge um so gründlicher ideologiekritisch aufgedeckt werden kann.

Idiosynkrasie: besonders starke, nicht allgemein bzw. rational begründbare körperliche und/oder psychische bis intellektuelle Abneigung und heftige Überempfindlichkeit gegen bestimmte «andere» Dinge, Sachverhalte und Personen. (Jemandem «gefällt meine Nase nicht.» «Ich kann dich nun mal einfach nicht leiden.» «Die können sich gegenseitig nicht riechen.» etc.)

indigen: ist eine relativ junge Lehnübersetzung, wahrscheinlich vom spanischen «pueblos indígenas» als adjektivische Bezeichnung, welche die ursprüngliche Bevölkerung (vor der Kolonisation) Lateinamerikas betrifft. Dieser Begriff hat in Lateinamerika als Sammelbezeichnung für alle Nachkommen der «vorkolumbianischen» Bevölkerung die auf Kolumbus´ Verwechslung mit Indien beruhenden Bezeichnungen «Indios/Indianer» ersetzt.

Inkohärenz: Ggs. zu → Kohärenz.

inkommensurabel: nicht vergleichbar (aufgrund dessen, dass keine übergeordnete Regel zu finden ist, die einen Vergleich zwischen zwei Sachverhalten oder Aussagen zulassen würde).

Katastrophismus (altgriech. katà-strephéin: gegen-wenden, abwenden, umwenden, umkehren, den Boden umgraben, das Unterste nach oben kehren; katàstrophê: Wende, Kehre, Schicksalswende, Aufwühlen und Umwälzung des Bodens): geschichtlich belehrte Annahme, dass scheinbar unbedeutende oder unbemerkte Ereignisse plötzlich zu riesigen Umwälzungen führen können. Dies kann u.a. aufgrund ihrer Qualität und in der Konstellation, in der sie auftreten, durch die allmähliche und beschleunigte Anhäufung von vielen (relativ) kleineren naturgeschichtlichen wie auch gesellschaftshistorischen, technikgeschichtlichen, mentalitätsgeschichtlichen Ereignissen geschehen, wie sie in der Geschichte immer wieder mit eruptiver Plötzlichkeit zutagegetreten sind und als «Fortschritt» bahnbrechend gewirkt haben (vor allem und mit ungeheurer Beschleunigung in der Durchsetzung der bürgerlichen Produktionsformation, der formellen und reellen → Subsumtion aller Bereiche unter das Kapital, die keineswegs abgeschlossen ist). Angesichts dessen meint «Katastrophismus» zugleich auch das bewusste Setzen auf diese Um-Kehrung von Unten und Oben, um sie als humane Chance zu begreifen, als «Schicksalswende» den «Lauf der Geschichte» aktiv in die eigenen Hände zu nehmen und seine Richtung mit Willen und Bewusstsein zu bestimmen, das Verhältnis von Stillstellung und Beschleunigung dieser basalen Umwälzung beherrschen und regulieren zu können, die naturwüchsige Zerstörungsgewalt dieser Antagonismen durch bewusste revolutionäre «Unterbrechung» (W. Benjamin) in menschlich-gesellschaftliche Neugestaltungen zu wenden. Katastrophismus ist keine Apokalyptik (auch wenn alle möglichen Apokalyptiker ihrerseits natürlich auf Katastrophenängsten ihr religiöses, heilserwartendes Süppchen nach Rezepten für den «Ausstieg» oder «Notausgang» kochen). *Katastrophistisches* Denken und Handeln fällt mit einer *katastrophischen* Produktionsweise (wie der kapitalistischen Weltgesellschaft der Gegenwart) nur insofern zusammen, als es sich und andere über deren *katastrophalen* Charakter nicht hinwegtäuscht und indem es auf ihre Überwindung hinarbeitet (Umwandlung von blind entfesselten naturwüchsigen Destruktivkräften in gesellschaftlich planmäßig eingesetzte menschliche Produktivkräfte).

klandestin (lat. clandestinus): im verborgenen angelegt, heimlich, geheim.

Kohärenz (lat. cohaerere: zusammenhängen, zusammengewachsen sein, verbunden sein): Vereinbarkeit mehrerer Aussagen, Handlungsweisen, Handlungsziele und Lebenspläne, oder: der vernünftige, stimmige Zusammenhang eines Argumentationsganges und einer Tätigkeitsweise, im Gegensatz zur Zerrissenheit, unaufhebbaren oder noch unaufgehobenen, aber unreflektierten (unvernünftigen) Widersprüchlichkeit, die ihre → Aufhebung bloß suggeriert oder vorspiegelt, einer eklektischen (d.h. Nichtzusammenpassendes zusammenbringenden) Pseudo-Einheitlichkeit und Pseudo-Totalität, kurz: Inkohärenz fragmentarischer Wahrnehmungs-, Handlungs- und Argumentationsweisen.

Konkretion, konkret (lat. concrescere: zusammenwachsen, sich verdichten, entstehen): Die Konkretion ist der Prozess der Zusammenfassung vieler Bestimmungen und das Konkrete die Einheit des Mannigfaltigen. Von der real-konkreten Wirklichkeit ausgehend beginnt ein Forschungsprozess in der Regel mit der Analyse, die zu vernünftigen → Abstraktionen führen kann und sollte. Diese wiederum bilden die Ausgangs- und Zwischenmomente eines begrifflichen Bestimmungs- und Reflexionsprozesses – der Konkretion – mit dem Ziel, das Konkrete (nun als Resultat), als etwas Zusammenhängendes, Zusammengesetztes, als Synthesis möglichst so weit zu erreichen, dass es der menschlichen Praxis förderlich ist. Denn unvermittelte «Anwendung» der Abstraktionen würde dem jeweils unter sie subsumierten Einzelnen und Nichtidentischen in der Wirklichkeit, da noch unbegriffen, lediglich Gewalt antun («blutige Abstraktionen»). Siehe→ Dialektik

Konnotation: 1) Begriffsinhalt (i.Ggs. zu seinem Umfang); 2) die durch Vorstellungsverknüpfungen bedingten emotionalen, stilistischen oder wertenden (Neben-)bedeutungen eines Wortes oder Zeichens. (Z.B. schwingen beim Wort «der Kommunismus» seit langem unweigerlich stets folgende Assoziationen mit: «gut gemeint, aber naiv, verfehlt, gescheitert, hat sich jedenfalls blamiert», «blutige Utopie», «KP-Diktaturen im Namen des Proletariats, Planwirtschaft als gigantische Bürokratie, wo nichts funktioniert», GU-Lag usw. Diese Konnotationen werden dann i.d.R. entweder mit negativem Vorzeichen – «sollte historisch ein für allemal erledigt sein» – oder positivem – «trotz alledem!» – versehen.) Siehe auch → Denotation.

Konstituierung (lat. constituere: hinstellen, hinsetzen, beistellen): Verwirklichen (aus dem bloß Möglichen ins Wirkliche überführen), ins Leben rufen, sich endgültig herausbilden i.S.v. Gründung.

konstitutiv: als wesentliche Bedingung die Entstehung, Funktionsweise und den Bestand von etwas ermöglichen; als Basis formgebend.

Kontemplation: sinnliche, geistige oder religiöse Schau im Sinne eines beschaulichen Nachdenkens und rein geistigen Sichversenkens in etwas; meditative Konzentration auf geistige Inhalte; strikt passive Betrachtungsweise mit meist religiösem Charakter. (Dualistisch wird der «vita activa», d.h. einem aktiven, tätig-handelnden Leben, allzugerne die «vita contemplativa», d.h. das Leben in der bloßen Anschauung, passiven Zuschauerrolle, entgegengesetzt. Im kapitalistischen Alltagsleben wird aufgrund der Objekthaftigkeit der Lohnabhängigen in Arbeit wie → Freizeit die allgemeine Tendenz zur passiven Kontemplation gegenüber der spektakulären Warenwelt bei gleichzeitiger Erpressung zur Aktivität – «Bewegt euch! in eurem Freizeitpark» – der Konkurrenzsubjekte durchgesetzt.)

kumulativ: anhäufend.

Kultur (lat. cultura: Bearbeitung, Anbau, Pflege, Ausbildung, Veredelung): 1) im weitesten Sinn: alles, was der Mensch selbst gestaltend hervorbringt, im Unterschied zu der von ihm nicht geschaffenen und nicht veränderten Natur. Das Wort selbst hat seinen Ursprung in «Agrikultur». Kultur erscheint unter einem Doppelaspekt: einerseits als die Summe menschlicher historischer Werke (Vergegenständlichungen, Sprache, Technik, Kunst, Moral, Recht, Religion, Ideologie, Wissenschaft, Urbanismus etc.), andererseits als das menschliche Wirken selbst, d.h. ein gestaltendes Handeln nach typischen Modellen (Sprachen, Techniken, Methoden, Wert- und Zielvorstellungen etc.). 2) Im situationistischen Sinne: → Reflexion und Vorwegnahme der möglichen Organisationsformen des alltäglichen Lebens in einem historischen Rahmen; Gesamtheit der Arbeiten, Werke der Ästhetik, der Gefühle und der Lebensgewohnheiten, durch die eine Kollektivität auf das Leben reagiert, das ihr durch ihre jeweils als Generation vorgefundene Ökonomie objektiv gegeben wird. (Diese Definition bezieht sich nur auf die Schaffung der Werte, nicht auf ihre Unterrichtung.)

Kritik (griech. kritiké [techné]: Kunst der Beurteilung, von krínein: (unter-)scheiden, entscheiden, begrenzen; kritikos: entscheidend, beurteilend): Zunächst kann Kritik als Methode bezeichnet werden, welche Wahrheits- und Geltungsansprüche mittels Vernunft auf ihre Berechtigung hin überprüft und ihre Grenzen auslotet sowie die Bedingungen von Möglichkeiten und Wirklichkeiten untersucht bzw. auf Alternativen hin betrachtet. Zugleich bedeutet Kritik die sukzessive (schrittweise) Durchdringung des Scheins hin auf das unbegriffen Wirksame. Als immanente Kritik hält sie sich an die Kriterien, welche die zu kritisierende Position selbst aufstellt, an die Geltungsansprüche bestehender Verhältnisse etc.; bzw. als Darstellung verschiedener Positionen zeigt die immanente Kritik, wie sich diese selbst kritisieren, be- und verurteilen, sich in Widersprüche verwickeln, welche sie → dialektisch in andere Positionen übergehen lassen. Entscheidend dabei ist, dass die Kritik sich nicht außerhalb dieses Prozesses stellt, weil es sonst erforderlich wäre, diesen Standpunkt außerhalb der immanenten Widersprüche des zu kritisierenden Gegenstandes selbst wieder zu rechtfertigen, die Kriterien, die dazu erforderlich wären, zu bestimmen, was entweder zu einem unendlichen → Regress (zum immer weiterzuführenden und zu rechtfertigenden Zurückschreiten eines sog. «regressus in infinitum») führen würde oder – bräche man diesen Prozess einfach ab – zum Dogmatismus (hier im Sinne eines willkürlichen Abbruchs des → Reflexionsprozesses). Als immanente Kritik dagegen legt sie im Idealfall nichts Äußerliches in den zu überprüfenden Gegenstand hinein (wie z.B. dogmatische Moralvorstellungen). Im Gegensatz zum Dogmatismus hat die Kritik (als kritische Theorie und kritische Praxis) des Weiteren ein → reflexives Verhältnis zu sich, d.h. zu ihrer Tätigkeit, ihrem eigenen Vernunftanspruch sowie zur Vernunft selbst. Die Bedingungen und Kriterien der Kritik selbst werden dann Gegenstand der Kritik und werden damit in einem dialektischen Prozess aufgehoben (→ Dialektik, → Aufhebung). Die Form der Begründung der Kritik besteht darin, die eigene Theorie als Konsequenz der kritisierten Positionen und Verhältnisse darzustellen, was schließlich bedeutet, Kritik insgesamt als geschichtliche Bewegung zu begreifen (→ Historizität). Insgesamt liegt darin ein Aspekt von → Reflexion zugrunde, nämlich die Reflexion auf die Voraussetzungen, die der Selbstentwicklung des kritischen Prozesses zugrunde liegen, das Bewusstsein der Kritik über sich selbst, das damit zur Selbstbestimmung sowie potenziell zum (historischen) Selbstbewusstsein der Menschen (über sich selbst und ihre Praxis) führen kann. Dem steht die reale Praxis gegenüber, in der die Menschen die Welt, die gegebenen gesellschaftlichen Verhältnisse einerseits zunächst als → scheinbar unveränderliche, gleichsam «natürliche» Gegebenheit annehmen (die sie letztendlich selbst konstituiert haben), andererseits früher oder später aber immer auch in Frage zu stellen und zu verändern versuchen; die Kritik versucht in diesem Konflikt bewusst das historische Gewordensein dieser Verhältnisse und damit ihre prinzipielle Veränderbarkeit als reale und objektive Möglichkeit aufzuzeigen: das Andersseinkönnen und Andersmachenkönnen als reale Alternative. Das Aufzeigen von Alternativen ist nicht nur als theoretische Arbeit des Begriffs möglich, sondern und gerade auch in Form von sinnlicher ästhetischer Praxis: Kunst war ihrem höchsten Anspruch nach nie konformistisch-gefällig, sondern immer verstörend radikal kritisch. Um bestehende Verhältnisse schließlich wirklich zu ändern, ist die rein immanente und reflexive Kritik gezwungen, zu einer tätig-praktischen Kritik (in einem umfassenderen Sinne) zu werden; denn die Waffe der Kritik kann nicht die Kritik des Handgemenges, die Kritik der Waffen ersetzen.

latent (lat. latens: verborgen): 1) verborgen; unter der Oberfläche wirkend, noch nicht in Erscheinung getreten; 2) real möglich (aber noch nicht wirklich); 3) erst im Zusammenhang mit bestimmten Situationsbedingungen zum Vorschein kommend und die aktuelle Situation modifizierend; Ggs. zu → manifest.

Leidenschaft: auch Passion; sie ist die nach einem Gegenstand der Begierde energisch strebende Wesenskraft des Menschen, die a) immer nur in historischer Formbestimmtheit zu begreifen ist, die aber b) zugleich auch als historisch-anthropologisches «Beharren im Wandel» auf körperlich-triebstruktureller Ebene (Affekte, «polymorph-perverses Triebwesen») begriffen werden muss.

Libido (lat.: Begierde, Lust, Trieb): 1) auf sexuelle Befriedigung (im weitesten Sinne) gerichtetes Begehren als unabweisbarer, vielfältiger Triebanspruch (als das «Es» im psychischen Apparat; in der Alltagsredewendung und Patientenerfahrung ausgedrückt: «Es ist stärker», nämlich stärker als das bewusst regulierende «Ich» und jede gesellschaftliche Ver- und Gebots-Instanz); 2) bio-psychische Energie der Sexualtriebe. Die Libido bezeichnet das energetisch Zugrundeliegende des Sexualtriebes in seinen verschiedenen Äußerungsformen. (Dem Neugeborenen muss zunächst jegliche Triebrichtung dieser psychischen Energie abgesprochen werden. D.h. als ursprünglich in der biopsychischen Anlage oder anthropologischen Kerngestalt «polymorph-perverses» Triebwesen besitzt die Psyche weder hetero- noch homosexuelle Qualität, sondern weist vielmehr alle Qualitäten zusammen auf als «pan-sexuelle» Möglichkeit.) Der psychoanalytischen Triebtheorie zufolge handelt es sich bei der libidinösen Energie um ein biologisch-organisch basales, quantitativ veränderliches Kräfte-Ensemble des «psychischen Apparats», das allerdings stets gesellschaftlich durchformt und geprägt ist, seine Formbestimmtheit verändern kann und muss und deshalb auf verschiedene Objekte (Verschiebung der libidinösen Triebbesetzungen, Gegenbesetzungen usw.) oder Ziele (z.B. → Sublimierung) gerichtet oder von diesen wieder abgezogen werden kann. Als entscheidend gelten bei diesen energetischen bio-psychischen Vorgängen die symbolischen (körperlich-bildsprachlichen) Repräsentationen, die dem Menschen eine bewusstseinsgeleitete, ich-kontrollierte Triebregulierung durch Versprachlichung möglich machen (libidinöse Ökonomie) und damit erst ihre Vergesellschaftung und kollektive Emanzipationsmöglichkeit. Ob und in welcher Form die gesamte «Triebmischung» der menschlichen Psyche außer der «Libido» zugleich auch eine «Destrudo» (d.h. Destruktionstrieb gegen Andere und Selbst, evtl. bis hin zu einem «Todestrieb«) aufweist, blieb in der psychoanalytischen Theoriebildung immer äußerst umstritten.

manifest (lat. manus: Hand; manifestus: handgreiflich gemacht, augenscheinlich, offenbar): zu Tage getreten, offenbaren; Ggs. zu → latent. (Beispiele für die Wichtigkeit der Unterscheidung, ob, warum und unter welchen Bedingungen ein dynamischer menschlich-sozialer Vorgang latent am Werke ist oder manifest in Erscheinung tritt: a) die Traumarbeit und ihre psychoanalytische Deutung als «manifester und latenter Trauminhalt», b) die Alltagsreligion des modernen Antisemitismus und die Erforschung der Bedingungen und Formen, in denen er als «struktureller», als «latenter», als «manifester» und als «eliminatorischer» Antisemitismus auftreten kann.)

Maximalismus (bei der SI): die → kohärente → Kritik der → Totalität und das Aufs- Ganze-Gehen gegen das Bestehende, um es zu überwinden. Der revolutionäre, kritische Maximalismus der SI hat nichts zu tun mit utopisch-abstrakten Extrempositionen, die um ihrer selbst willen gesetzt und gegen minimale → subversive Eingriffe in denunziatorischer Weise ausgespielt werden. Er schließt im Gegenteil einen kritischen Minimalismus (z.B. die Praxis taktischer «Nadelstiche» gegen die bestehende Ordnung oder die Strategie der Schaffung raum-zeitlicher Stützpunkte im Hier und Jetzt der bestehenden Gesellschaft) keineswegs aus und kann dies schon aus logischen Gründen nicht. Denn würde man beim «Aufs-Ganze-Gehen» minimale und partikulare Eingriffe gegen die Totalität ausschließen, dann würde ein solcher leer bleibender, nur vermeintlich «maximalistischer» Praxisanspruch sich selbst als partikulär erweisen, denn er wäre in Bezug auf die *Kritik der Totalität* selbst nur ein verschwindender Teil der *Totalität der Kritik*. Außerdem würde er die Möglichkeit → katastrophischer Umwälzungen, d.h. die Möglichkeit, dass minimale Ereignisse und Interventionen plötzlich zu riesigen Umwälzungen führen können, ausblenden. Ein kritischer Maximalismus kann gerade wegen der Maximalposition seiner Forderungen, d.h. aufgrund des → strategischen Charakters seiner Ziel- und Zweckbestimmungen, minimalistische, taktische und auf die besondere Situation im Einzelnen bezogene Positionen, kleine subversive Eingriffe, Teilkämpfe und Teillösungen nicht ausschließen, sondern setzt sie voraus und bildet sogar die übergreifende Triebkraft für sie. Allerdings weist der kritische Maximalismus dabei energisch auf deren Begrenztheit, Vorläufigkeit und Unzulänglichkeit hin und gibt gerade die Perspektive und die Kriterien vor, um die jeweiligen Minimal-Etappen nicht im Reformismus oder Aktionismus versacken zu lassen, sondern sie selbstkritisch zu → reflektieren. Der kritische Maximalismus der SI steht aus denselben Gründen nicht in Widerspruch zu Übergangsprogrammen, allenfalls dann, wenn diese als fixierte (z.B. als utopistische) auftreten. Der Maximalismus der SI steht somit auch mit dem Charakter ihres eigenen Übergangsprogramms – der Eskalation konstruierter → Situationen zwischen der zu verlassenden alten Welt (spektakulärer Kapitalismus) und der noch nicht durchgesetzten neuen Welt (communistische Produktion und Verteilung etc.) – → kohärent in Einklang.

Modus, Modi (pl.): Art und Weise, Verfahrensweise. Der Modus benennt die Art und Weise, wie ein Gegenstand bestimmt ist, eine Aussage getroffen oder ein Urteil gefällt wird: a) als Seinsbestimmungen, z.B. als Bestimmungen des relativ lange Zeit Gleichbleibenden («Beharrenden im Wandel») oder rascher Veränderlichen an einem Gegenstand und in einem Prozess; b) als logische Modi, die sich auf Denken und Sprachen (auch mathematische Aussagen) beziehen, d.h. die Art und Weise von Aussagen, wie z.B.: diese Aussage ist «notwendig wahr», «möglicherweise wahr», «zufällig wahr»; c) epistemische (d.h. erkenntnistheoretische, wissenschaftstheoretische) Modi kennzeichnen Formen des Wissens, wie z.B. das, wovon man weiß, dass es wahr bzw. falsch ist oder gemäß einer gewissen Wahrscheinlichkeit sein könnte; d) deontische Modi kennzeichnen Formen des Sollens, wie z.B. Begriffe des gesellschaftlich historisch und situativ Gebotenen (das, was wir tun sollen), Erlaubten (das, was wir tun dürfen) und Verbotenen; e) existenzielle Modi kennzeichnen Formen der Existenz oder Existenzbehauptungen, wie z.B. die Aussagen: «alles ist ...», «einiges ist ...», «keines ist ...»; f) Modi als gültige Formen des Schließens, wie z.B.: «alle Menschen sind sterblich; Sokrates ist ein Mensch; darum ist auch Sokrates sterblich». Modalbestimmungen sind: Wirklichkeit/Nichtwirklichkeit, Notwendigkeit/Kontingenz, Zufälligkeit sowie Möglichkeit/Unmöglichkeit. Sie alle sind aufeinander verwiesen, gehen u.U. prozessual ineinander über (Reflexionsbestimmungen, siehe → Reflexion).

Monade (griech. monas: Einheit): das Einfache, Nichtzusammengesetzte, Unteilbare. Die (stets logizistisch geschlossene) philosophische Monadologie konstruiert «Monaden» systemdenkerisch als letzte, nicht weiter auflösbare Elemente der Wirklichkeit. Die grundlegenden Merkmale von Monaden (gemäß der klassischen Leibnizschen Monadenlehre) sind, dass 1. sie weder Ausdehnung noch Gestalt haben, d.h. eindimensional sind, 2. keine mit anderen identisch ist, 3. sie sich selbst genügend sind, aber dadurch gleichzeitig ihr Zusammenhang gewährleistet sein muss, und 4. jede für sich betrachtet einen «Spiegel der Welt» darstellt.

Movens: Beweggrund; Antrieb; das, was etwas in Bewegung versetzt.

Nadir (arab.: Fußpunkt): dem → Zenit genau gegenüberliegender Punkt, wie er für das geozentrische Weltbild (die Erde bildet das Zentrum aller astronomischen Erscheinungen) an einer «Himmelskugel» wie z. B. dem Mond bestimmt wurde.

Negation (lat. negare: verneinen, leugnen, bestreiten, verweigern): Verneinung, Ablehnung.

negativ: verneinend; ablehnend; Ggs. zu → affirmativ oder → positiv; (nur im vulgär-umgangssprachlichen Sinne ist die Bedeutung von «negativ» reduziert auf eine Wertung, im Sinne von «ungünstig», «schlecht sein». Tatsächlich ist theoretisch und praktisch «der Stil der Negation» dem von der Ideologie der Herrschenden verlangten «positive thinking» diametral und radikal entgegengesetzt.)

Neurose: 1) nicht normgerechtes individuelles Verhalten, das als Leiden und seelische (auch psychosomatische) «Krankheit» empfunden wird, soweit es durch «Fehlentwicklung» der Triebökonomie (→ Libido) hervorgerufen ist, d.h. durch eine Unterdrückung der Triebenergie, die deren relativ freien Abfluss verhindert und zu

Triebstauung und Ersatzhandlungen (Symptomen für «eingeklemmten» → Affekt und unbewusste verbotene Triebwünsche) führt; 2) durch unverarbeitete seelische Konflikte mit der gesellschaftlichen Umwelt entstandene Verhaltensanomalie (vom jeweils historisch als «normal» anerkannten Verhalten abweichend, die herrschende gesellschaftlich-psychische Norm «störend») mit seelischen Ausnahmezuständen und verschiedenen körperlichen Funktionsstörungen (ohne organische Ursachen). Die Symptome einer Neurose gelten als symbolisch (auch körpersprachlich) ausagierter Ausdruck eines nichtverarbeiteten psychischen Konflikts, z.B. in Form von schlecht gelingenden «Kompromissbildungen», zwischen verschiedenen versagten Triebansprüchen und ihrer unbewussten Abwehr. Psychische Energie, die keine geeignete Form der Abfuhr findet, drückt sich in Symptomen aus, die den unbewussten Konflikt, den sie repräsentieren, in vielfältigen Zwangsformen als jeweils ganz persönliches «Ritual» wiederholen müssen (gleichsam als «Privatreligion», so S. Freud). Die Fixierungen eines «Triebschicksals» auf bestimmte Stadien bzw. symbolische Triebbesetzungen einer individuellen und gesellschaftlich-historisch normativen («ödipal» durch die Kernfamilienform historisch vorgegebenen) individuellen Entwicklung sind durch psychoanalytische «Technik» zu deuten, zu analysieren und therapeutisch durch Erinnerungsarbeit und Versprachlichung der inneren Bilder aus ihrer krankmachenden, Leiden verursachenden blinden Zwanghaftigkeit zu befreien, d.h. sie können akzeptiert, relativiert und bewusst in lustvoll lebbare bzw. gesellschaftlich wertvolle Formen aufgelöst werden. Der repressive Charakter der Klassengesellschaft und ihrer Normen, das ungeheure «Unbehagen in der Kultur» der bürgerlichen Zivilisation und Barbarei lässt als höchstes Kriterium für die «Gesundheit» der großen Masse der Individuen nur das Normalmaß von Unlust gelten – ein Übermaß von tagtäglicher unnötiger Unlust, das die moderne kapitalistische Gesellschaft der großen Mehrheit der Menschen zumutet.

Nihilismus (lat. nihil: nichts): weltanschauliche Haltung, die nicht bloß die vorgegebenen überkommenen Sinngehalte des Daseins und Erkenntnismöglichkeiten der Welt radikal negiert, sondern darüber hinaus auch alle revolutionär-ethischen Zielsetzungen, emanzipatorischen Verhaltensnormen, Werte und Wertvorstellungen ablehnt bzw. völlig verwirft. Die SI unterscheidet zwischen einem passiven und einem aktiven Nihilismus. Der *passive Nihilismus* ist ein Sprung in den Konformismus (Anpassung an die bestehenden Verhältnisse), da die Verweigerung der Anerkennung jeglicher gesellschaftlich-gattungsgeschichtlichen Werte und damit auch revolutionären, emanzipatorischen Kampfmoral nicht zur Überwindung unreflektierter normativ herrschender Wertsetzungen führt sondern lediglich zur eigennützigen Wahl des einen oder anderen entwerteten Werts («man glaubt zwar nicht daran, tut es aber trotzdem»). Im *aktiven Nihilismus* dagegen kommt zum Bewusstsein des unaufhaltsamen Zerfalls der bestehenden Werte der Wunsch hinzu, durch eine Beschleunigung dieser destruktiven Bewegung die Gründe für die historische Hinfälligkeit der obsoleten Werte aufzuzeigen und eine «Umwertung aller Werte» in Richtung auf menschliche Emanzipation weiterzutreiben. Die aufrührerische Unordnung ist dann nichts anderes als ein Spiegelbild der Unordnung, welche die Welt regiert. Der aktive Nihilismus ist damit vorrevolutionär, der passive Nihilismus konterrevolutionär. Die SI setzte sich schon in ihrer Entstehungszeit gegen «einen nihilistischen Komfort» der Linken entschieden ab.

Organon (órganon, griech. Werkzeug): Instrument, Orientierungspunkte und Koordinatensystem zum «richtigen Denken» und Forschen. Z.B. auch: «Werkzeugkiste» im Sinne des positivistisch-subversiven Theorieverständnisses bei Foucault.

orthodox: rechtgläubig, strenggläubig.

pars pro toto (lat.: ein Teil für das Ganze): bestimmte Form einer Verkehrung, bei der ein (abgesonderter) Teil für das Ganze steht (in einer Denkoperation oder bestimmten bildlichen Darstellungsform) bzw. so → erscheint, als ob er dafür stehen würde (vgl. → Totalität).

partikular (lat. pars: Teil eines Ganzen): einen Teil betreffend.

Partikularität: Form von → Abstraktheit, bei der nur ein Teil in den Blickpunkt gerät und der Rest des Ganzen ausgeblendet bleibt; Gegenbegriff zu → Totalität.

performativ: diejenigen sprachlichen Äußerungen und zugleich Handlungen, mit Hilfe derer bestimmte Handlungen vollzogen werden (z.B. «ich gratuliere dir»).

Phänomen (griech. phainomenon: etwas, das sich zeigt): → Erscheinung.

Plagiat (lat. plagiarius: gelehrter Dieb, Seelenverkäufer, Verführer): Entwendung, Fälschung, «unrechtmäßige» Nachahmung; künstlerisches oder wissenschaftliches Werk oder Element davon, das aufgrund einer «unrechtmäßigen» Aneignung von Gedanken, Ideen o.Ä. entstanden ist (vgl. → Detournement) und ab Lautréamont (Isidore Ducasse, jung gestorben 1870) zur offensiv-subversiven Kunst des Plagiierens entwickelt wurde.

positiv (lat. ponere: setzen, stellen, legen): gesetzt, feststehend, bestehend, i.Ggs. zu → negativ; (nur im vulgär-umgangssprachlichen Sinne ist die Bedeutung von «positiv» reduziert auf eine Wertung im Sinne von «günstig», «gut sein» i.Ggs. zu «ungünstig», «schlecht sein». Dagegen ist z.B. für den jungen Hegel «das Positive», «die Positivität», geradezu gleichbedeutend mit dem schlechten Bestehenden.)

Potlatch (auch Potlach oder Potlatsch. Das Wort bedeutet ursprünglich: «geben» und kommt aus der Sprache der Chinook-Indianer): Ein Potlatch ist ein Fest, auch Gastlichkeits- und Freundschaftsritus, bei dem in ritueller Weise Geschenke verteilt werden. Es agiert symbolisch eine «Ökonomie der Gabe» aus – im Unterschied zu einer Ökonomie des Äquivalententausches. Bei einem Potlatch verteilt der Gastgeber Geschenke an die Gäste in der Hoffnung, nach einiger Zeit Gegengaben zu erhalten. Rituell war der Potlatch auch mit Zerstörung der Gaben verbunden, um im Gegenzug die Großzügigkeit des Gastes herauszufordern. Die verteilten Geschenke sollen dabei den Reichtum und das soziale Prestige des Gastgebers demonstrieren. Auf diese Weise wurden Potlatchs bei den Indianern an der nördlichen Pazifikküste, auf Melanesien und in der Südsee zu einer treibenden Kraft für die Entwicklung eines herausragenden Kunsthandwerks, denn die Geschenke mussten stets höchsten Qualitätsansprüchen genügen. Durch Handelsbeziehungen zu europäischen Händlern kam es zu einem Anstieg des Reichtums und somit zu einem immer größeren Wettbewerb bei den Potlatchs, da die Beschenkten stets versuchten, mit immer größeren Gegengaben ihre Überlegenheit zu demonstrieren. Die kanadische Regierung z.B. verbot 1884 die Veranstaltung von Potlatchs.

Produktivkraft: Der Begriff Produktivkräfte bezeichnet alle einer Gesellschaft zur Verfügung stehenden natürlichen, geistigen, ästhetischen und künstlich-technischen Ressourcen für die Produktion (Arbeitskräfte, Produktionsmittel, Rohstoffe, Formen der Arbeitsteilung und Arbeitseffektivierung, Transportmittel, Kommunikationsmittel, Know-how, Wissen, Wissenschaft und Technologie etc.). Die grundlegendste Produktivkraft ist die Produktivkraft der (gesellschaftlichen) Arbeit. Sie ist durch vielfache Umstände bestimmt, unter anderem durch den Durchschnittsgrad des Geschicks der ArbeiterInnen und ihre Kooperation, Ausdehnung und Tiefe der Arbeitsteilung, die Entwicklungsstufe der Wissenschaft und ihrer technologischen Anwendbarkeit, die gesellschaftliche Kombination des Produktionsprozesses, den Umfang und die Wirkungsfähigkeit der Produktionsmittel und durch Naturverhältnisse. Den Produktivkräften entsprechen zunächst bestimmte historisch-gesellschaftliche Produktionsverhältnisse, welche aufgrund ihres Beharrungsvermögens (und durch Fortentwicklung der Produktivkräfte) immer wieder mit ihnen in Widersprüche geraten, was eine gesellschaftliche Lösung des Spannungsverhältnisses erforderlich macht. Wesentlich ist, dass auch und gerade die historisch-gesellschaftlich und kulturell bestimmte Art und Weise des Zusammenwirkens der Individuen in der Produktion selbst wiederum eine Produktivkraft darstellt. Dies wird besonders deutlich mit Blick auf den Kapitalismus, der sich, nachdem die Produktivkraftentwicklung in den vorkapitalistischen Epochen vergleichsweise langsam vorangekommen ist, aufgrund der konkurrierenden Einzelkapitale durch eine permanente Revolutionierung und – wenn auch an Schranken stoßende – überwältigende Entwicklung der Produktivkräfte auszeichnet, wenngleich dies eben hauptsächlich erst in negativer, blind-naturhafter, den gesellschaftlichen Individuen → entfremdeter Form geschehen kann (Produktion um der Produktion willen), was ihn aber gerade zur materiell-ökonomischen «Drehscheibe» zwischen der naturwüchsigen, entfremdeten Vorgeschichte der Menschheit und der (potenziell) bewussten Geschichte einer communistischen Gesellschaftlichkeit machen kann. Doch aufgrund der entfremdenden Produktionsweise können die Produktivkräfte unter bestimmten Gesichtspunkten zugleich in Destruktivkräfte umschlagen und sind historisch immer wieder in diese umgeschlagen (Katastrophen, deren Auswirkung z.B. die irreversible Zerstörung der Biosphäre ist).

Proletariat (lat. proles: Nachkommen; alere: nähren, aufziehen): Gesellschaftsklasse der Lohnabhängigen; diejenigen, die zwar rechtlich mit anderen Klassen und Schichten gleichgestellt sind (freie und gleiche Rechtssubjekte: StaatsbürgerInnen), aber aufgrund ihrer Eigentumslosigkeit gegenüber den gesellschaftlichen Produktionsmitteln gezwungen sind, ihre Arbeitskraft zu verkaufen; die vom Kapital ausgebeutete, weil unbezahlte Mehrarbeit (Mehrwert über den zur Ersetzung ihres Lohns hinaus produzierten Wert) liefernde Gesellschaftsklasse. Da sie keine Produktionsmittel besitzen und als Klasse vereinzelter miteinander konkurrierender → Monaden auch sonst keine Möglichkeit haben, das gesellschaftliche Geschehen, die gesellschaftliche Raum-Zeit zu bestimmen, sind die Proletarisierten zunächst ein gesellschaftliches *Nichts*. Als Angehörige der potenziellen *Klasse des Bewusstseins* können sie diejenigen werden, die zwar keine Macht über den Gebrauch ihres Lebens haben, aber die das zumindest wissen. In Opposition zu den bestehenden Entfremdungen sich bewegend kann das Proletariat prinzipiell zur *revolutionären Klasse* werden, erstens, weil die Proletarisierten nichts zu verlieren haben außer ihren (teilweise «vergoldeten») «Ketten» – eine Metapher für ihre existenzielle Abhängigkeit vom Kapital, das sie produzieren, und vom Staat des Kapitals, der sie reglementiert. Zweitens ist das Proletariat potenziell das einzige revolutionäre Subjekt der modernen Weltgesellschaft, weil es schon der Wirklichkeit nach, schon in seinem Zustand als Objekt des Kapitals, die größte, die entscheidende gesellschaftliche Produktivkraft verkörpert und seine Fähigkeiten zur globalen Kooperation und Kombination als produktiver GesamtarbeiterIn gezwungenermaßen permanent entwickelt. Das Kapital und seine Staaten aufzuheben und die Produktion des weltgesellschaftlichen Reichtums planmäßig in eigene Regie zu übernehmen ist von daher den global vernetzten Proletarisierten der Möglichkeit nach längst gegeben, unter der Voraussetzung, dass sie bewusst ihre Konkurrenz gegeneinander (um den besseren Verkauf ihrer einzelnen Ware Arbeitskraft) auf allen Ebenen überwinden und ihre «Kooperation und Kombination als gesellschaftlicher Gesamtarbeiter» (Marx) bewusst organisieren. Im Kampf um ihre eigene → Emanzipation sind sie überdies perspektivisch «bei Strafe des Untergangs» gezwungen, die ganze menschliche Gesellschaft (→ Gattung) von der inhumanen Herrschaft des Kapitals und seiner blind-destruktiven Profitlogik zu befreien. Mit diesem endgültigen, materiell und wissenschaftlich heute möglichen Schritt aus der Vorgeschichte der Menschheit hinaus würde die Selbstaufhebung des Proletariats (durch → Aufhebung seines bedingenden Gegensatzes: dem kapitalistischen und staatlich gesicherten privaten Klasseneigentum an den gesellschaftlichen Produktions- und Lebensbedingungen) als Klasse-für-sich mit der Erreichung der Gattungsmäßigkeit-für-sich zusammengehen: bewusster, vernünftiger Gestaltung der menschlichen Geschichte durch die freie Assoziation freier und selbstbestimmt produzierender gesellschaftlicher Individuen.

Prosituationismus: passiv bleibende, begeisterte Zuschauerposition des Bildes situationistischer Aktivität; passiv-kontemplative SchwärmerInnen für die SI. Die ProsituationistInnen (auch: «Prositus») erheben entweder ihre Ungeduld oder ihre Ohnmacht zu Kriterien der Geschichte und der Revolution. Letztlich ist der Prosituationismus das Produkt der allgemeinen Schwäche und Unerfahrenheit der modernen revolutionären Bewegung in einem Frühstadium, Symptom einer Klassenpolarisierung, in der es bereits Mode wird (wie schon einmal unmittelbar nach 1968), undeutlich, diffus und konfus «revolutionär» zu sein.

Provenienz (lat. provenire: aus etwas hervorgehen): Herkunft, Ursprung.

Psychogeographie: Erforschung der genauen unmittelbaren Wirkungen, seien sie bewusst gestaltet oder nicht, des geographischen Milieus auf das emotionale Verhalten der Individuen. Die SI hatte die Vision von kollektiv allmählich zu erstellenden für sich sprechenden Karten, die eine neue Topographie zeigen würden, durch die kartographische Aufnahme der Felder des brachliegenden, noch ungenutzten proletarischen Bewusstseins. Diese Technik hängt mit einer Konzeption der revolutionären Vergesellschaftung der Psychoanalyse – hinsichtlich der Freilegung des gesellschaftlichen «Unbewussten» – untrennbar zusammen.

psychogeographisch: das, was die unmittelbare Wirkung der geographischen, architektonischen, besonders der urbanen Umwelt auf das Gefühlsleben und die Überformung der Bedürfnislagen ausdrückt und die lokalen Möglichkeiten für die «Konstruktion von Situationen» sondiert.

Quidproquo (lat.: etwas für etwas): Verwechslung einer Sache mit einer anderen; (ungenügender, trügerischer) Ersatz für etwas; es bezeichnet ein Verrückungsverhältnis (siehe auch → Fetisch).

Reflexion (lat. reflectere: zurückbeugen): aus der Optik entlehnter Begriff, der in der Philosophie zunächst als Metapher für das «Zurückbeugen des Denkens auf sich selbst» steht, die Selbstbezüglichkeit des Denkens, bei dem das Denken sich selbst zum Gegenstand macht (ähnlich einem Lichtstrahl, der zurückgeworfen wird, wenn er auf einen Spiegel trifft). In einem weiteren Sinn bezeichnet Reflexion eine «Vorstellung über eine Vorstellung», wobei Vorstellung nicht nur Gedankenvorstellung meint, sondern als *Vorstellung der Welt* sowohl die Vorstellung über die Welt (Vorstellungswelt des Menschen) als auch die Vorstellung, mit der sich die Welt präsentiert (Weltvorstellung, ähnlich einer Theatervorstellung). In diesem Sinne bezeichnet dann Reflexion ein spezifisches Subjekt-Objekt-Verhältnis, die Form, in welcher Denken und Handeln und die ihnen gegenüberstehenden (oder sie beinhaltenden) Gegenstände, Sachen und Sachverhalte sich wechselseitig bespiegeln (aber zunächst noch nicht in ihrer → Totalität, sondern als jeweils bestimmte Ansicht, d.h. perspektivisch). Während sich bloße Vorstellungen oftmals direkt, → unmittelbaristisch auf etwas Vorgefundenes richten bzw. von dessen Augenschein hervorgebracht werden, ist eine Reflexion immer vermittelt, ein Vermitteltes. Entgegen bestimmten Haltungen, «die nach einem identischen Subjekt-Objekt» (F. Schelling) suchen, da sie Vermittlung per se mit Entfremdung gleichsetzen, versucht ein → kritischer Reflexionsprozess im Sinne einer «Reflexion der Reflexion», dem Entfremdungszusammenhang bestimmter Vermittlungen, die als Trennungen erscheinen, entgegenzuwirken. Indem die Reflexion (im Sinne des Verhältnisses von Vorstellungswelt zur Weltvorstellung) damit selbst reflektiert wird, gerät das Verhältnis des Bestimmbaren zur Bestimmung in den Blickpunkt (dies betrifft die gesamte menschliche Praxis, d.h. sowohl Denken als auch Handeln), ebenso wie bestimmte Begriffe, die nicht direkt im Blick auf die Gegenstände der Erfahrung gewonnen werden können, sondern eine Denkarbeit besonderer Art erfordern: die Reflexionsbestimmungen (das sind z.B. Identität/Verschiedenheit; Schein/Wesen, → Erscheinung; Allgemeines/Besonderes/Einzelnes; Form/Inhalt/Stoff; Quantität, Qualität; Unmittelbarkeit/Vermittlung). Die Reflexion der Reflexion kann dann ein Versuch sein, mittels immanenter → Kritik sich der spezifischen Subjekt-Objekt-Verhältnisse, der Formen, in welchen sie zueinander in Beziehung gesetzt erscheinen, sowie der Vermittlungen etc. bewusst zu werden, diese zu → defetischisieren, Täuschungen zu desillusionieren und → aufzuheben.

Regression, Regress (lat. regressus: Rückkehr, Rückgang, Rückzug, Rückgriff): Zurückschreiten, Hinterschreiten; Zurückfallen auf frühere Stufen; Bezeichnung für «Zurückbewegungen», d.h. rückschreitende oder rückgreifende Vorgänge. Gegenteil: Fortschritt, Progress(ion). 1) geschichtstheoretisch: Rückgang oder Rückführung auf ein früheres gesellschaftshistorisches Entwicklungsstadium oder einen früheren gesellschaftlichen Reifegrad; gesellschaftshistorischer Rückschritt. 2) psychoanalytisch: allgemeine und umfassende Bezeichnung für das Wiederauftreten von in der individuellen Entwicklung bereits durchlaufenen Phasen oder Stadien in Situationen erhöhter Belastung, bei Überforderung oder unter äußeren bzw. inneren konfliktanalogen Bedingungen. Die in der Regression gezeigten Verhaltens-, Erlebnis- und Ausdrucksmerkmale sind jeweils primitiver oder sogar «infantil» im Vergleich zu einem bereits erreichten Entwicklungsstadium. Sie können deshalb auch als ein Aufheben (→ Aufhebung) eines bereits differenzierteren Verhaltens- oder Erlebnisniveaus, bezeichnet werden. In psychoanalytischer Deutung handelt es sich bei der Regression um die libidinöse bzw. affektive Besetzung kindlichen Verhaltens. 3) erkenntnistheoretisch: Zurückgehen vom Besonderen zum Allgemeinen, vom Bedingten zur Bedingung. Als *regressus in infinitum*: Fortgang des Schließens und Beweisens ins Grenzenlose, ohne festen Abschluss.

Rekuperation (franz. la récupération: Beschlagnahme im militärischen Sinn, Einziehung, Erfassung, Wiedererlangung, Wiederverwertung, Wiederaufbereiten, Beitreibung, Erbeuten, sich Schadloshalten): Sammelsurium an Techniken, derer sich die Gesellschaft des → Spektakels bedient: Klauen, Zertrümmern, Erbeuten, Banalisieren, Trennen, Isolieren und integratives Neuzusammensetzen ehemals subversiver, widerständiger, revoltierender Tendenzen oder revolutionärer Momente und deren emanzipativer Errungenschaften; Reintegration eines einstmals revolutionären Ansatzes in das Bestehende, in welchem er entweder als bloß → affirmierendes oder auch als modernisierendes Moment weiterexistiert; Ggs. zu → Detournement.

Repräsentation (lat. repraesentatio: Darstellung, Abbildung, Vorstellung): 1) das Gegenwärtigmachen, die Vorstellung; 2) die → Erscheinung, die Darstellung, das Bild; 3) die Stellvertretung von etwas, das im wörtlichen Sinne oder tatsächlich nicht gegenwärtig oder wirksam ist (z.B. das Verhältnis der → Symbole zu dem, wofür sie stehen). Alle drei Bedeutungen treten in der Regel gemeinsam auf: so → fungiert bspw. ein Aspekt der Wert- und Warenform bzw. des als Geld (Wertmateriatur) benutzten Goldes als Wertrepräsentation, ein König als Repräsentant eines «Volkes», oder «Gott» als ideeller Repräsentant aller Wesenskräfte der Menschen und der Menschheit, «das Weibliche» und «das Männliche» wechselbedingend als «das Geschlecht». Insofern verweist der Begriff Repräsentation auf ein → Quidproquo. Die SI gebraucht den Begriff Repräsentation auch gerne als generellen Begriff für Fremdbestimmung.

Revenue (franz. revenu): Einkommen, Einkünfte; Einkommensquelle.

Revisionismus: (auch: Reversionismus. Revidierungsversuche oder «Revision» in der Absicht einer Reversion, d.h. Umkehrung, Zunichtemachung bereits durchgesetzter historischer Einsichten oder schon anerkannter wissenschaftlicher Methoden.) 1) Der «Revisionismusstreit» in der internationalen Sozialdemokratie, die sich damals noch als weitgehend revolutionäre Arbeiterbewegung verstand, wurde Ende des 19. Jahrhunderts von Eduard Bernstein ausgelöst, als dieser nach dem Tod von F. Engels einen Großversuch startete, der Marxschen Theorie den revolutionären Zahn zu ziehen. Dieser klassische reformistische Revisionismus stieß vor allem auf die radikale Kritik u. a. von seiten Rosa Luxemburgs, aber auch des «orthodoxen Marxismus» des sozialdemokratischen «Zentristen» Karl Kautsky sowie der künftigen russischen Bolshevikі. 2) Ende des 20. Jahrhunderts fast nur noch in der Bedeutung rechtsextremer (bei Überschneidungen mit linker) Auschwitz-Leugnung: nämlich als Bestreben, die historischen Fakten über das volksstaatliche Vernichtungswerk des nationalsozialistischen Deutschland, kulminierend in der Gattungskatastrophe der →Shoah, als «Fachhistoriker» und Ideologen zu «revidieren», zu relativieren, zu desingularisieren, zu verharmlosen oder gänzlich wegzuretuschieren. Im Zentrum dieses (geschichts)revisionistischen bzw. reversionistischen Bemühens steht die tendenzielle Leugnung der Shoah.

role model: Rollenmuster; vorgeprägtes, kulturell, gesellschaftlich und meist bildlich-spektakulär verbreitetes Rollenmodell, in das sich Individuen einfügen oder einzufügen haben, das ihre Praxisformen, ihre Verhaltensweisen, ihre Gesten, ihre Vorstellungen, ihre Bedürfnisse und Triebwünsche, ihre Körpersprache, Stil- und Geschmacksrichtungen etc. und insgesamt ihr Selbstbild (Ich-Ideal, Ideal-Ich, Körper-Ich) (vor)prägt, zunächst vor allem als Geschlechterrolle: die Summe der von einem Individuum erwarteten Verhaltensweisen als «Frau» und als «Mann», die persönlichkeitsstrukturell so weit verankert werden, dass sie zu einer festen «Identität» führen) in Form des individuellen Charakterpanzers und als soziale Charaktermaske.

rudimentär (lat. rudimentum: Unbearbeitetes, Rohes): unvollständig, unvollkommen, «unreif», nur erst andeutungsweise vorhanden, unzureichend.

Schein: siehe → Erscheinung.

Servilität (lat. servilis: zu den Sklaven gehörig, sklavisch): unterwürfige Gesinnung und «vorauseilend gehorsames» Verhalten in einer sozialen Hierarchie; Kriecherei vor Vorgesetzten, Bedientenhaftigkeit, Knechtseligkeit, Beflissenheit, Neigung zum Denunziantentum, Strebertum etc.

Setting: 1) hier: die Umgebung, in der ein Drogenerlebnis stattfindet. 2) In der psychoanalytischen Therapie: der äußere Rahmen, das räumliche und zeitliche Arrangement, in dem sich für den Zeitraum der «talking cure» die Übertragung und Gegenübertragung zwischen Patient(in) und Analytiker(in) optimal entfalten soll. Fraglos die klassische «konstruierte → Situation» für zwei Menschen in der bürgerlichen Gesellschaft.

Shoah (hebr. die Katastrophe) / ***Auschwitz*** (als Chiffre): *Die Shoah* bezeichnet den während des voksstaatlichen Regimes des nationalsozialistischen Deutschen Reiches zwischen September 1939 und Mai 1945 verübten systematischen Massenmord an etwa zwei Dritteln der als Juden selektierten Frauen, Männer und Kinder – in Europa bis Asien (im Kaukasus, anderen Teilen Asiens) und dem Mittelmeerraum – an ca. 6 Millionen Menschen (Minimalschätzung) im Zuge des oftmals in der medialen Öffentlichkeit so genannten «Holocaust». Dazu zählt auch die systematische Ermordung von Angehörigen anderer gesellschaftlicher, politischer, religiöser, ethnischer oder rassistisch bzw. durch die Eugenik definierter Menschengruppen: so der Sinti und Roma (von NS-Deutschland als «Zigeuner» selektierte Menschen: ca. 220 000 ermordet), «slawische» Menschen, darunter alle als polnische Intellektuelle Erfassten, «KommunistInnen», insbesondere sowjetische «Kommissare» und PartisanInnen, und als homosexuelle Männer Gebrandmarkte sowie «Behinderte» (eine NS-Bezeichnung). Exemplarisch bezeichnet das Vernichtungslager *Auschwitz* am sinnfälligsten die Grenzen aller Erklärungsversuche des eliminatorischen Antisemitismus. Denn jeder rationalistische Erklärungsversuch des konkreten, besonderen historischen Ereignisses der Shoah unter Verwendung allgemeiner Formeln, wie z.B. ihrer Ableitung aus einer Ideologie oder aus ökonomischen und politischen Interessenlagen bestimmter Gesellschaftsklassen und -gruppen, bedingt eine Reduktion des spezifischen, komplexen Charakters dieser historisch unvergleichlichen, von Menschen in volksstaatlicher Perfektion organisierten historischen Katastrophe, des mit ihr in allen gesellschaftlichen Sphären bewirkten gattungsgeschichtlichen Bruchs. Der Name Auschwitz dagegen täuscht keinen Begriff vor, der das Geschehen reduktionistisch rationalisieren und dadurch rationalistisch unterkomplex «bewältigen» könnte, sondern verweist auf die raum-zeitliche Einmaligkeit, die deutsche volksstaatliche Täterschaft im Zusammenhang mit dem zweiten Griff Deutschlands nach der Weltmacht, schließt keine Opfergruppe aus und grenzt als Synonym für das Vernichtungssystem des nationalsozialistischen Deutschland dieses Vernichtungswerk von Genoziden, die zum Vergleich herangezogen werden, qualitativ historisch und ethisch trennscharf ab, zeigt somit die historische, soziale und moralische Unvergleichlichkeit und Einzigartigkeit (Singularität) an. Das hebräische Wort *Shoah* erschwert die von den StaatshistorikerInnen und dem Staatskultus der BRD intensiv betriebene Desingularisierung zu einer Art bedauerlichem Betriebsunfall der deutschen Geschichte und einer ihr nachträglich unterstellten, reparablen «deutsch-jüdischen Symbiose» und die Versuche der Einbeziehung der deutschen Tätergemeinschaft (einschliesslich deren Zweiter Schuld als BRD-Staatsvolk, deren Dritter Schuld durch die Verhöhnung der noch lebenden Opfer mittels «Entschädigungs»-Farce durch den Rechtsnachfolger des NS-Reiches und die von ihm vertretenen kapitalistischen Tätergruppen usw.) in die Reihe ihrer tatsächlichen Opfer (etwa als pauschalisierte «Opfer des Zweiten Weltkrieges», «von Vertreibungsverbrechen» usw.); die Bezeichnung Shoah setzt sich unversöhnlich ab gegen die instrumentalisierende Eindeutschung noch des Wortes «Holocaust» (hebr.:

«gottgefälliges Brandopfer») durch Manipulation in «Holo*k*aust» (auf Initiative von Guido Knopp u.a.). Das hebräische Wort Shoah für *die Katastrophe* – mit der jegliche Gottesvorstellung endgültig zum Zynismus geworden ist – verunmöglicht zugleich die Funktionalisierung in Gestalt einer Sakralisierung von Auschwitz zum «zivilgesellschaftlichen» kapitalistisch-demokratischen Staatskultus «der Bürgergesellschaft» durch eine deutsche «Memorial»- und «Erinnerungspolitik» zum Zwecke der Ideologie von der «Versöhnung» von RepräsentantInnen der Täter und Opfer «unter der Obhut der Bundesregierung», die mit dem erklärten Ziel der legitimatorischen Steigerung der zukünftigen «neuen» deutschen «Stellung und Rolle in der Welt» betrieben wird. Im Gegensatz zu dieser deutschen Instrumentalisierung von «Auschwitz» (das die Kultur als damit einhergehende Barbarei gattungsgeschichtlich offenbar gemacht hat) als «Erinnerungskultur» und Herrschaftsdesign für die militärische und soziale Kriegführung der «Berliner Republik» nach außen und innen hält das Wort Shoah die Unversöhnlichkeit offen, welche die lohnabhängigen Menschen in ihrem gesellschaftlichen Handeln kategorisch dazu zwingt (mit den Worten Adornos): unbedingt und gerade schon «im Stande ihrer Unfreiheit» bewusst «alles zu tun, dass Auschwitz nicht sich wiederhole, nichts Ähnliches geschehe».

Situation (lat. situs: Lage, Stellung; sinere: niederlassen, niederlegen, hinlegen): Lage und Umstände ringsum, die Verfasstheit von etwas in einer Umgebung. Eine Situation ist der zeitlich, räumlich oder gesellschaftlich bzw. persönlich existenzial begrenzte Zusammenhang von Sachverhalten, in dem das Situierte (Gelegtes, Bestimmtes) oder der Akteur steht. Beim Übergang von einer Situation zur anderen bildet die Zusammenballung von Umständen, als handlungsrelevanten Weltausschnitten, die gegenwärtige oder augenblickliche innere und äußere Lage des individuellen oder kollektiven Akteurs ab, d.h. die handlungsrelevanten Situationselemente. Unter Situation kann man daher auch einen Komplex relevanter Sachverhalte verstehen, d.h. ein System von raum-zeitlich strukturierten Elementen, psycho-mentalen Faktoren wie Einstellungen, Überzeugungen, → Ideologemen und sozialen Beziehungsgefügen. Gegenüber der rein existenzialistischen Verwendung dieses Begriffs im Sinne von «Entscheidung», «Wahl», «Entwurf» und «Sprung» hat für die SI der Begriff zusätzlich die Bedeutung von «Revolution» als einer «Situation, die jede Umkehr unmöglich macht» (Marx).

Situation, konstruierte: durch die kollektive Organisation einer einheitlichen Umgebung und des Spiels von Ereignissen konkret und mit voller Absicht konstruierter Moment des Lebens (siehe auch → Detournement und → dérive).

Situationismus: reaktionäre Doktrin zur Interpretation und Einordnung situationistischer Texte, Techniken und Zielrichtungen (z.B. mit dem Ziel, sie in einen kunsthistorischen Kontext einzugliedern und darauf zu reduzieren); → Rekuperation und → Ideologisierung situationistischer Ideen als Reaktion auf ihre subversive Wirkmächtigkeit. → Positive Kreation eines inkohärenten «Ismus» aus Fragmenten der negatorischen situationistischen Kohärenz. Der Pseudo-Begriff des Situationismus wurde – und wird immer wieder – eindeutig von Anti-SituationistInnen aufgebracht. (Siehe auch → Prosituationismus.)

Spektakel (lat. speculum: Spiegel; spectaculum: Schauplatz, Zuschauerplatz, Theater, Schauspiel, Anblick; spectrum: Bild in der Seele, Vorstellung; franz. spectacle: Anblick, Schauspiel, Rummelplatz; spectre: Gespenst, Schreckbild): Die SI bezeichnet mit dem Ausdruck «Spektakel» einen – gegenüber dem klassischen Industriekapitalismus – seit Ende der 1920er Jahre einsetzenden und spätestens nach dem Zweiten Weltkrieg global hegemonial durchgesetzten neuen Zustand allgemein-warenproduzierender Gesellschaften. Das Spektakel ist zunächst a) der Moment, worin die Ware zur völligen Besetzung des gesellschaftlichen Lebens gelangt ist; dann b) das Geld, das man nur anblickt, weil sich in ihm schon die → Totalität des Gebrauchs gegen die Totalität der → abstrakten Vorstellung ausgetauscht hat; und schließlich c) das Kapital, das einen solchen Grad der Akkumulation erreicht hat, dass es zum Bild geworden ist. Es ist die → konkrete Verkehrung des Lebens, die eigenständige Bewegung des Unlebendigen und die Beschlagnahmung und Absorption alles Erlebten der Menschen. Im Spektakel werden passive ZuschauerInnen der – letztendlich von ihnen selbst produzierten – Waren-Bilder hervorgebracht, die auf sie «hypnotisch», «narkotisch» zurückwirken. Die spektakuläre Bilderproduktion ist von der kapitalistischen Warenproduktion keinen Moment ablösbar. Das Spektakel ist ein durch Bilder vermitteltes gesellschaftliches Verhältnis zwischen Personen, wobei dessen Charakter als Beziehung zwischen Menschen und zwischen Klassen verborgen wird. Basal und letztendlich ist es die getrennte Produktion und Produktion der → Trennung, die Proletarisierung der Welt. d) Religionshistorisch wirken im modernen Spektakel der Mythos, das Heilige und das Opfer, die verschiedensten Varianten des Fetischismus und die bürgerlichen Universalreligionen in aufgehobener Form weiter, wie die situationistischen Analysen aufweisen. Ihre Kritik nimmt damit entschieden die radikale materialistische Religionskritik an der projektiven Monopolgestalt und Entfremdungs- wie Drogenwirkung der Religion in modernster Form erneut auf. Die SI unterscheidet zwischen dem *diffusen*, dem *konzentrierten* und dem *integrierten* Spektakulären (das sich seit der beginnenden Auflösung der Blockkonfrontation allmählich übergreifend durchgesetzt hat). 1) Das *diffuse Spektakuläre* bezieht sich auf die kapitalistischen Akkumulationsregimes, auf die «ungestörte» Entwicklung des modernen Kapitalismus (z.B. den → consumer capitalism der westlichen Industriegesellschaften). 2) Das *konzentrierte Spektakuläre* gehört wesentlich zum bürokratischen Kapitalismus (z.B. «realsozialisischer» Staaten, offen-formeller – d.h. noch nicht einmal formal klassisch-parlamentarisch-demokratischer, westlich-kapitalistischer – Diktaturen einer Bourgeoisie bzw. Komparadoren- oder Ersatzbourgeoisie, bürokratischer Regimes mit Partei- und/oder Führerkult etc.), auch wenn es importiert werden kann als Technik der Staatsgewalt über rückständigere, halbstaatliche Wirtschaften oder in bestimmten Krisenzeiten des fortgeschrittenen Kapitalismus. 3) Das *integrierte Spektakel* besteht in der subtil abgewogenen Kombination der beiden historisch vorangegangenen, beruhend auf dem Sieg derjenigen Form, die sich als die stärkste erwiesen hatte: der diffusen Form. Es hat auf der Grundlage des diffusen Spektakulären die autoritären und manipulatorischen Techniken des konzentrierten Spektakels in sich aufgenommen.

Spiel: der Spielbegriff der SI ist gekennzeichnet durch die Aufhebung des bürgerlichen Konkurrenzprinzips, durch das kollektive Schaffen des gewählten spielerischen Moments und v.a. als Experimentierweise; das situationistische Spiel stellt ein Experiment des Erkundens der Möglichkeiten zur Freisetzung des Lebens (siehe auch → konstruierte Situation) und eine Aneignungsweise natürlicher und kultureller Gegenstände dar. Es beinhaltet nicht nur die spielerisch-experimentelle → ästhetische Praxis zur Umwälzung und Aufhebung der → Kultur (insbesondere von architektonisch festgeschriebenem Zeit-Raum in der urbanen Landschaft), sondern ist zugleich von vornherein im Sinne des strategischen Spiels auf die soziale Kriegsführung gegen die herrschende Gesellschaftstotalität (Kontrolle über die gesellschaftliche Raum-Zeit) gerichtet. Dieses Spiel ist keine bloße Spielerei, sondern zugleich «verdammtester Ernst» (Marx) mit Unlustmomenten und Lustbesetzung als → Leidenschaft.(Siehe → travail attractif / travail répulsif)

Spontaneität (lat. spons: Antrieb, Reiz; sponte: aus eigenem Antrieb, Willen, freiwillig, von selbst, absichtlich, allein, auf eigene Faust, an und für sich; suae spontis = unabhängig, sein eigener

Herr): Selbsttätigkeit, freiwillige Entscheidung. (Als klassische revolutionäre Theoretikerin der Spontaneität der proletarischen Massen und ihrer Selbstorganisierung gilt Rosa Luxemburg mit ihrer These, dass die proletarische Masse keine «Führer» im bürgerlichen Sinne braucht, dass sie sich selbst Führerin ist.)

Spontaneismus: Haltung, die ein unorganisiertes, unstrategisches und → unmittelbaristisches Handeln praktiziert oder zu ihrer → Ideologie erhoben hat. Dieser «Ismus» wäre das Überziehen und Verabsolutieren, Verselbständigen des individualistisch-spontanen Moments in der Massenbewegung bei tendenzieller Ausschaltung des Moments der Organisation (letztere als Selbstorganisierung begriffen, nicht als fremdbestimmt «von außen» bzw. als → Repräsentation) der Gesellschaftsklasse für sich.

Subjekt / Objekt (lat. subiectum: das Zugrundeliegende, das Daruntergeworfene; obiectum: das Entgegengeworfene): Das Subjekt (hier nicht im Sinne eines grammatikalischen Subjekts) bezeichnet eine der beiden Seiten eines Subjekt-Objekt-Verhältnisses, des Grundverhältnisses eines jeden Prozesses der Produktion, Gestaltung, Aneignung oder Erkenntnis materieller und ideeller Gegenstände und Werte. Dabei ist das Subjekt jeweils die (entweder potenziell oder wirklich) aktive, tätige, bestimmende, schöpferische, sich erhaltende, sich reproduzierende und sich weiterbildende Seite. Das Objekt ist die passive, leidende, dem Subjekt dienende, weitgehenden Veränderungen unterworfene oder gar der Vernichtung preisgegebene Seite. Als Objekt (Gegenstand) wird nicht nur Stoffliches, z.B. sinnlich Wahrnehmbares bezeichnet, sondern alles, was einem Subjekt, einem wirklichen oder potenziellen Akteur, entgegensteht oder worin er involviert ist, mit dem er in irgendeiner Weise umgehen muss, verfahren kann oder zu dem er sich in irgendeiner Weise verhält, d.h. alles, wozu er in einem Verhältnis steht, sich in ein solches setzt oder eines eingeht. Insofern können auch Symbole, sprachliche oder zeichenhafte Objekte oder sogar Spielregeln, Konventionen etc. Gegenstände sein. Das Subjekt ist nicht zunächst «da», um dann tätig zu sein; vielmehr ist es nichts anderes als sich vollziehende Selbsttätigkeit und in diesem Tätigsein, speziell im → Modus der Arbeit als Bearbeitung von natürlichen und kulturellen Objekten, *Subjektkonstituierung* (die allerdings auch scheitern kann), also wesentlich Prozess der Entäußerung und Vergegenständlichung. Im Modus der Arbeit steht der gesellschaftliche Mensch von vornherein in einem → reflexiven Subjekt-Objekt-Verhältnis: indem er (zunächst selbst als eine Naturmacht) auf die ihm gegenüberstehende Natur einwirkt, schafft er nicht nur → Kultur (kulturelle Objekte), sondern verändert zugleich auch seine eigene Natur. Der Prozess der Subjektkonstituierung ist also zugleich der Prozess der Vergegenständlichung (Objektivation) und ist dabei streng zu unterscheiden von → Verdinglichung. Verdinglichung ist eine unhistorische Stillstellung widerspruchstreibender Prozesse in der durch und durch *historischen* Gegenständlichkeit.

subjektiv / objektiv: im philosophischen Sinne bezeichnet subjektiv nicht wie im umgangssprachlichen Sinne «willkürlich» oder «unsachlich», sondern «dem Subjekt zukommend». Ebenso ist mit «objektiv» nicht «allgemeingültig» oder «unvoreingenommen» gemeint (wie im vulgären Sprachgebrauch des Alltagsbewusstseins), sondern «objektiv» heißt «gegenständlich». Für alle historisch-materialistische Subjektivitätstheorie und Erkenntniskritik formulierte Marx (in seiner Kritik am «identischen Subjekt-Objekt» der Philosophie des klassischen deutschen Idealismus) die Ausgangsbedingung: «Ein ungegenständliches Wesen ist ein Unwesen.»

Sublimierung (lat. sublimare: erhöhen): Erhebung, Veredelung, Verfeinerung. In der Freudschen Psychoanalyse bezeichnet die Sublimierung eine Umlenkung oder Umschichtung des sexuellen und/oder destruktiven Triebs in zunächst nicht unmittelbar mit ihm verbundene gesellschaftliche Bereiche, wie z.B. künstlerische und intellektuelle (oder z.B. ärztliche) Tätigkeiten, welche die individuelle Befriedigung vermittels einer sozialen Kommunikation bzw. Anerkennung ermöglichen und erhöhen können. Die Bedingungen und Möglichkeiten von Sublimierungen – besonders in den Klassengesellschaften – sind äußerst komplex (z.B. Problem der «repressiven Entsublimierung»).

Substanz: 1) Die Substanz (lat. substantia: Bestand, Wesenheit, Existenz, Inbegriff) bezeichnet in der klassischen Philosophie vor Hegel den einheitlichen, unveränderlichen, beharrenden Träger der mannigfaltigen, wechselnden Erscheinungen (Akzidenzien) der objektiven Realität, d.h. das, was aller Realität zugrunde liegt. 2) Die in der Hegelschen Tradition stehende Philosophie fasst Substanz *historisch* auf, als eine *sich entwickelnde Substanz*, als die Bewegung des Sichselbstsetzens und die Vermittlung des Sichanderswerdens: als «die absolute Formtätigkeit». In Bezug auf den vorhergegangenen Zustand kann diese Bewegung als eine Einheit von Gleichbleibendem und möglicher Veränderung aufgefasst werden; es ist ein Werden der Substanz zu dem, was sie an sich, ihrer Möglichkeit nach ist (siehe → Dialektik). Die Substanz bewährt sich in ihrem Werden nicht als «Ewiges» sondern als relativ «Beharrendes im Wandel», im Wechsel der Akzidenzien als schaffende wie zerstörerische Macht oder → Bestimmung, und ist gegenüber der → Totalität der Akzidenzien (d.h. den zufälligen, unwesentlichen, nicht notwendigen Eigenschaften und Momenten eines Gegenstandes) kein unmittelbares Verschwinden, sondern hat (relativen) Bestand.

Subsumtion (lat. subsumere: einordnen, unterordnen): Unterordnung, Einbeziehung, Einverleibung.

Subsumtion, formelle und reelle (als Begriffspaar der Kritik der politischen Ökonomie): *formelle Subsumtion* unters Kapital bedeutet, dass zunächst nicht unter dem Kapitalverhältnis stattfindende Arbeitstätigkeiten diesem untergeordnet werden, ohne aber die bisherigen Verfahren der Tätigkeit selbst → substanziell und formbestimmend zu ändern (Verlagswesen, Heimarbeit, anfängliche Stufen der Manufaktur etc.). Wird dann der Arbeitsprozess selbst radikal umgestaltet, um die Produktivkraft der Arbeit zu steigern, so wird diese reelle Vergesellschaftung der Produktionsmittel und Produktionsweise (Maschinerie, große Industrie und ihre erweiterte Arbeitsteilung und Kooperation auf gesellschaftlicher Stufenleiter etc.) als *reelle Subsumtion* der Arbeit unter das Kapital bezeichnet.

Subversion (lat. subvertere: umkehren, umstürzen): «untergründige», auf den Umsturz der bestehenden gesellschaftlichen Ordnung zielende, ebenso beharrlich (in der Regel unbewusst) wie unberechenbar «wühlende» und experimentelle Tätigkeit, die zwar äußerst kreative und produktive Formen hervorbringen kann, aber unversöhnlich negatorisch bleibt, indem sie jede Integration und Akkomodation ins bestehende, herrschende Positive verweigert.

Tauschwert: Wie der → Gebrauchswert, so ist auch der Tauschwert notwendige Bestimmung der Ware. Er bezeichnet ein Ware-Ware-Verhältnis, d.h. ein quantitatives Verhältnis mindestens zweier unterschiedlicher Gebrauchswerte; er ist also immer relational auf eine andere Ware bezogen.«Tauschwert ohne wenigstens deren 2 existiert nicht», so Marx. Der Tauschwert ist die notwendige Ausdrucksweise oder Erscheinungsform des ökonomischen *Wertes* einer Ware. Er ist damit die Erscheinung gleicher, abstrakt menschlicher Arbeit, die eine hochentfaltete Gesellschaftlichkeit der Produktion, allerdings widersprüchlich als fortdauernde Produktionsweise von konkurrierenden PrivatproduzentInnen und «hinter deren Rücken», zum Ausdruck und zur Verwirklichung bringt. Verschiedene Tauschwerte (im Sinne eines Austauschverhältnisses) der Waren drücken ein Gleiches aus, den «Wert» der Waren, welcher bestimmt ist durch das Quantum gesellschaftlich historisch durchschnittlich notwendiger Arbeitszeit, die jeweils in ihrer Produktion vergegenständlicht wurde. Ist schon der Gebrauchswert, da von Menschen produziert, von Anbeginn der menschlichen Arbeit eine *gesellschaftliche Gegenständlichkeit*, wenn auch noch mehr oder weniger stofflich-naturhaft an eine konkrete Bedürfnisbefriedigung gebunden, so stellt der Tauschwert, der historisch zum Gebrauchswert hinzugetreten ist, eine *rein gesellschaftliche Gegenständlichkeit* dar (siehe auch → Fetisch).

teleologisch (griech. telos: Ziel, Zweck): zielgerichtet, zweckorientiert; dies erfordert notwendigerweise die Setzung eines solchen Ziels oder eines bestimmten Zwecks und darum ein → Subjekt, welches zu teleologischen Setzungen fähig ist. Zwecke werden in Handlungen und in der Arbeit gesetzt, und nur im gesellschaftlichen Sein (d.h. nur vom Menschen) werden auch bewusst Ziele verfolgt und Mittel zu deren Erreichung eingesetzt. (Teleologische Setzungen finden im Bereich der Natur im allgemeinen nicht statt, allenfalls lassen sich Vorformen davon bei höher entwickelten Tieren finden, die allerdings keine wirkmächtigen gesellschaftsgeschichtlichen Verlaufsformen auszulösen in der Lage sind, welche die Entwicklung von eingesetzten Mitteln beinhalten; siehe auch → Gattungswesen Mensch). In der Arbeit wird zunächst mit der Setzung einer Idee, eines Planes, eines Entwurfs etc. ein Projekt verfolgt; der Auftakt zur Arbeit stellt also zunächst eine teleologische Setzung dar, der anschließende Arbeitsprozess (qua Mitteleinsatz) verfolgt daraufhin die Zweckrealisierung.

tertiärer Sektor: bürgerlich-ökonomische Bezeichnung, die alle ökonomischen Bereiche umfasst, in denen im wesentlichen «Dienstleistungen» erbracht werden, die dem Anschein nach kaum durch Produktionsmitteleinsatz bedingt sind und daher besonders «personalintensiv» sind (wie: Handel, Banken, Versicherungen, Transportwesen, Nachrichtenübermittlung, Gastronomie und Genussmittelversorgung bis hin zum Telefonsex etc.). Der politökonomische Terminus «tertiärer Sektor» zerschneidet von vornherein die synthetische Einheit, das ganze komplexe Gewebe der kapitalistischen Reproduktionstotalität, ohne sie wirklich zu analysieren.

Topos (griech. tópos: Ort, plural: topoi): Bezugsrahmen, Gesichtspunkt, Hinsichtlichkeit, Schauplatz. Ein Topos bezeichnet einen Suchort, den man bei einer Problemerörterung aufsucht und der ein Problemfeld hinsichtlich eines Gesichtspunktes (oder mehrerer Gesichtspunkte) eingrenzt.

Topik: Methode zur Auffindung von plausiblen (überzeugenden) Argumenten. Die Topoi stammen dabei aus dem Erfahrungswissen, sie sind historisches, erfahrenes, selbst erlebtes oder erlesenes, aus der Verschüttung ausgegrabenes Wissen; diese Art des Wissens besitzt allerdings keine Erklärungs- oder Beweiskraft, sondern allenfalls Plausibilität (Überzeugungskraft) und ist daher ein unsicheres, ungesichertes und bloß wahrscheinliches Wissen. Dabei versichert sich die Topik zunächst der gesellschaftlichen Geltung und → reflektiert diese über die inhaltliche Fülle an Gesichtspunkten des historischen Erfahrungswissens. Bei der Konfrontation verschiedener Gesichtspunkte zueinander kann es zu Widersprüchen kommen, die auf einer höheren Ebene gelöst sein wollen (siehe: → Dialektik, → Aufhebung, immanente → Kritik). Wenn die Topik für sich allein genommen zur Problemreflexion herangezogen wird, besteht allerdings die Gefahr, in einen Perspektivismus, Relativismus, Psychologismus oder in schlichtes Zerreden des ursprünglichen Problems abzugleiten.

Totalität: 1) Totalität in Bezug auf Natur: sich entwickelnder organischer Gesamtzusammenhang, der nie als geschlossen zu denken ist; 2) Totalität in Bezug auf Gesellschaft: historisch gewordenes und werdendes, vielschichtiges, mannigfaltiges und in sich differenziertes → konkretes Ganzes (als welches es auf dem Planeten beobachtet und historisch erschlossen werden kann, ohne je extensiv und intensiv als «abgeschlossenes System» erfassbar zu sein), basierend auf dem Stoffwechselprozess zwischen Mensch und Natur; 3) → Kritik und bestimmte konkrete Totalität: ein identifizierter, kritisierter und konkreter Komplex von Komplexen mit mannigfaltigen → Bestimmungen, Beziehungen und differenzierten Momenten. Zu 1): Eine werdende Totalität besteht aus unendlichen Wechselbeziehungen prozessierender Komplexe, die innerlich von heterogener Beschaffenheit sind, die sowohl im Detail wie in den – relativen – Totalitäten der Einzelkomplexe irreversible (d.h.: nicht umkehrbare) konkrete Prozesse ergeben. Jeder sich entwickelnde Komplex wiederum ist Teil eines konkreten, strukturierten Ganzen (System, z.B. Organismus), das sich dadurch zu einer reichen Totalität von vielen Bestimmungen und Beziehungen entwickelt, indem es einige seiner Möglichkeiten nach und nach aus sich heraus verwirklicht. Zu 2): Zunächst treffen alle in Bezug auf die Natur getroffenen Bestimmungen auch auf das gesellschaftliche Sein zu, wobei hier ein neues Bestimmungsmoment hinzutritt: das der teleologischen (d.h.: zweckgerichteten) Setzung aufgrund der menschlichen Arbeit/Praxis. Im gesellschaftlichen Sein erscheint jede konkrete geschichtliche Totalität zunächst als partielle Verwirklichung (Vergegenständlichung und Entäußerung eines von Menschen hervorgebrachten ideellen Moments), wobei die Verwirklichungen (→ Erscheinungen) mit seinen wesentlichen Möglichkeiten und mit den → teleologischen Setzungen der (gesellschaftlichen) Arbeit in Widerspruch geraten. Teilmomente können sich dabei ebenfalls als relativ eigenständige Komplexe, → abstrakte Totalitäten, verselbständigen, vom Gesamtzusammenhang (relativ) absondern (→ Trennung), Eigendynamiken entwickeln und sich den Menschen, die sie hervorgebracht haben, als eine fremde und entfremdende Macht darstellen (→ Entfremdung), ihnen gegenübertreten, sie bestimmen anstatt von ihnen bestimmt zu werden, den Schein von Natürlichkeit (i.Ggs. zu ihrer von Menschen gemachten Geschichtlichkeit) erzeugen und abgesonderte Teile als das Ganze erscheinen lassen (→ pars pro toto). Zu 3): Immanente → dialektische Kritik kehrt diese Verselbständigung um (im Sinne einer umkehrbaren → Kohärenz und eines → Maximalismus) und hebt den realen Schein der Natürlichkeit (gesellschaftliche Pseudonatur) auf, indem die Einseitigkeiten der wesentlichen Abstraktionen → aufgehoben werden, indem das Ganze aufgrund vieler Bestimmungen auf die historisch gewordene konkrete und prinzipiell offene Totalität zurückgeführt wird, in welcher die Heterogenität (Ungleichartigkeit, Verschiedenartigkeit, Vielheit und Vielfältigkeit) und Nichtidentität ihre Stelle haben (siehe auch → Reflexion, → Dialektik). Seitdem die kapitalistische Warenproduktion den fertigen Weltmarkt hergestellt hat, ist erstmals historisch die Gattungstotalität als einheitlich sich selbst organisierende Produktionstotalität von proletarisierten ProduzentInnen im Weltmaßstab von ihrem «struktiven Zentrum» (Lukács), der Warenform und der sie reproduzierenden Form der Arbeit, aus erkennbar und revolutionierbar geworden.

transzendieren (lat. transcendere: übersteigen, hinübersteigen): über einen (begrenzten) Bereich hinaus in einen anderen (hin)übergehen. Eine das bestehende positive Denken dialektisch transzendierende (negierende, aufhebende) Kritik kann keine von außen, apriori, an den Gegenstand herangetragene sein, sondern muss sich aus der strikt immanenten Kritik als gründlichem (radikalem) Bloßlegen der inneren, über sich hinaustreibenden Widersprüchlichkeit des Gegenstands wie seiner Apologien logisch und historisch schlüssig entwickeln lassen. Die gleiche Bewegung aus der Immanenz zur Negation und Aufhebung gilt für alle praktische Kritik des Bestehenden, die nicht utopisch bleiben soll, sondern seine Überwindung realisiert.

Trauma (griech. traumatos: Wunde, Verletzung): Im psychologischen Sinne ist ein Trauma im Leben eines Subjekts ein Ereignis, das bestimmt ist durch seine übermäßig schmerzhafte seelische (meist auch körperliche) Intensität und die Unfähigkeit des Subjekts, angemessen darauf zu reagieren. Es ruft Erschütterungen und dauerhafte psychische und zum Teil auch körperliche Erkrankungen hervor. Ein Trauma ist gekennzeichnet durch das Anfluten von Reizen, welches so außerordentlich heftig ist, dass es die Fähigkeit des Subjekts, jene Reize psychisch zu bewältigen, zu bearbeiten oder gar zu verarbeiten, übersteigt. Auch *kumulative Traumatisierung*, d.h. eine allmähliche, über lange Zeiträume hinweg fortgesetzte Reizüberflutung (durch Triebwünsche und -ängste) oder immer wiederholte Aktualisierung eines einmal erlebten Traumas, überfordert die psychische und psychophysische Organisation des «seelischen Apparats» dermaßen, dass die Erledigung bzw. Aufarbeitung des Erlebten in normal-gewohnter Weise missglückt, woraus dauerhafte Störungen resultieren.

travail attractif / travail répulsif (frz.: travail attractif: attraktive, anziehende Arbeit; travail répulsif: abstoßende, widerwärtige Arbeit; auch: «Repulsion und Attraktion der Arbeit»): Fundamentales Begriffspaar in der Theorie des Frühsozialisten Charles Fourier, das von Marx aufgegriffen und materialistisch-ökonomiekritisch weiterentwickelt wird. Die *Attraktion der Arbeit* bedeutet dann die Emanzipation der Möglichkeiten vergesellschafteter menschlicher Arbeiten von ihren vormodernen und kapitalistischen Entfremdungsformen, von der Entfremdung und Verknechtung und Fremdbestimmung überhaupt. Sie kann in ihrer Realisierung kreative, kooperative – im weitesten, sublimierten Sinne erotisch reizvoller – individueller und gesellschaftlicher Tätigkeit freisetzen. Arbeit geht mit der so konzipierten Veränderung des Verhältnisses ihrer Unlust/Lust-Anteile historisch tendenziell in → Spiel über, die Produktion als communistisch organisierbare Tätigkeit in permanent zu steigernde Lust (täglich mehrmals organisierbare «Glücks-Strähnen», so Fourier). Marx hebt die «Naivität» und den «phantastischen Ausdruck» dieser Fourierschen Vision communistischer Möglichkeiten kritisch auf, indem er dessen Utopismus gegenüber die reale historische Dialektik vom ökonomischen «Reich der Notwendigkeit» und gesellschaftsindividuellen «Reich der Freiheit» und die darauf beruhenden emanzipatorischen materiell-ökonomischen Möglichkeiten («wirkliche Ökonomie der Zeit», «disponible Zeit für die Entwicklung des gesellschaftlichen Individuums») geltend macht. Umgekehrt bedeutet die «Repulsion der Arbeit», d.h. ihr abstoßender und widriger Effekt unter den Bedingungen der bisherigen Klassengesellschaften und des modernen bürgerlichen oder staatlichen privaten Klasseneigentums an den gesellschaftlichen Produktions- und Lebensbedingungen für Fourier wie für Marx und so auch für die SI das entscheidende äußere (ökonomische) und innere (psychische) Hindernis, das einer gesellschaftlichen Transformation und Freisetzung der «Welt produktiver Triebe und Anlagen» in jedem gesellschaftlichen Individuum entgegensteht.

Trennung: Im gesellschaftlichen Zusammenhang erweist sich der Begriff «Trennung» als eine → ideologische Kategorie im Gegensatz zu den Begriffen «Unterscheidung» (Differenzierung) und «Unterschiedenheit» (Differenziertheit). Er spiegelt die Absonderung von bestimmten Komplexen aus einem konkreten Zusammenhang wider, die sich zu → abstrakten → Totalitäten entwickeln und den Menschen als fremde Macht gegenüberstehen. Die Trennung bildet das Grundmoment aller → Entfremdung, wie bspw. die Trennung der Arbeitskraft vom Besitz an Produktionsmitteln, die Trennung von Mensch und Natur und auf dieser Basis die «naturwüchsigen Arbeitsteilungen» zwischen männlichen und weiblichen, erwachsenen und kindlichen Individuen, die als Trennungen zwischen bipolar fixierten gesellschaftlichen Geschlechterrollen in der gesamten Vorgeschichte der Menschheit, besonders in den Hierarchien der Klassengesellschaften und im modernen und postmodernen Kapitalismus, zu «biologisch vorgegebenen», «genetisch» und «sozio-ethisch» naturgewollten, zum angeblichen Zweck «der» Reproduktion «sinnvollen» Funktionen und Identitätszuschreibungen naturalisiert werden etc. Das → Spektakel erscheint als ein System von Trennungen, und es ist wesentlich die getrennte Produktion und Produktion der Trennung. Allen historisch bisher entstandenen Trennungen liegen die Teilungen der gesellschaftlichen Arbeit(en) zugrunde, unter welche die Individuen bisher immer noch mehr und mehr → subsumiert und auch im heutigen fertigen Welt(arbeits)markt, trotz hoher Mobilität und Flexibilität, durch die einzelnen Firmen und Staaten «verknechtet» werden.

Unmittelbarismus: polemischer Begriff für Unmittelbarkeitsfixiertheit; Vorstellungen, Denkakte, Handlungspraxen, die sich (vermeintlich) direkt auf etwas beziehen, um dieses (Gegenstände, Prozesse, Menschen und Beziehungen) in kürzester Zeit vollständig zu «haben», zu besitzen und zu modeln; Haltung, die sich über sich selbst keine Rechenschaft ablegt, sich nicht reflektiert oder die meint, ohne → Reflexion auskommen zu können; Haltung, die meint, ohne Vermittlungen, Erforschen von Vermittlungsketten und ohne langwierige, komplexe Vermittlungsakte auskommen zu können, ihre eigene Vermitteltheit (Formbestimmtheit) ausblendet oder leugnet oder Vermittlung per se als Entfremdung ansieht. Der Unmittelbarismus ist eine seit jeher in der politischen Linken beheimatete Form des Antiintellektualismus und des Ressentiments gegen Theorie. Er hängt eng mit fetischistischen Bewusstseinsoperationen zusammen und ist letzten Endes Ausdruck des permanenten dringenden materiellen Handlungsbedarfs, der politischen Not und der theoretischen Armut im Elend des kapitalistischen Alltags-Überleben.

Urbanismus: 1) Stadtentwicklung; Städtewesen, städtebauliche Maßnahmen und Planung im Kapitalismus; Verstädterung sowie Deregulierung und «Entstädterung» der Metropolen; 2) die dazugehörige Ideologie einer kapitalistischen Architektur der Regulation; 3) um 2000: mit Versatzstücken des historischen →Situationismus operierende Projekte-Bewegung von Architektur- und KunsthochschulprofessorInnen mit «ihren Studierenden» im Bereich der Deindustrialisierungs-Brache, Innenstadtverödung und möglichst finanzentlastenden Grünflächenverwaltung sowie im Rahmen der Rekuperation von ursprünglich links initiierten «Innenstadtkampagnen» usw., und den entsprechenden Formexperimenten kultureller Einbindungsversuche und sozialarbeiterischer Selbstbeaufsichtigung der Bevölkerung, besonders gezielt sogenannter «Randgruppen» in «sozialen Problemzonen», mit dem Zweck Sponsoren, Stiftungen und Investoren ins Geschäft mit der Elendsverwaltung des kaputten Urbanismus anzulocken. So wird unter dem Label «Reclaim the City» die Domestizierung situationistischer Impulse in kommunale «Common Purpose»-Verwaltungsreformen zur Befriedung und «künstlerisch-kreativen» Erstickung der Klassenkonflikte in ein Freizeit-Engagement «für Citoyens» und Bourgeois auf unterster staatlicher Ebene betrieben.

Urbanismus, unitärer (in der strengen Bedeutung: unitärer Anti-Urbanismus): situationistische Theorie der gesamten Anwendung der künstlerischen und technischen Mittel, die zur vollständigen Konstruktion eines Milieus in dynamischer Verbindung mit Verhaltensexperimenten zusammenwirken, für die revolutionäre Umgestaltung der modernen Großstadtlandschaft im Besonderen und für die Aufhebung der Trennung (Arbeitsteilung) zwischen «Stadt» und «Land» im Allgemeinen.

variables Kapital: verdinglichte Form der Arbeitskraft des unter dem Kapitalverhältnis lohnarbeitenden, proletarisierten Menschen; (betriebswirtschaftlich:) der bei der Produktion für die lebendigen Arbeitskräfte aufgewendete Teil des Kapitals (Lohnkosten). Die Arbeitskraft reproduziert ihr eigenes Wert-Äquivalent und produziert darüber hinaus einen nicht von ihrem Lohn abgedeckten zusätzlichen Wert in Warenform (Mehrwert). Das für Arbeitskräfte eingesetzte Kapital vergrößert also den Wert des Produkts (ansonsten würde es gar nicht erst gekauft werden müssen, d.h. die Produktion von Waren wäre für die Firma völlig sinnlos, das Kapital würde sich nicht reproduzieren und weiter verwerten können) und heißt wegen dieser Veränderung variables Kapital. Revolutionstheoretisch entscheidend zu sehen ist die Tatsache, dass die Proletarisierten weder als Menschen, die ihre Arbeitskraft verkaufen müssen, noch als das Kapital reproduzierende Gesellschaftsklasse jemals einfach in ihrer Funktion als variables Kapital zur Gänze «aufgehen», weder historisch-empirisch noch als (mit Marx begriffene) Kategorie; wie es jedoch etliche von der Ranküne gegen das historische → Proletariat getriebene (Ex-) Linke und letztlich sogar manche ernsthafte TheoretikerInnen nahelegen.

Verdinglichung: streng zu unterscheiden von «Vergegenständlichung» sowie von «Fetischismus», obwohl und weil alle drei Operationen menschlichen Bewusstseins und Handelns eng miteinander zusammenhängen. Vergegenständlichungen müssen weder entfremdet auftreten noch verdinglichte Produkte bzw. Resultate hervorbringen, solange sie nur bewusst die Verwirklichung einer Zwecksetzung und ihres ideell, mit Willen und Bewusstsein, vorweggenommenen Ziels als «freie Bewegung im Stoff» verfolgen sowie das Resultat an den menschlichen Zielvorgaben überprüfen. Verdinglichung wäre erst eine solche Vergegenständlichung der Zwecksetzungen menschlicher Arbeit bzw. Praxis, die deren Prozesse und Resultate im Bewusstsein aus ihrer Prozessualität, Veränderlichkeit, Konstruierbarkeit durch menschliches Tun sowie ihrer Historizität (Geschichtlichkeit, Werden und Vergehen) herausnimmt, davon (real wie ideell) → abstrahiert und zu «ewigen», «natürlichen» Dingen erklärt bzw. sie als derartige unhinterfragbare «Sachzwänge» und Gegebenheiten hinnimmt und behandelt («das Geld», «das Kapital», «der Markt», «der Staat», «die Lohnarbeit», «die Familie», «das Geschlecht», «die Ethnie» usw. usf.). Eine spezielle, religionsanaloge Form der Verdinglichung ist Fetischismus, wo ein toter oder auch belebter, aber wie ein totes Ding behandelter (so z.B. Stars, PolitikerInnen) Gegenstand oder Vorgang mit der direkten Macht über lebende Menschen «belehnt» und durch quasi-religiösen Glauben an diese Macht über andere ausgestattet und behandelt wird (Nadelstechen in eine Holzfigur oder Voodoo-Praktiken, analog: in der Börsenspekulation, «Krisenregulation», Appell an die Macht «der sozialen Demokratie», von Organisationen etc.); dadurch erhält das mit persönlicher bzw. gesellschaftlicher Macht ausgestattete Ding eine mehr als rein-gesellschaftliche Gegenständlichkeit: es wird zu einer «gespenstischen Gegenständlichkeit». Verdinglichendes Denken ist das Gegenteil (und elementarste Hemmnis) von dialektischem (→ Dialektik) oder einfach historischem Denken (→ Historizität), weil es alle (sich) bewegenden Widersprüchlichkeiten sofort in starre, ungeschichtliche Entitäten zerstückelt und diese einzeln einander gegenüberstellt, festhält und jeweils verabsolutiert («Entweder etwas ist das Eine, oder es ist das Andere. Basta!» etc.).

Verwertungsprozess: Produktion des Mehrwerts aufgrund des kapitalistisch organisierten Arbeitsprozesses; kapitalistische Formbestimmtheit des Produktionsprozesses unter dem «Sachzwang» der Konkurrenz um optimale und maximale Selbstverwertung des Werts, d.h. Realisierung von Profit, «Produktion um der Produktion willen» von Tauschwerten, also von mehr Geld, als in den Produktionsprozess hineingesteckt worden ist.

Voluntarismus (lat. voluntas: das Wollen, der Wille, der Wunsch; aber auch: die Willkür) bezeichnet eine Haltung, die den Willen oder den Wunsch in das Zentrum von Denken und Handeln stellt; im philosophischen Sinne eine Anschauung, die den Willen als Grundprinzip allen Seins ansieht.

Wesen: siehe → Erscheinung

Zirkulation: 1) zusammenfassender analytischer Begriff aller Tauschvorgänge im Gesamtprozess der kapitalistischen Reproduktion, die der Warenproduktion (im strengen Sinne als Produktionsprozess von Mehrwert, als Verwertungsprozess des Kapitals durch die Ausbeutung der Ware Arbeitskraft im kapitalistischen Arbeitsprozess gefasst) vorangehen, indem sie diese durch Einkauf von Immobilien, Maschinerie, Rohmaterialien usw. sowie notwendigen Arbeitskräfte ermöglichen, und die ihr folgen, indem sie die als Warenmasse vergegenständlichte neuproduzierte Mehrwertsumme schlußendlich mittels Einkauf von Logistik, Transport, Werbung usw. sowie durch Verkauf in die Konsumtionssphäre «auf dem Markt» als Geldgewinn (verwertetes Kapital) realisieren. 2) Der Kreislauf des Kapitals durch die Gesamtheit seiner Phasen, Metamorphosen «als kreisenden Kapitalwert» (Marx) einschließlich seines Produktionsprozesses.

Zweckentfremdung: situationistische Kurzfassung der Formel «Zweckentfremdung von ästhetischen Fertigteilen»; Integration aktueller oder vergangener Kunstproduktionen in eine höhere Konstruktion des Milieus. In diesem Sinne kann es weder eine situationistische Malerei noch eine situationistische Musik, wohl aber eine situationistische Anwendung dieser Mittel geben. In einem ursprünglicheren Sinne ist die Zweckentfremdung innerhalb der alten kulturellen Gebiete eine Propagandamethode, die die

Abnutzung und den Bedeutungsverlust dieser Gebiete aufzeigt; → Detournement.

Zenit (arab.-ital.): Scheitelpunkt, Gipfelpunkt, Höhepunkt; Zeitpunkt, an dem sich das Höchste an Erfolg, Entfaltung o.Ä. innerhalb eines auf- und absteigenden Gesamtablaufs vollzieht. Ggs. zu → Nadir

6 Register von Organisationen Initiativen, Strömungen, Gruppen und Personen[5]

5 ausschließlich für Vol.I: Enchiridion und Anmerkungen aus Vol.II: Kleines Organon, ausgenommen sind Chronologie, Literaturliste und Glossar